선의는 약점이 되고,
신뢰는 덫이 된다.

의사를 노리는 하이에나들

병원 안팎, 의사를 둘러싼 착취의 생태계

차례

마케팅 회사와 홈페이지 제작업체

절세와 노후 준비라는 미끼

제약회사는 대표적 하이에나

들어가는 글

이 책은 의사라는 직업이 가진 '취약함'에 대해 이야기한다. 단지 의료적 책임이나 환자의 생명을 다루는 무게감만을 뜻하는 것이 아니다. 이 책이 다루고자 하는 그것은, 의사를 노리는 수많은 하이에나, 즉 의사의 신분과 위치, 정보의 비대칭성을 교묘히 이용해 금전적·심리적 피해를 주는 존재들에 관한 것이다. 의사라는 이유만으로, 또는 병원을 개원했다는 이유만으로 덮쳐오는 다양한 사냥꾼들의 그림자와 실체를 하나하나 추적하고자 했다.

책 대부분은 금전적인 피해를 중심으로 구성되어 있다. 보통 피해라고 하면 억 단위의 손실이나 법정 분쟁처럼 극단적인 사례만을 떠올리기 쉽다. 그러나 이 책은 좀 더 일상적이고 교묘한 형태의 손실들에도 주목한다. 예컨대, 불필요한 장비 구매, 부당한 프랜차이즈 계약, 과장된 절세 마케팅, 하자투성이의 인테리어 공사, 실체 없는 브로커의 고용 등은 하루아침에 의사를 무력하게 만들 수 있는 현실적인 함정들이다.

그리고 여기서 말하는 피해는 단지 눈에 보이는 손해액만을 의미하지 않는다. 부자들은 돈을 써서 시간을 사고, 성공한 사람들은 시간 관리 능력으로 인생을 바꾼다. 그런 의미에서 시간을 뺏기는 것 또한 명백한 금전적 피해라고 할 수 있다. 몇 달씩 질질 끌리는 계약 분쟁, 쓸

데없이 반복되는 행정절차, 헛된 희망을 안겨주고 뒤통수를 치는 가짜 전문가들과의 미팅. 그 모든 것들은 의사의 본업인 진료와 삶을 조금씩 갉아먹는다.

이 책에는 의사를 노리는 대표적인 하이에나들의 다양한 유형을 수집하고 정리했다. 정리하고 보니 생각보다 훨씬 많았고, 교묘하게 진화해 있는 하이에나들이 존재하고 있었다. 어떤 업자는 처음에는 '진짜 전문가'인 것처럼 행동하며 의사의 마음을 얻고, 나중에는 '자신밖에 방법이 없다'는 식으로 몰아가며 돈을 뜯어낸다. 어떤 이들은 의사라는 이유만으로 더 비싼 가격을 책정하고, 더 불리한 계약서를 들이민다. 또 다른 이들은 법의 사각지대를 기가 막히게 활용하며, 마치 피해자가 가해자인 것처럼 뒤바꾸기도 한다.

이 책은 단순한 고발이 아니다. 나는 지난 20년간의 의사생활, 그리고 10년 넘는 개업 동안 수많은 하이에나를 직접 겪었다. 처음엔 나도 몰랐다. 의사라는 자격이 나를 지켜줄 거라 막연히 믿었고, 사회적 신분이 어느 정도 방패가 되어줄 거로 생각했다. 하지만 현실은 달랐다. 그렇게 나는 수없이 당했고, 그때마다 "왜 아무도 이런 걸 미리 알려주지 않았을까"라는 분노와 허탈함을 느꼈다.

사회에 나온 지 얼마 되지 않았을 때, 주변 선배 의사들에게 물어봤다. 하지만 그들은 대답을 흐리거나 "그런 건 알아서 조심해야지"라는 식으로 얼버무렸다. 정작 중요한 건 알려주지 않고, 겉으로만 도와주는 척하는 선배들의 태도에 실망했고, 그때 결심했다. 내가 나중에 선배가 된다면, 후배들에게 이 현실을 꼭 알려줘야겠다. 그 다짐이 바로 이 책의 시작이다.

책 속의 내용은 단지 내 경험에 그치지 않는다. 내가 직접 당한 사례, 동료 의사들에게서 들은 이야기, 인터넷과 판례 속에서 수집한 하이에나들의 다양한 수법들까지 최대한 구체적으로 담아내고자 했다. 어디까지가 진짜고 어디까지가 낚시인지를 파악하기 위해, 하이에나의 언어와 행동 양식을 관찰했고, 그들이 주로 어떤 방식으로 접근해오는지를 정리했다.

물론 이 책에 실린 모든 내용과 대처가 완벽히 정답이라고 말할 수는 없다. 현실은 언제나 책보다 복잡하고, 인간의 행동은 예측할 수 없는 방향으로 흐르기도 한다. 하지만 적어도 이 책에 실린 수많은 사례를 미리 알고 있다면, 피해의 정도를 크게 줄일 수 있을 것이다. 실제로 문제가 생겼을 때, 이 책에서 본 것과 유사한 사례를 떠올리며 다시한번 정보를 검색해본다면, 더 정확하고 나은 판단을 할 수 있을 것이다.

의사들은 복잡한 개업 구조와 의료 제도 속에서, 하이에나 같은 업자들의 도움을 받을 수밖에 없는 상황에 자주 놓인다. 하지만 도움을 받는 것과 이용당하는 것 사이에는 명확한 차이가 있다. 뜯김 당하지 않기 위해서는 사전 정보가 중요하다. 권투 경기를 예로 들어보자. 상대의 주먹이 날아오는 걸 알고 맞는다면 KO를 당하지 않는다. 방어할 틈이 있고, 반격할 수 있는 여지가 있다. 그러나 주먹이 날아오는 걸 모르고 맞는다면, 약한 주먹에도 의식을 잃는 경우가 많다. 하이에나에게 당할 것을 알고 맞는 것과 아무것도 모른 채 순진하게 맞는 것 사이에는 결정적인 차이가 있다.

이 책의 의미는 바로 거기에 있다. 하이에나가 어떻게 접근해오는지,

어떤 말로 신뢰를 얻는지, 어떤 구조로 돈을 빼가는지를 미리 알고 있다면, 당할 때도 대처할 수 있다. 이 책은 의사들이 더는 '정보의 비대칭'에 속지 않게 하기 위한 최소한의 방어막이자 무기다. 나는 이 책을 통해, 더 많은 의사가 자신의 시간을 지키고, 돈을 지키고, 마음을 지키는 데에 조금이라도 도움이 되길 바란다. 하이에나를 이기는 방법은 간단하지 않다.

그러나 하이에나가 하이에나인지 아는 것, 그것이 시작이다.

미창석

하이에나란 누구인가

01

하이에나란 누구인가

사냥하지 않고 뜯어먹는 자들

'하이에나'라는 단어는 본래 아프리카와 아시아에 서식하는 포유류 동물을 지칭한다. 이들은 초식 동물의 사체를 뜯어먹는 청소부형 포식자(scavenger)로 알려졌지만, 때로는 스스로 사냥을 하기도 한다. 다만 중요한 점은 하이에나의 대표적인 생존 방식이 '죽은 고기

를 먹는 것'이며, 남이 잡아놓은 사냥감에 슬그머니 끼어들어 살점 하나라도 더 뜯어내는 데 능하다는 것이다. 이런 생태적 특성은 인간 사회에서 '노력 없이 이익을 챙기고, 약자를 착취하며, 눈치를 보며 기회를 노리는 자'를 의미하는 은유로 자연스럽게 옮겨왔다.

이 책에서 말하는 '하이에나'란, 의사의 진료 역량이나 환자 서비스와는 전혀 상관없는 분야에서 활동하며, 외견상 도움을 주는 것처럼 보이지만 실제로는 의사의 재정적 자산과 판단의 여백을 이용해 '무언가를 뜯어내는 자들'을 의미한다. 그들은 의사의 시간, 돈, 신뢰, 그리고

궁극적으로는 의료 현장의 주도권을 조금씩 갉아먹는다.

하이에나들은 정면에서 공격하지 않는다. 그들은 대개 '돕는 자'의 탈을 쓰고 등장한다. 병원 인테리어를 해주겠다, 좋은 자리에 병원을 내게 도와주겠다, 최신 의료기기를 소개해주겠다, 마케팅으로 환자를 끌어주겠다, 인력 구인을 대신에 해주겠다, 세무를 대신 관리해주겠다 등. 이들은 어디까지나 '도와주는 전문가'의 모습으로 다가오지만, 그 내면에는 '남이 만들어놓은 가치를 최대한 많이 가져가려는 의도'가 깔려 있다.

실제로 하이에나의 대표적 전략은 '훔쳐먹기'다. 의사가 만들어놓은 브랜드, 신뢰, 수익 구조 위에 올라타 그 열매를 중간에서 빼앗는다. 예컨대 병원 마케팅 업체가 매달 수백만 원을 챙기면서도 실제 광고비를 얼마나 쓰는지 공개하지 않고, 일부만 돌려쓴다든가, 부동산 중개인이 이중 계약을 통해 성과급 일부를 자신이 가져간다든가, 인테리어 견적에 숨겨진 이윤을 빼돌려 하청업체에 낮은 가격으로 재하도급을 주는 경우가 대표적이다.

또한, 하이에나들은 의사의 심리를 잘 이용한다. 개업 초기의 불안, 경쟁 병원에 뒤처질 수 있다는 초조함, 좋은 평판을 얻고 싶은 마음, 빠르게 시스템을 구축하고 싶은 조급함 등을 교묘히 건드린다. "다른 원장님들은 벌써 하셨습니다", "지금 안 하면 기회가 없습니다", "원장님이 선택만 해주시면 나머지는 다 저희가 알아서 하겠습니다"라는 말은 의사의 판단력을 무디게 만드는 도구로 작용한다.

하이에나들은 언제나 '의사가 잘 모르는 분야'에서 움직인다. 법률, 세무, 회계, 인테리어, 장비 리스, 광고, 온라인 홍보, 부동산, 노무 등,

의사의 주 업무인 '진료'와는 무관하지만, 병원 운영에는 필수적인 영역에서 활동한다. 그리고 이 분야들은 모두 공통적으로 '가격이 불투명하고, 성과 측정이 애매하며, 감정적 거래가 개입되기 쉬운 구조'를 가진다. 이는 하이에나들이 특히 선호하는 조건이다.

중요한 것은 하이에나들이 결코 범죄자처럼 보이지 않는다는 점이다. 그들은 계약서도 쓰고, 인보이스도 발행하며, 세금계산서도 제대로 끊는다. 법적으로는 흠이 없는 구조를 만들되, 윤리적으로는 최대한 의사를 착취할 수 있는 지점을 계산한다. 때로는 커피 한 잔, 무료 컨설팅, 웨비나 초청 같은 친절한 접근으로 시작되지만, 그 끝에는 항상 '의사의 자산을 지분 없이 공유받는 구조'가 있다. 즉, 병원이라는 사냥감을 직접 사냥하지 않았음에도, 사체에 가장 먼저 달라붙는 하이에나처럼 결과를 챙긴다.

의사들이 진료와 환자 관리라는 본질에 집중할수록, 이들 하이에나는 주변부에서 더욱 활발히 움직인다. 하이에나는 빛나는 사자 앞에서 겉으로는 고개를 숙이지만, 결국 먹을 것은 사자의 사냥감이다. 그리고 의사가 수년간 쌓아온 신뢰, 경력, 기술, 자본은 그들의 눈에 '이미 쓰러진 고깃덩어리'처럼 보인다.

이 책은 바로 그 지점을 직시하려 한다. 하이에나를 사기꾼으로 단순 규정하는 것이 아니라, 그들이 어떻게 의사의 세계에 자연스럽게 침투하고, 정당한 도움인 척하면서도 어떻게 뜯어먹는지를 기록하고자 한다. 사냥은 의사가 했지만, 고기는 하이에나가 먹고 있는 현실을 드러내기 위해.

하이에나는 결코 멀리 있지 않다. 때로는 가장 가까운 사람의 얼굴

을 하고 다가온다. 겉으로는 돕는 척하지만, 실상은 의사가 가진 시간과 돈, 신뢰를 가장 먼저 갉아먹는 존재—바로 교수와 가족이라는 이름의 하이에나다.

의대와 수련 병원이라는 특수한 위계 안에서 살아온 의사들에게 교수는 절대적인 존재다. 전공의 시절부터 이어진 복종적 문화는, 시간이 지나도 쉽게 사라지지 않는다. 많은 교수는 그 위계적 구조를 이용해 자신에게 유리한 방식으로 제자들을 이용한다. 대표적인 예가 펠로우나 임상교수로의 잔류 유도다.

병원 밖으로 나가면 연봉 수억 원을 받을 수 있는 능력 있는 전문의에게, 교수가 "1~2년만 더 연구하자", "논문 몇 편만 더 채우자", "자리가 곧 생길 거다"라는 말로 병원 잔류를 설득한다. 하지만 그 잔류는 대부분 명확한 보상이나 확실한 경력 보장 없이, 시간과 기회를 빼앗는 결과로 이어진다. 그동안 교수는 자신의 연구실적을 늘리고, 진료 수익을 공유받으며, 병원 내 권위를 강화한다. 반면 후배 의사는 낮은 수당과 무한 책임을 떠안으며, 개원과 개업의 시기를 계속해서 놓치게 된다. 그 시간 동안 가장 큰 손해를 보는 쪽은 명확하다.

그리고 또 다른 하이에나는 가족이다. 의사가 사회적으로 안정적이고 고소득이라는 이유만으로, 가족들이 경제적 지원을 당연시하거나, 반복적으로 돈을 빌리는 구조가 형성되기도 한다.

부모는 "사업 좀 도와줘야 하지 않겠냐", "집에 큰일이 생겼다"며 큰돈을 요구하고, 형제는 "형(누나) 정도면 이 정도는 해줄 수 있지 않냐"며 수천만 원 단위의 자금을 요청한다. 배우자는 병원의 수익 구조를 정확히 알지 못한 채 "이번엔 차를 바꾸자", "아이 교육비는 아끼지 말자", "이 정도는 우리가 누려야 하는 거 아니냐"는 말로 의사의 지출을 자연스럽게 늘려간다. 문제는 이러한 요청들이 정당한 투자도, 공동의 계획도 아닌 '의사의 책임으로만 작동하는 자금의 흐름'이라는 점이다.

이런 상황에서 의사는 한 가정의 경제적 중심축이 되면서도, 그에 대한 주도권이나 절제권을 행사하지 못한다. 가족 간의 관계는 '돈 문제를 따지는 것 자체가 어색한 구조'를 만들고, 결국 반복적인 손실로 이어진다. 의사의 수입이 많아질수록 가족의 요구는 더 당연해지고, 심지어는 "병원 잘 되니까 이제 이 정도는 해줄 수 있잖아"라는 말로 심리적 압박까지 가해진다. 그 순간 가족은 위로자도, 조력자도 아닌 하이에나가 된다.

더 큰 문제는, 이러한 교수와 가족의 개입은 외부 하이에나 문제보다 더 '강한 침묵'과 관련 있다는 점이다. 외부 업체에게 당한 경험은 누군가와 공유할 수 있지만, 스승에게 이용당한 경험이나 가족에게 반복적으로 돈을 빼앗긴 이야기는 쉽게 꺼낼 수 없다. 그래서 의사들은 더 깊은 침묵 속에서 자산과 시간을 빼앗긴다.

결국, 하이에나는 얼굴이 없다. 그는 친절한 스승의 모습으로, 믿을 수 있는 가족의 모습으로, 무언가를 '위해서'라고 말하며 다가온다. 그리고 의사는 죄책감 없이 거절할 수 없는 관계 속에서, 자신의 가치와 시간, 돈을 조금씩 내어주게 된다. 사자는 사냥한 고기를 뜯기지만, 의사는 자신과 가까운 사람들에게 뜯긴다. 그리고 그 사실을 가장 늦게 깨닫는다.

이처럼 '하이에나'는 단순히 사기꾼이나 무자격자만을 의미하지 않는다. 의사의 노력과 자산 위에 올라타, 스스로는 리스크를 지지 않으면서 수익을 챙기고, 대신 판단하면서 책임은 피하는 자, 그가 바로 하이에나다. 그런 하이에나는 친절할 수도 있고, 존경받는 선배일 수도 있고, 누구보다 가까운 가족일 수도 있다. 따라서 이 책에서 말하는 '하이에나'는 어떤 특정인을 가리키는 것이 아니라, 의사라는 존재가 만든 가치 위에 무임승차하려는 모든 구조와 행위를 지칭하는 개념이다.

진짜 무서운 하이에나는 멀리 있지 않다. 그들은 내게 커피를 사주고, "요즘 힘들죠?"라고 말하며, "그냥 믿고 맡겨주세요"라고 위로하는 사람일 수도 있다. 그리고 의사는 그 말을 듣고, 안도하며, 판단을 멈춘다. 그 순간 하이에나는 이미, 첫 번째 살점을 물어뜯은 것이다.

02

하이에나들이 의사를 노리는 이유

하이에나들이 의사를 노리는 이유

의사는 사회적으로 고소득 전문직으로 분류되며, 직업적 권위와 신뢰를 동시에 지닌 집단이다. 그러나 아이러니하게도, 이러한 배경은 오히려 '하이에나'들의 타겟이 되는 주요한 이유가 된다.

가. 의사의 무지를 먹고 자라는 전문가들

의사의 지식은 고도로 특화되어 있다. 해부학, 생리학, 병리학, 약리학 등 기초의학에서 시작해 과별로 세분된 진단과 치료법, 최신 가이드라인과 논문까지 끊임없이 습득하고 적용해야 한다. 이 모든 과정은 인간 생명을 다룬다는 특성상 극도로 정확하고 과학적이어야 하며, 의사의 판단은 곧 환자의 삶에 직결되기 때문에 일종의 '절대 책임'이 부여된다. 그렇기에 의사는 자신이 알고 있는 영역에 대해서는 그 누구보다 자신 있고, 익숙하며, 경험이 축적돼 있다. (물론 예외는 있다.)

그러나 이러한 깊이 있는 전문성은 동시에 '편협한 학습 경로'라는 한계를 동반한다. 전공의 수련 기간 내내 병원과 학회, 논문, 컨퍼런스 외의 세계는 존재 자체가 부차적인 것으로 취급된다. 그래서 진료 외의 영역, 즉 병원을 '운영하고 유지하는 것'에 필요한 지식과 기술에 대해서는 체계적인 교육을 받지 못한 채 현장에 던져지게 된다. 실제로 많은 의사는 병원을 개원하면서 처음으로 '사업자 등록'이라는 단어를 듣고, 세무사와 만나야만 '종합소득세'가 무엇인지 알게 되며, 인테리어 업체가 내민 견적서나 공정표 앞에서 말없이 도장부터 찍는 경우도 허다하다.

이 과정에서 의사는 자연스럽게 외부 전문가에게 의존할 수밖에 없게 된다. 병원을 지으려면 인테리어 전문가가 필요하고, 의료장비를 들이려면 대리점이 필요하며, 세무 처리는 회계사나 세무사에게 맡겨야 하고, 마케팅은 광고 대행사에 부탁해야 한다. 이 자체는 잘못된 일이 아니다. 문제는 그 외부 전문가가 '진짜 전문가인지' 아닌지를 의사가 분별할 수 없다는 점이다.

의료는 면허로 철저히 통제되지만, 다른 업계는 자격과 경험에 대한 객관적인 검증 시스템이 부실하거나 아예 존재하지 않는 경우도 많다. 예를 들어, 마케팅 업체는 "우리는 병원 마케팅만 10년 했습니다"라고 말하지만, 그 경력의 실체는 블로그 몇 개와 인스타그램 운영 경험일 수도 있다. 인테리어 업체는 "병원 인테리어만 전문으로 합니다"라고 말하지만, 실제로는 최근 들어 병원 쪽으로 시장을 옮긴 건설업 하청업체일 수도 있다. 세무사 역시 병원 회계 구조에 대한 이해가 없는 일반 세무 전문가일 수 있다.

의사가 이들과 대화를 나누는 순간부터 위험은 시작된다. 외부인은 의사가 어떤 분야에 무지한지를 빠르게 간파하고, 그 빈틈을 채워주는 듯하면서 주도권을 확보한다. 그리고 의사에게 필요한 것처럼 보이는 '솔루션'을 제시하며 선택을 유도한다. 그러나 그 솔루션의 기준은 의사의 이익이 아니라, 제공자 자신의 수익과 편의다. 게다가 이들은 의료 영역에 대한 얄팍한 정보만 있어도 의사 앞에서 전문가처럼 보일 수 있다. "의료법상 안 됩니다", "비급여 신고 기준이 바뀌었습니다", "심평원에 걸릴 수 있어요" 같은 말 몇 마디면 의사는 흔들린다.

결국, 의사는 자신의 진료실 바깥에서 벌어지는 거의 모든 결정에 대해 전문가의 말을 '믿는 수밖에 없는' 상황에 놓인다. 그리고 그 믿음이 잘못된 방향으로 작동하면, 단지 돈을 잃는 것이 아니라 병원의 이미지, 운영의 안정성, 심지어 환자와의 신뢰까지 위협받을 수 있다. 하이에나들은 바로 이 구조적 한계를 노린다. '의사는 잘 모른다'는 사실을 기정사실로 삼고, 의사가 질문하지 않는 한 결코 먼저 진실을 말하지 않는다. 의사의 무지가 바로 그들의 먹잇감이다.

나. 많이 벌수록 많이 뜯긴다.
의사의 고수입이 만드는 역설

의사라는 직업은 사회적으로 고소득 전문직의 대표 격이다. 이는 단지 인식에 그치지 않고, 실제 통계와 조사에서도 명확하게 드러난다. 통계청의 '직업별 평균소득' 자료에 따르면, 의사의 연평균 소득은 국내 상위 1%에 해당하며, 개원의의 경우 평균 연 소득은 3억 원을 넘기는 것으로 보고되고 있다(국세청 2023년 기준). 특히 수도권에 있는 비급여 중심의 병원을 운영하는 의사의 경우, 연 소득이 5억 원을 넘는 사례도 적지 않다.

이러한 높은 수입은 의사 개인에게는 풍요로움이지만, 외부인에게는 '뜯어먹을 것이 많은 사람'이라는 신호가 된다. 하이에나들은 바로 이 지점을 노린다. 그들이 사냥감을 고를 때 가장 먼저 보는 것은 '그 사람이 가진 현금과 자산 규모'가 아니라, 그 사람이 얼마만큼 소비할 수 있는가, 어떤 물건을 어떤 기준으로 고르는가, 그리고 의사결정 과정에서 방심하거나 무지한 지점은 없는가다.

의사는 직업의 특성상 소비를 할 수밖에 없는 상황에 자주 놓인다. 병원 개원, 장비 교체, 인테리어 재단장, 광고, 건물 임대 또는 매입, 인력 채용 등은 모두 큰 지출이며, 여기에 따르는 소비결정도 대부분 빠르게 이루어진다. 이유는 간단하다. 진료 외 영역에 많은 시간을 쓰고 싶지 않기 때문이다. 그래서 의사들은 "돈으로 시간을 산다"는 개념에 익숙하며, 실제로 외부 전문가에게 위임하는 방식으로 문제를 해결하는 경우가 많다.

하이에나들은 이처럼 '돈이 있는 고객 + 빠른 결정 + 외부 위임'이라는 3박자를 동시에 갖춘 직종을 절대 놓치지 않는다. 예를 들어 인테리어 업자는 의사 고객에게 평범한 사무실 견적보다 1.5배에서 2배 높은 금액을 부른다. 의료장비 판매업체는 기기 하나를 팔면서 수천만 원에서 1억 원 가까운 장비를 제안하며 의사의 눈을 흐리게 만든다. 세무회계사나 광고 대행사도 마찬가지다. 이들은 "병원만 전문으로 합니다"라는 말 한마디로 자신의 전문성을 포장하고, 의사의 재정 상황이나 결제 여력을 빠르게 파악한 뒤 고가의 상품이나 서비스를 제시한다.

또한, 의사는 소비의 방향이 일반 직종과 다르다. 이는 '프리미엄 가격'이 책정되는 구조를 고착화시키는 역할을 한다. 같은 공간, 같은 자재, 같은 장비라도 '의원용', '의사 전용', '메디컬 특화'라는 말이 붙는 순간 가격이 올라간다. 이러한 현상은 단순한 마케팅이 아니라 구조적인 시장 반응이다. 의사는 가격 협상이나 시세 파악에 익숙하지 않으며, "좋은 게 들어간다니 그러려니 한다"는 심리가 작동한다. 하이에나들은 이러한 소비 성향을 정교하게 분석해 '과잉 가격'과 '불필요한 옵션'을 결합한 상품을 만들어낸다.

게다가 하이에나들은 의사의 '수입 대비 인식'의 간극을 교묘하게 이용한다. 의사는 본인의 수입이 많다는 사실을 알지만, 동시에 바쁜 진료 일정 속에서 돈이 '남는 느낌'은 들지 않는 경우가 많다. 그래서 무언가를 구매하거나 계약할 때, 금액 자체보다는 "얼마나 도움이 되느냐"에 더 집중한다. 이때 하이에나는 의사의 감정적 피로와 시간 부족을 노려 '결정을 빠르게 끌어내는 말'을 한다. "이 장비 안 들이면 경쟁 병원에 밀립니다", "지금 계약 안 하면 혜택 사라집니다", "다른 원장님들은 이미 진행 중입니다" 같은 말은 진실 여부를 떠나 의사의 선택을 조급하게 만든다.

결과적으로 의사의 고수입은 오히려 하이에나들에게는 '많은 것을 뜯어낼 수 있는 구조적 기회'가 된다. 돈이 많아서가 아니라, 그 돈이 빠르게 움직이고, 그 움직임에 대한 판단력이 부족한 구조가 문제인 것이다. 그리고 하이에나들은 그 구조를 정확히 알고, 장기적인 전략을 세워 접근한다. 마치 포식자가 물가에서 쉬고 있는 동물을 노리듯, 이들은 의사의 일정, 재정, 심리, 소비 패턴까지 분석하고 침투한다.

다. 돈이 아니라 신용을 노린다.
의사라는 직업의 금융적 취약성

의사들이 하이에나들의 표적이 되는 또 하나의 중요한 이유는, 단순히 수입이 많아서가 아니라, '신용이 좋기 때문'이다. 의사는 일반적으로 고소득 전문직으로 인식되며, 실제로도 개원의의 경우 연소득 수억 원을 기록하는 경우가 드물지 않다. 그러나 하이에나들이 진짜로 노리는 것은 단지 지금 가진 돈이 아니다. 그보다는 향후 벌어들일 수 있는 잠재 소득, 그리고 그에 기반한 신용대출 한도와 자금 조달 능력이 주요한 타깃이 된다.

의사는 병원을 개원하거나 기존 병원을 확장할 때, 수억 원에서 수십억 원에 달하는 자금을 조달하게 된다. 흥미로운 점은 이 자금의 상당 부분이 의사의 '신용'만으로도 조달 가능하다는 점이다. 의료업은 금융권에서 안정성과 수익성이 높은 업종으로 분류되며, 특히 개원의는 일정 수준의 현금 흐름이 지속해서 발생하는 구조로 되어 있어 대출 심사에서도 우대를 받는다. 게다가 의사는 대개 소득 대비 부채 비율이 낮고, 연체 이력도 드물며, 금융사 입장에서는 신용 리스크가 낮은 고객이다.

대표적인 대출 방식으로는 사업자 대출, 의료기기 구매용 리스·할부 금융, 신용보증기금의 창업지원 대출 등이 있다. 이들 금융상품은 대부분 대출 심사가 간편하고, 때로는 담보 없이도 수억 원의 자금이 한 번에 풀리기도 한다. 이처럼 자금 유입이 쉽다는 것은, 하이에나들이 "원장님, 지금 이 타이밍에 이 장비를 들이면 좋습니다"라거나 "이 건물로 확장하셔야 합니다"라는 말로 쉽게 유혹할 수 있다는 뜻이다. 실제로 의사들 사이에서도 '대출은 능력'이라는 말이 통용될 정도로, 자금 확보 능력이 일종의 자부심처럼 여겨지는 예도 있다.

그러나 바로 이 지점이 함정이다. 하이에나들은 의사의 신용을 수단으로 삼아 자신들의 이익을 끌어내는 데 능하다. 일부 인테리어 업체는 공사비용의 상당 부분을 대출금으로 커버하도록 유도한 뒤, 공정은 부실하게 진행하거나 과도한 견적을 끼워 넣는다. 의료장비 대리점은 "리스를 통해 장비를 들이시면 원장님 부담은 거의 없습니다"라고 말하지만, 그 리스 조건은 장기적으로 불리하거나 유지보수 비용이 숨겨져 있는 경우가 많다. 마케팅 업체는 '성과형 계약'이라는 명목으로 시작하지만, 실상은 계약 기간을 길게 묶고 위약금을 숨겨두는 방식으로 수익을 챙긴다.

의사의 경제적 신용은 또한 '대리 투자' 구조에도 이용된다. 예를 들어 부동산 컨설팅 업자나 브로커가 '의사 전용 투자처'를 들이밀며, 초기 투자금 일부만 내고도 레버리지를 활용해 고가의 상가나 건물에 투자할 수 있다고 설명한다. 이 경우 대출 승인이 잘 나는 의사의 신용이 곧 '지렛대'가 되며, 하이에나는 그 지렛대 위에 올라타 수익을 챙긴다. 투자에 실패해도 손해는 의사가 떠안고, 수수료는 이미 빠져나간 뒤다.

한 가지 주목할 점은, 이 모든 과정에서 '현금'이 실제로 왔다 갔다 하는 경우보다 '미래 소득을 담보로 한 신용 자금'이 더 자주 이용된다는 점이다. 하이에나들은 의사가 지금 당장 주머니에 돈이 없더라도, 금융기관에서 돈을 끌어올 능력이 있다는 사실을 누구보다 잘 안다. 그래서 그들은 "지금은 안 되지만, 가능하게 만들 수 있다"는 말로 의사의 마음을 흔들고, 한순간의 결정을 끌어낸다. 실제 계약은 매우 빠르게 체결되며, 이후에는 취소하거나 환불하기 어려운 구조가 일반적이다.

요컨대, 하이에나들이 의사를 노리는 이유는 그가 가진 돈보다도, 그가 '빌릴 수 있는 돈'에 있다. 높은 신용, 낮은 금융 리스크, 지속 가능한 현금흐름은 일반인에게는 기회지만, 의사에게는 하이에나들이 달려들 수 있는 새로운 먹잇감이다. 이처럼 신용은 보호받아야 할 자산이지만, 하이에나들의 손에 들어가면 철저히 수탈의 수단이 된다.

하이에나들이 의사의 신용을 노리는 이유는 단순히 '돈을 빌릴 수 있기 때문'만이 아니다. 더 깊은 이유는, '빌린 돈은 자기 돈처럼 아깝지 않다'는 심리 구조에 있다. 의사들은 대출을 통해 자금을 조달하면서도, 그것이 자신의 통장에 있던 현금을 쓰는 것과는 다른 감각으로 받아들이는 경우가 많다. 실제로 손에 쥐고 있었던 돈이 빠져나가는 것이 아니므로, 비용에 대한 경계심이 낮아지고, 지출에 대한 판단력도 흐려진다.

"대출로 커버하면 되니까", "어차피 매달 상환하면 되는 돈이니까"라는 생각은, 마치 병원 운영비가 아닌 외부 자금으로 일시적 소비를 해결하는 것처럼 느끼게 만든다. 그 결과 장비를 고를 때도 '어떤 기능이 정말 필요한가'보다 '이왕이면 더 좋은 거로', '다들 이 정도는 한다더라'는 말에 더 쉽게 휘둘린다. 인테리어도 마찬가지다. 처음엔 실용적 기준으로 접근했지만, 대출 한도가 넉넉하다는 말 한마디에 마감재나 설비 사양이 상향되고, 공간 구성이 과도해진다.

하이에나들은 이 심리를 교묘하게 파고든다. "이건 원장님 돈이 아니라 리스입니다", "초기 부담은 거의 없고 나중에 수익 나면 상환하시면 돼요"라는 말은, 지출을 '지금의 결제'가 아닌 '나중의 책임'으로 미뤄두는 장치다. 의사는 실제로 잃은 느낌이 들지 않기 때문에, 냉정한 판단보다 감정적 설득에 더 쉽게 흔들린다.

결국, 신용은 의사에게 단지 돈을 빌릴 수 있는 수단이 아니라, 지출에 대한 위험 감각을 무디게 만드는 심리적 착각의 도구가 되기도 한다. 이 착각 속에서 하이에나들은 계약서를 내밀고, 옵션을 붙이고, 기간을 늘리며 점점 더 많은 것을 뜯어낸다. 그리고 모든 책임은 나중에, 천천히, 반복적으로 의사에게 돌아간다. "내 돈이 아니니 덜 아깝다"는 생각은, 실제로는 "나중에 더 크게 아프다"는 결과로 돌아오게 된다.

라. 복종에 익숙한 엘리트
상명하복 문화가 만든 순종적 소비자

의사들은 일반적으로 독립적인 사고력과 전문 지식을 갖춘 엘리트 집단으로 인식된다. 그러나 그 겉모습과는 다르게, 의대 교육과 수련 과정은 철저하게 위계적이고 피라미드 구조 속에서 이뤄진다. '스스로 판단하고 결정하는 사람'이 되기보다는 주어진 지시를 정확히 따르고 오류 없이 실행하는 사람'이 되도록 훈련받는다. 이러한 문화적 배경은 임상 현장에서의 안전성과 효율성에는 이바지할 수 있지만, 의료 바깥 세계—특히 협상과 계약, 사업 판단이 요구되는 상황—에서는 매우 취약한 태도로 작용한다.

의대 시절부터 의사들은 기본적으로 '선배의 말을 듣는 것'이 생존 전략이라는 것을 체득한다. 해부학 실습의 포지션 하나도 선배가 알려준 대로 따라야 하고, 시험공부의 방향도 선배나 동기의 자료에 의존하는 문화가 형성되어 있다. 전공의 시절에 들어가면 이러한 상명하복 구조는 더욱 공고해진다. 진료실이나 병동에서 교수나 전문의의 지시를 따르는 것은 당연한 일이고, 수술방이나 회진 중에는 상급자의 판단을 질문 없이 즉각 실행하는 태도가 요구된다. 수련병원에서 살아남기 위해서는 자기주장을 앞세우기보다, 지시에 빨리 적응하고, 반박하지 않고, 질문을 삼키는 방식으로 행동하는 게 '현명한' 전략이 된다.

이런 문화는 단지 병원 내에서만 작용하는 것이 아니다. 10년 이상 지속한 위계 구조 속 생활은, 무의식적으로 '상대의 말을 의심 없이 받아들이는 습관'으로 이어진다. 의사라는 직업은 논리적으로 정교한 판단을 요구하는 직종임에도 불구하고, 정작 외부 세계에서는 말이 빠르고 확신에 차 있는 사람에게 쉽게 설득되는 경향이 있는 이유가 여기에 있다.

하이에나들은 바로 이 점을 정확히 간파한다. 그들은 의사와의 관계를 수평적 협상 관계가 아닌 '자신이 상위자, 의사는 조언을 받아야 할

35

사람'으로 설계하려 한다. 상담 자리에서 목소리를 높이고, 전문가답게 말을 끊지 않고 이어가며, 질문에 명확한 답 대신 '제가 알아서 해드릴게요'라는 말을 반복하는 이유는 바로 의사가 '지시받는 데 익숙한 사람'이라는 점을 이용하기 위해서다.

예컨대 어떤 마케팅 업체는 초반 상담에서 병원 내부 사정을 세세히 물은 뒤, "원장님 병원은 타깃 고객층이 명확하지 않네요", "이 동네에선 저희 전략이 아니면 다 망했습니다"와 같은 강한 워딩을 던진다. 일반 사업가였다면 '당신이 뭘 안다고 그런 말을 하냐'고 되물을 수 있는 상황이지만, 상명하복 문화에 길든 의사들은 그런 말을 '자신의 부족함에 대한 객관적 평가'로 받아들이기 쉽다. 결국 '전문가가 그렇게 말하니까'라는 이유로 결정이 빠르게 진행되고, 그 결정은 나중에 되돌리기 어렵게 된다.

또 다른 예로, 인테리어 업자나 장비 대리점이 '이건 꼭 넣어야 한다', '다른 병원들은 다 이렇게 했다'는 말을 반복할 때, 의사는 그 주장을 의심하기보다는 자신이 잘 모르기 때문에 빠르게 따라야 한다고 생각한다. 의대나 병원에서의 경험이 "모르면 물어보고, 물어봤으면 그대로 하라"는 방식으로 작동해왔기 때문이다.

게다가 이런 구조에 익숙해진 의사들은 계약서나 제안서를 받아들고도, 내용을 검토하고 의심해봐야 한다는 감각이 빠진 경우가 많다. 하이에나들은 이러한 '질문하지 않는 태도'를 무기로 삼는다. 계약서에는 유리한 조건보다 불리한 조항이 많고, 구두 약속은 번복되기 쉽다는 기본적인 상식을 의사들이 인식하지 못하는 것은, 단지 법률 지식이 없어서가 아니다. 그보다는 '누군가에게 맡기고 따르는 데 익숙한 문화'가 판단을 무디게 만든다.

결국, 의사의 상명하복 문화는 그들을 '말 잘 듣는 고객'으로 만들고, 이는 하이에나들이 가장 선호하는 특성 중 하나다. 특히 의료 바깥에서 발생하는 계약과 소비의 결정은 다분히 협상력과 의심 능력을 요구하는데, 상명하복에 익숙한 의사들은 이러한 상황에서 '따르는 편이 더 안전하다'는 감각을 작동시킨다. 그리고 하이에나들은 그런 심리를 교묘하게 조작한다.

마. 개업이라는 만찬
하이에나들이 몰려드는 이유

의사가 병원을 개업한다는 것은 단순히 진료실 하나를 꾸미는 일이 아니다. 그것은 수억 원에서 수십억 원이 오가는 복합적인 사업 행위이며, 동시에 수많은 외부 업체들이 함께 움직이는 거대한 '시장'의 개방을 의미한다. 그리고 바로 이 지점에서 하이에나들이 몰려든다. 개업은 한 사람의 의사가 자신의 진료 기술만으로 해결할 수 없는 문제들의 연속이며, 그 문제 하나하나가 곧 '뜯어먹을 명분'으로 작동하게 된다.

병원이 문을 여는 데 필요한 기본적인 구성요소만 나열해 보아도 다음과 같다.

① 부동산 계약과 임대차 협상, ② 병원 인테리어 설계와 시공, ③ 의료장비와 가구 구입, ④ 초도 약제 및 소모품 공급, ⑤ 간호조무사 및 행정 인력 채용, ⑥ 전산 시스템 구축, ⑦ 보험청구 프로그램 및 심사대행, ⑧ 마케팅 및 광고 대행, ⑨ 법률·세무·노무 자문, ⑩ 금융 대

출 및 리스 계약.

이처럼 개업이라는 행위는 다양한 산업이 교차하는 접점이며, 각 파트에서 '의사만을 위한 특별한 솔루션'을 제시하는 하이에나들이 기회를 엿보고 있다.

예를 들어, 부동산은 병원 개업의 출발점이다. 어떤 건물의 어느 층, 어느 방향에 입점할 것인가에 따라 유동 인구와 환자 수가 달라지므로, 의사는 부동산 중개업자의 말에 크게 의존하게 된다. 이때 일부 중개업자들은 의사에게 '입지 좋다'는 명목으로 실제보다 터무니없이 비싼 권리금과 임대료를 요구하거나, 건물주와 이중 계약을 맺고 이면 수수료를 챙기기도 한다.

인테리어는 가장 대표적인 먹잇감 중 하나다. 병원 인테리어는 일반 상가보다 훨씬 더 높은 수준의 설비와 위생 기준이 요구되므로, 견적서도 자연스럽게 복잡하고 금액도 고액이 된다. 문제는 그 복잡함이 '금액 조작의 여지'를 만들어낸다는 것이다. 평수와 마감재, 의료 설비에 대한 이해가 부족한 의사를 상대로 일부 시공업체는 자재를 속이거나, 불필요한 구조 변경을 제안하고, 수주 후에는 하청에 떠넘겨 부실 공사를 하는 방식으로 수익을 극대화한다.

의료장비 분야도 마찬가지다. 하이에나들은 특정 장비가 최신 기술이라거나, "이 장비 없으면 다른 병원에 밀린다"는 식의 공포심을 자극하여 과도한 가격에 판매한다. 리베이트를 조건으로 의사를 유인하거나, 리스 조건에 숨겨진 추가 이자를 부과하는 식으로 이익을 챙긴다. 특히 초음파, 레이저, 체외충격파 장비처럼 비급여 중심 기기는 의사에게는 '수익 창출 도구'이기 때문에 판매업자들은 그 기대 심리를 자극한다.

직원 채용 역시 하이에나들의 활동 무대다. 일부 인력 파견 업체는 구직자의 경력을 과장하거나, 퇴사율이 높은 인력을 재활용하며 수수료를 반복적으로 받아낸다. 또한, 의사는 인사관리에 익숙하지 않기 때문에, 직원과의 법적 분쟁이 발생하면 해당 상황을 유리하게 끌고 가기 위한 노무사, 법률사무소 등의 '비용 유도형 자문업체'가 등장한다.

제약 및 소모품 공급도 하이에나들이 접근하는 분야다. "초기에는 무상으로 드리겠습니다", "마진 없이 공급해드릴게요"라는 말을 하면서 접근해 일정 기간 후 가격을 슬그머니 올리거나, 공급 독점 계약을 유도해 가격 협상력을 박탈시키는 방식이다. 특히 병원 규모가 작을수록 공급업체의 구조적 우위에 놓이게 된다.

이 밖에도 마케팅, 온라인 광고, 홈페이지 제작, 네이버·카카오 리뷰 관리, 보험청구 대행, 개업 세무 컨설팅까지 개입하지 않는 분야가 없다. 하이에나들은 이 각각의 분야에서 자신을 '전문가'로 포장하고, 의사를 '병원 운영은 처음인 사람'으로 설정한다. 그리고 의사가 실수 없이 개업을 완성하고 싶어 하는 심리를 교묘하게 이용해, 하나하나의 선택이 아닌 전체 시스템을 통째로 관리해주겠다는 말로 주도권을 확보한다.

이러한 현상은 단순히 의사의 무지나 방심 때문이 아니다. 개업이라는 행위 자체가 하나의 복합 산업 구조 안에 진입하는 것이며, 그 진입점에서 의사가 필요한 모든 요소가 외부 자원에 의해 조달되는 방식이기 때문이다. 즉, 개업은 하이에나들에게 있어 '단건 거래'가 아니라 '종합 세트 메뉴'와도 같은 상황이다. 한번 문을 열기 시작하면 각 분야의 업체들이 "우리도 함께 들어가야 한다"며 몰려들고, 그 안에서 무수한 커미션과 중개 수수료, 이면계약이 오가게 된다.

결국, 병원 개업은 단순한 출발점이 아니다. 하이에나들에게는 돈이 모이고, 결정이 빠르고, 저항이 약한 지점이다. 의사가 '처음이자 마지막 개업'이라고 생각하며 전력을 다할 때, 하이에나는 '수백 번째 병원 오픈'의 경험으로 움직이며 계산을 끝내놓는다. 이 모든 구조 속에서 의사의 정보 격차와 시간 부족은 그들의 수익모델이 되고, 단계마다 '명분 있는 수탈'이 이루어진다. 그리고 정작 개업 후 운영이 시작됐을 때, 그 비용이 과도했는지, 결정이 잘못됐는지는 이미 돌이킬 수 없게 된다.

바. 생각할 틈이 없는 사람들
시간 없는 의사, 판단은 누가 대신하나.

의사는 직업적으로 매일 수십, 수백 건의 결정을 내려야 하는 사람이다. 진료실 안에서 내리는 결정은 신체검사부터 시작해 진단, 처방, 검사 지시, 입원 여부, 수술 적응증까지 실로 복잡하고 무겁다. 이 모든 판단은 환자의 생명과 직결되어 있고, 대부분 즉각적이며 반복적으로 요구된다. 그러나 진료실 밖의 결정들—예컨대 병원 운영, 마케팅, 장비 구매, 직원 고용, 계약 체결 등—은 정작 그 어떤 결정보다 장기적이고 중요한데도, 그에 걸맞은 충분한 시간과 숙고의 여유가 의사에게는 없다. 그리고 바로 이 시간 부족이 하이에나들이 가장 먼저 파고드는 틈이다.

의사의 하루는 진료 스케줄로 빼곡히 채워져 있다. 예약 환자에 더해 당일 외래, 전화상담, 응급 콜까지 감당하다 보면, 점심시간은 짧고, 저녁엔 학회나 컨퍼런스, 온라인 세미나로 이어진다. 행정업무와 의무기록, 청구 서류까지 직접 확인하는 의사라면 하루가 끝나기 전까지도 쉬지 못한다. 이런 일상 속에서 외부업체의 제안을 천천히 검토하거나, 계약서를 조목조목 따져보는 건 현실적으로 불가능에 가깝다.

의사들은 오랜 교육과 수련을 통해 판단 능력을 훈련받았지만, 그 훈련은 철저히 의료행위에 국한된 것이다. 즉, MRI 판독은 정밀하게 할 수 있어도, 장비 견적서에 숨어 있는 과다 청구나 이율 조건을 파악하는 일에는 익숙하지 않다. 문제는, 그 분야에 대한 몰이해보다도 판단을 내릴 시간 자체가 없다는 점이다.

하이에나들은 이 구조를 누구보다 잘 이해한다. 그들은 의사의 시간적 한계를 파악하고, 그 한계를 '자신들의 역할 증대'로 포장한다. "원장님은 진료만 보세요, 나머지는 저희가 알아서 하겠습니다", "계약서 보내드릴게요, 바쁘시면 사인만 해주세요", "이건 다 표준 조건이라 고민하실 필요 없습니다"와 같은 멘트는 본질적으로 의사의 판단을 대체하겠다는 선언이다.

의사는 바빠서 의심하지 않는다. 또는, 의심하더라도 다음 진료가 밀려 있어 더 생각하지 못하고 넘겨버린다. 하이에나들은 이처럼 '검토하지 못하는 환경'에서 오히려 검토받지 않는 권한을 획득한다. 그렇게 의사의 의사결정 권한은 한 조각씩 바깥으로 빠져나가고, 병원 운영에 있어 결정적인 사항조차 '타인의 손에 의해 이미 결정된 상태'로 놓이게 된다.

가령, 장비 도입과 관련해 여러 견적을 비교하고 기능을 직접 체험해야 마땅하지만, 의사는 "다른 원장님들이 이걸 쓴다더라"는 말 한마디로 결정을 내리게 된다. 인테리어 견적서의 자재 항목은 너무 많고 복잡해서 확인할 여유가 없으니, "표준 사양으로 진행해달라"고 일임하게 된다. 광고 마케팅은 성과 보고서를 봐야 하지만, 매달 발송되는 PDF는 몇 줄 스크롤하다 말고 닫는다.

이처럼 의사들은 단지 부지해서가 아니라, 시간이 없어서 결정권을 넘긴다. 문제는 이런 구조가 반복될수록, '대신 판단해주는 사람'이 병원 밖에 굳어진다는 점이다. 의사는 '진료만 잘하면 된다'고 믿고 있지만, 실제로 병원의 성패를 좌우하는 핵심 결정은 진료 외부에서 내려지고 있다.

이러한 판단의 외주화는 곧 책임의 상실로 이어진다. 어떤 서비스가 실패했을 때, 어떤 계약이 손해로 끝났을 때, 의사는 "그 사람이 하자고 해서", "그 당시 시간이 없어서"라는 말로 위안받지만, 결과는 자신이 감당해야 한다. 그리고 그 실패를 반복하지 않기 위해선 처음부터 시간과 집중을 투자했어야 한다는 사실을 뒤늦게 깨닫게 된다.

하이에나들은 의사가 그 깨달음을 얻기 전까지 가능한 많은 이익을 취한다. 그들은 항상 촉박한 의사의 일정을 존중하는 척하면서, 의사가 질문하지 않게, 검토하지 않게, 기억하지 않게 만든다. 그것이 곧 자신들의 공간이자 수익이다.

결국, 의사의 가장 큰 리스크는 '정보 부족'이 아니라 '시간 부족'이다. 정보는 노력하면 습득할 수 있지만, 시간이 없으면 어떤 정보도 검토되지 않는다. 이 책이 경고하고자 하는 것은 바로 그 지점이다. 하이에나들은 의사의 판단이 무뎌질 때까지 기다리지 않는다. 오히려, 판단할 틈 자체가 없는 순간을 노려 한입에 물어뜯는다.

사. 정보 없는 세계, 나만 속는 구조
의사 사회의 침묵과 하이에나의 전략

하이에나들이 의사를 노리는 데에는 여러 가지 이유가 있다. 그중에서도 가장 교묘하고도 근본적인 이유는, 의사들이 정보 없이 움직인다는 점, 그리고 그 정보의 부재가 구조적으로 공유되지 않는 문화 속에 방치되어 있다는 점이다. 다른 업종에서는 생존을 위해 정보를 공유하고 연대하는 움직임이 자연스럽지만, 의사 사회에서는 오히려 '침묵'과 '고립'이 기본값처럼 작동한다. 이 고립은 곧 하이에나들에게 자유롭게 활동할 수 있는 무주공산을 만들어준다.

의사가 개원을 준비할 때 가장 먼저 마주하는 현실은 "이거, 얼마가 정상인가?"라는 질문이다. 그런데 정작 그 질문에 대한 답을 얻을 창구는 거의 존재하지 않는다. 부동산 임대료는 적정한지, 인테리어 견적은 터무니없는지, 장비 가격은 바가지인지, 광고비는 적절한 수준인지 아무도 알려주지 않는다. 동료 의사들에게 물어보면 대개 돌아오는 답은 두 가지다. "나도 정확히 몰라. 그때 그냥 하라고 해서 했어." 또는 "그건 좀 민감한 거라 얘기하기 어렵다."

왜 이런 분위기가 형성됐을까? 첫째, 의사 사회는 지나치게 폐쇄적이다. 전문성과 직역 보호를 중요시하다 보니, 외부 정보와의 접점이 제한적이며, 내부에서도 세부적인 '비용 정보'나 '실패 경험'은 일종의 약점처럼 여겨진다.

둘째, 서로의 실패를 이야기하지 않는 문화 때문이다. 의사는 환자 앞에서는 실수를 최소화해야 하며, 동료 의사들 앞에서도 '능력 있는 전문가'의 이미지를 유지하고 싶어 한다. 병원을 잘못 차렸다거나, 어떤 업체에 당했다는 경험은 쉽게 공유되지 않는다. 오히려 자신의 경험이 다른 의사의 평가 기준이 될까 봐 더더욱 감춘다.

셋째, 실패한 정보를 공유했을 때 얻게 되는 보상이 없고, 오히려 리스크만 따른다. 예를 들어 "나는 이 장비 샀다가 후회했다"고 말하면, 동료 의사들로부터 '선택을 잘못한 사람'이라는 인상을 받을 수도 있고, 해당 장비 업체와의 관계가 껄끄러워질 수도 있다. 이처럼 리스크는 분명하지만, 정보를 공유했을 때 얻는 것은 불투명하다. 결국 '모른 척'하는 게 최선이 되는 분위기 속에서 의사들은 서로의 실패를 보지 못한 채, 각자 하이에나에게 당하고, 각자 묻어버리는 구조에 갇히게 된다.

넷째, 정보 공유의 시스템 자체가 없다. 의사들은 디지털 정보 접근 능력은 높지만, 병원 개업이나 경영 관련 객관적 데이터를 모아두거나 공유하는 플랫폼이 거의 없다. 몇몇 의사 커뮤니티는 존재하지만, 익명성이나 홍보성 글이 난무해 신뢰도가 떨어지고, 실제 계약서나 견적서, 실거래 자료가 올라오는 경우는 드물다. 또 '좋은 업체'에 대한 정보는 공유되더라도, '나쁜 업체'에 대한 정보는 명예훼손이나 법적 분쟁의 우려 때문에 거의 드러나지 않는다. 이 역시 하이에나들에게는 더없이 유리한 환경이다.

하이에나들은 이런 의사 사회의 특성을 꿰뚫고 있다. 그래서 개원을 준비하는 의사에게 접근할 때, 정보의 비대칭을 주도적으로 만든다. "이 조건은 원장님한테만 드리는 겁니다", "보통은 공개 안 하는 가격인데 특별히 알려드리는 거예요", "다른 병원에서는 이걸로 대박 났습니다" 같은 말은, 의사에게 정보를 주는 척하면서도 실은 '비교하지 못하게 만드는 장치'다. 결국, 의사는 자신에게 주어진 '하나뿐인 선택지' 속에서 의사결정을 하게 되고, 하이에나는 그 틈에서 최대한의 이익을 챙긴다.

더 무서운 건, 이렇게 속은 의사들이 그 경험을 다시 공유하지 않는다는 점이다. 고통은 반복되지만, 기록되지 않고 전해지지 않는다. 그 결과 하이에나는 계속해서 같은 방식으로 다른 의사에게 접근할 수 있고, 의사는 매번 '처음 당하는 것처럼' 그들의 전략에 넘어간다. 의사한 명의 침묵은 곧 다음 의사 한 명의 손해로 이어진다.

이 책은 그 침묵을 깨고자 한다. 하이에나를 단죄하기 위해서가 아니라, 그들이 활동할 수 있는 구조—정보가 단절되고, 실패가 은폐되고, 경험이 축적되지 않는 구조—를 드러내기 위해서다. 정보의 부재는 단지 불편한 게 아니라, 수탈을 가능케 하는 조건이며, 결국 진료의 본질까지 위협할 수 있는 리스크가 된다. 정보는 무기다. 그리고 그 무기를 잃은 집단은, 언제든 뜯어먹히는 먹잇감이 될 수밖에 없다.

03

하이에나들의 공통된 특징

하이에나들의 공통된 특징

처음엔 천사, 나중엔 사냥꾼

하이에나들은 언제나 같은 방식으로 접근한다. 처음에는 너무나도 친절하고 유능해 보이는 사람들이다. 의사를 대상으로 하는 업자나 사기꾼들이 특히 그렇다. 깔끔한 복장에 전문적인 말투, 의학 용어나 최신 트렌드를 곁들인 설명을 하면서 마치 병원 경영의 멘토처럼 다가온다. 이들의 가장 큰 무기는 바로 '정상인 코스프레'와 '초기 호감'이다.

실제로 병원을 개원한 직후나 새로운 도전을 앞둔 시기에, 원장은 많은 것을 배우고 의지할 사람을 찾게 된다. 이 틈을 하이에나는 놓치지 않는다. 마케팅 컨설팅, 세무 절세 전략, 프랜차이즈 연결, 직원 채용, 보험 및 재테크, SNS 광고까지 그들이 제공할 수 있다는 솔루션은 끝이 없다. 겉으로는 도와주겠다는 말이지만, 실상은 자신의 이득 구조 속으로 원장을 끌어들이기 위한 포장이다.

가. 쉬운 걸 어렵게 포장하기

의존하게 만드는 기술

이들의 가장 흔한 수법 중 하나는 정말 쉬운 일을 '매우 복잡한 일처럼' 만드는 것이다. 예를 들어, 진료 청구 업무는 프로그램이 잘 되어 있고 몇 번만 해보면 누구나 할 수 있다. 하지만 이들은 "원장님이 이걸 직접 하시면 시간 낭비입니다", "청구 실수하면 몇천만 원 손해입니다", "법이 자주 바뀌어서 전문가가 아니면 힘듭니다" 같은 말을 반복한다. 그리고는 자신들의 직원을 병원에 파견하거나, 매달 고액의 수수료를 받으며 행정을 대행한다.

심지어 개업 과정조차도 어렵게 만든다. 개업은 각종 행정기관에 문의하면 친절히 안내를 받을 수 있지만, 이들은 "건축 허가, 소방, 장애인 편의시설, 세무서 대응까지 너무 복잡하다"며 자신이 모든 것을 해결해주겠다고 한다. 그 대가로 수천만 원의 개업 패키지를 요구한다.

나. 자기 능력 과신
다 해줄 수 있다는 사람을 조심하라.

이들은 처음부터 자신이 모든 문제를 해결해줄 수 있는 '해결사'처럼 등장한다. 말투는 자신만만하고, 표정은 여유롭다. 경험이 풍부하다는 듯 몇 가지 사례를 늘어놓으며 상대의 신뢰를 얻는다. 마케팅부터 인사, 재무, 민원 대응, 심지어 노무와 세무까지 통달해 있는 것처럼 말한다. 그럴싸한 자료와 전후 비교표, '이렇게 해서 성공한 다른 병원들'의 사례를 보여주며, 의사에게는 진료에만 집중하라고 한다. "원장님은 진료만 보세요. 나머지는 저희가 다 하겠습니다." 이 말은 달콤하지만, 동시에 위험하다.

이들이 진짜 문제인 이유는, 일이 잘될 땐 자신들의 공으로 돌리고,

일이 꼬이면 그 책임을 슬그머니 의사에게 넘긴다는 데 있다. "그건 원장님이 결정하신 거잖아요, 저희는 단지 조언을 드렸을 뿐입니다."라고 발뺌한다. 초기에 보여줬던 '만능 해결사'의 모습은 온데간데없고, 결과적으로 모든 책임과 리스크는 의사의 몫으로 남는다.

의사를 뜯어먹는 하이에나가 아니더라도, 자신의 능력을 과신하는 사람은 언제나 위험하다. 실제로 사기꾼 대부분은 그 시작이 '능력자 코스프레'에서 출발한다. 본인이 할 수 있는 일과 할 수 없는 일의 경계를 분명히 그리지 못하고, 때로는 일부러 흐리며, 상대를 안심시키고 방심하게 만든다. 이들은 의사보다 병원을 더 잘 아는 것처럼 말하고, 수익 구조를 바꿔줄 수 있다며 허황된 비전을 제시한다. 그러나 그들이 말하는 숫자는 근거가 불명확하고, 주장하는 결과는 검증할 수 없다.

더 큰 문제는, 이들이 실패해도 아무런 책임을 지지 않는 구조를 만든다는 점이다. 권유와 실행 사이의 경계를 흐림으로써 책임을 회피하고, 문제가 터졌을 때는 법적으로도 자유로운 위치에 서 있게 된다. 즉, 말은 그들이 하고, 결정은 의사가 하게 만들어놓고, 나중에는 "선택은 원장님이 하신 거잖아요"라고 말하는 식이다.

이런 사람들을 걸러내기 위해선, 그들이 제시하는 말과 자료의 '검증 가능성'에 집중해야 한다. 실적이라고 말하는 자료가 실제로 존재하는 병원의 실적인지, 제안 내용이 문서로 남아 있는지, 그 문서 안에 책임의 구조가 명확히 기재되어 있는지 살펴봐야 한다.

또한, 그들이 자신을 어떻게 설명하는지에 주목할 필요가 있다. "다 해봤어요", "이쪽은 제가 전문가예요"라는 말은 거의 항상 경계해야 할 신호다. 진짜 전문가일수록 "이건 제 영역이 아니고, 다른 전문가에게 자문받아보셔야 합니다"라는 말을 서슴지 않는다.

　결국, 의사를 노리는 하이에나들은 '과신'과 '책임 전가'라는 두 가지 무기를 들고 다가온다. 본인의 능력을 뻥튀기해서 신뢰를 얻고, 책임은 철저히 회피하는 방식. 의사는 전문가지만, 병원을 운영하는 모든 분야에 대해 전문가일 수는 없다. 그러나 그러므로 더욱더, 자신의 능력보다 '더 잘 아는 척'하는 사람을 경계해야 한다. 능력 있는 사람보다, 능력을 과장하지 않는 사람을 찾아야 한다. 하이에나는 "해줄 수 있다"는 말로 다가오지만, 책임질 수 있다는 말은 하지 않는다.

다. 하이에나는 불안에 기생한다.
불안을 심고, 확신을 팔고

　하이에나는 언제나 불안을 파고든다. 의사가 느끼는 막연한 불안, 구체적인 고민, 예기치 못한 사고까지—그 모든 틈을 비집고 들어온다. 예를 들어 "요즘 원장님들 불법으로 몰려서 처벌받는 사례 많아요"라는 말은 단순한 정보처럼 보이지만, 사실상 의사의 마음속에 불안을 심는 방식이다. 이어지는 멘트는 대부분 정해져 있다. "저희가 관리만 해드리면 괜찮습니다", "우리는 법률 자문도 가능하고, 병원 행정 전반을 대신 처리해드립니다" 같은 말들이다. 하지만 실상은 그 어떤 법적 자문도 제공되지 않으며, 단지 불안감을 부풀려서 '해결책'을 파는 데 목적이 있다.

　이런 식의 접근은 전형적인 사기 수법이다. 위협을 먼저 던지고, 그에 대한 해답을 유료로 제공한다. 이는 공포 마케팅, 혹은 공갈 협박성 설득 방식이라고 할 수 있다. 특히 병원에 처음 채용한 직원이 문제가 생겼을 때, 이들은 예외 없이 등장한다. "노동청 가면 병원 이미지에 타격이 큽니다", "합의 안 하면 영업정지 처분도 받을 수 있어요" 같은 말로 공포심을 유발한다. 실제의 행정절차나 법률적 사실과는 거리가 멀지만, 그럴듯한 말투와 복잡한 단어들을 섞어 의사의 판단력을 흐리게 만든다. 그리고 "제가 대신 나서서 해결해드릴게요"라며 문제 해결자를 자처한다. 그 말 한마디에 수백만 원의 컨설팅 계약이 성립되기도 한다.

그러나 이들의 타깃은 단지 법적 불안만이 아니다. 병원 운영 전반에 걸친 '불확실성' 자체가 하이에나에게는 먹잇감이 된다. 가장 흔한 형태는 '매출 불안'을 자극하는 것이다. "요즘 주변 병원들이 마케팅에 투자해서 환자 다 뺏깁니다", "이 지역은 검색 광고 안 하면 신규 유입 끊깁니다" 같은 말은 사실 여부와 무관하게 의사의 마음을 뒤흔든다. 심지어 일부러 경쟁 병원의 정보를 과장하거나 왜곡해서 보여주기도 한다. "옆에 새로 생긴 피부과, 한 달에 3천만 원씩 광고 돌리는 거 몰랐죠?"라는 식이다. 이런 식으로 상대적 박탈감을 유도하고, 의사가 조급한 결정을 내리도록 몰아간다.

또한, 미래에 대한 두려움—개원 초기의 불확실성, 점점 심화하는 경쟁, 인건비나 임대료 상승에 대한 걱정—이런 감정들도 하이에나는 놓치지 않는다. "요즘 같은 시대에 시스템 안 갖추면 병원 망합니다", "5년 후에 살아남을 병원은 전체의 30%뿐일 겁니다" 같은 말은 의사에게 "지금 뭔가 하지 않으면 큰일 난다"는 조바심을 심어준다. 그리고는 그 해결책이 오직 자신에게 있다는 식으로 접근한다. 비용은 대부분 월

정액제 또는 장기계약이고, 구체적인 성과를 보장하지 않으면서도 '안 하면 위험하다'는 불안만 반복 주입한다.

의사는 환자를 치료하는 일에는 전문가지만, 마케팅이나 인사, 세무, 법률 같은 분야에선 상대적으로 취약할 수밖에 없다. 하이에나는 그 취약함을 정확히 알고 있다. 특히 병원을 개원한 지 얼마 안 된 의사일수록, 또는 기존 방식에 불만을 가진 상황일수록, 불안의 덫에 걸리기 쉽다.

따라서 하이에나를 구별하려면, 그들이 먼저 무엇을 강조하는지를 살펴봐야 한다. '위기'와 '두려움'으로 대화를 시작하고, '지금 바로 결정해야 한다'는 식의 압박을 가한다면 의심해야 한다. 합리적인 조언은 불안을 줄이지만, 하이에나의 조언은 불안을 부풀린다. 결국, 그들은 공포를 판다. 미래를 약속하지는 않지만, 미래에 무슨 일이 날 수 있다는 상상을 팔아서 현재의 비용을 뜯어낸다.

하이에나는 늘 의사의 마음속에 있는 '불안'이라는 구멍을 먼저 찾는다. 그 구멍을 통해 들어와, 처음에는 도와주는 척하다가, 끝에는 병원의 자산과 시간을 잠식해간다. 불안을 자극하는 말은 항상 한 발짝 뒤에서 의심하고, 그 말이 제안하는 '해결책'에 숫자와 책임이 명확하게 기록되어 있는지 살펴보아야 한다. 그래야만, 하이에나의 가장 오래된 무기인 '불안의 언어'를 무력화시킬 수 있다.

라. 약점을 알게 되면 물고 늘어진다.

가장 무서운 점은 이들이 심리를 아주 잘 파악한다는 것이다. 처음에는 "원장님 너무 훌륭하시네요", "진료 철학이 진짜 좋으신 분이네요", 딱 보니까 "성공하실 것 같습니다" 같은 말로 자존감을 높이고 신뢰를 얻는다. 그러다가 어느 순간부터는 병원의 약점을 하나씩 파악하기 시작한다. 재정 상황, 직원과의 갈등, 원장의 성격, 취약한 진료분야 등 모든 정보를 수집한다.

하이에나는 겉보기엔 친절한 조력자처럼 행동하지만, 실상은 병원의 내밀한 약점과 구조적 결함을 하나씩 수집하고 분석하는 중이다. 이 모든 정보는 결국 병원을 장악하거나, 무리한 계약을 밀어붙이거나, 외주 시스템을 얹어 수익을 착취하는 데 쓰인다. 하이에나에게는 원장의 순진함도, 병원의 위기도, 잠깐의 실수도 모두 먹잇감이 된다.

마. 인간적인 호감을 이용하는 기술

하이에나는 결코 처음부터 노골적이지 않다. 대부분은 마치 오래된 친구처럼 자연스럽게 접근한다. 명함을 건네기 전부터 이름을 외우고, 병원 앞에 들른 적도 없는 주제에 "여기 분위기가 참 좋더라"는 말부터 꺼낸다. 이후에는 가족 이야기나 자녀 교육, 건강 이야기 등을 꺼내며 감정적 연결을 만든다. "원장님도 자녀가 있으시니까 이해하시겠지만…"이라는 식의 말은 관계의 평등감을 암시하면서, 신뢰의 벽을 무너뜨리는 장치로 쓰인다. 함께 식사하거나 커피를 마시는 자리를 여러 번 만들며, '정(情)'이라는 키워드를 서서히 심어놓는다.

이러한 방식은 마케팅 이론에서 '호감'과 '친밀감'을 기반으로 한 설득 전략과 유사하다. 특히 로버트 치알디니(Robert Cialdini)의 설득의

6가지 원칙 중 '호감(liking)'과 '상호성(reciprocity)' 원칙을 그대로 적용하는 방식이다. 사람은 자신이 좋아하는 사람, 혹은 자신을 이해해 주는 사람의 제안을 거절하기 어렵다. 하이에나는 이 점을 교묘하게 이용한다.

처음에는 단지 좋은 사람인 줄 알았고, 선의로 돕는다고 믿었던 관계가 어느 순간부터 '금전 거래'로 전환된다. "우리가 많이 도와드렸잖아요", "그때 이만큼 지원해드렸으니 이번엔 원장님이 좀 도와주셔야죠" 같은 말은, 단지 정을 바탕으로 한 부탁처럼 들리지만, 사실은 명백한 심리적 압박이다. 이들은 한두 번의 도움을 주고받은 관계를 '빚'으로 포장한 뒤, 점점 더 크고 위험한 계약으로 유도한다.

더 교묘한 방식은, 처음부터 돈 이야기를 꺼내지 않고, 관계를 천천히 쌓아가며 의사의 경계심을 허무는 것이다. "저는 원장님 같은 분이 잘 됐으면 좋겠어요"라는 말은 듣는 이를 감동을 주는 동시에 판단력을 흐리게 만든다. 호감을 구축하는 초기 단계에서는 오히려 손해를 보는 듯 행동한다. 일부러 비용을 깎아주거나, 무료로 컨설팅을 해주기도 한다. 하지만 그런 서비스는 결국 유료 계약의 문을 여는 일종의 '미끼 상품'일 뿐이다.

이런 유형의 하이에나는 종종 '인간관계의 마케팅'을 활용한다. 소비자 행동 이론에 따르면, 사람들은 논리적인 판단보다 감정에 따라 구매

결정을 내리는 경우가 훨씬 많다. 이들은 그 점을 정확히 겨냥한다. 숫자와 데이터로 설득하는 대신, 감정과 관계로 신뢰를 만든다. 그리고 의사가 스스로 결정했다고 착각하게 만든다. 마치 자신이 이 관계를 원했고, 이 계약은 보답이라는 식의 흐름이 만들어지는 것이다.

그러나 의료계는 본질적으로 정서적 노동이 많은 업종이고, 개원의는 외부와의 소통 기회가 제한적이기 때문에 이러한 접근에 더욱 취약하다. '좋은 사람', '믿을 만한 사람'이라는 첫인상과 인간적 관계를 내세운 하이에나는, 처음엔 마치 병원의 조력자처럼 보이지만, 어느 순간부터 조력자의 탈을 쓴 침입자로 바뀐다.

그러므로 의사라면 "정 때문에", "도와줬으니까"라는 감정적 언어가 계약이나 금전적 요구로 이어질 때 반드시 멈춰서 생각해봐야 한다. 진짜 도움이었다면 보답을 요구하지 않을 것이고, 진짜 조언이었다면 관계를 빌미로 거래를 유도하지 않을 것이다. 하이에나는 늘 인간적인 호감을 가장해 문을 두드리며, 감정의 빚으로 논리의 문을 열고 들어온다. 이때부터는 계약서에 사인하는 손보다, 관계에 끌려가는 마음이 더 위험하다.

바. 하이에나는 처음부터 하이에나다.

이들의 공통점은 처음엔 절대 하이에나처럼 보이지 않는다는 것이다. 오히려 평범하거나 능력 있어 보이는 사람들이고, 때로는 의사보다도 더 자신감 넘치며, 훨씬 유능해 보인다. 하지만 그들은 결국 심리, 정보, 불안을 먹고 자라는 포식자다.

조금만 시간이 지나면 달라진다. 말을 바꾸고, 책임을 회피하고, 어려운 말로 둘러대며, 원장을 스스로 생각하지 못하게 만든다. 모든 것을 대신해주겠다는 말은, 모든 것을 가져가겠다는 말과 같다. 그들은 한 번이라도 틈을 보이면 끝까지 물고 늘어진다. 겉으로는 웃고 있지만, 속으로는 계산기를 두드리고 있다.

하이에나는 처음부터 하이에나다. 다만 처음엔 가면을 쓰고 있을 뿐이다.

04

개업을 노리는 하이에나들
(대출 및 부동산 관련)

개업을 노리는 하이에나들

대출 및 부동산 관련

의사의 개업은 단순한 진료실 하나를 여는 일이 아니다. 그것은 하나의 '작은 병원 산업'을 여는 것이며, 동시에 수많은 하이에나가 동시에 몰려드는 거대한 시장의 입구이기도 하다. 누군가에게는 새로운 시작이지만, 누군가에게는 지갑이 활짝 열려 있는 사냥감이 등장했다는 신호다. 하이에나들이 개업을 주목하는 이유는 명확하고, 구체적이며, 반복적으로 확인된 것들이다.

결국, 개업은 하이에나들에게 있어 한 사람의 경제적 신뢰와 신용, 시간과 경험, 자존심과 기대가 복합적으로 얽힌 일생일대의 '기회의 순간'이다. 병원 하나가 문을 열기까지 수많은 계약과 선택이 쏟아지고, 그 결정의 대부분이 급하게 이루어진다. 그 혼란 속에서, 하이에나들은 '도와주는 사람'처럼 등장하지만, 실상은 가장 먼저 뜯어가는 자들이다. 그래서 개업은, 의료의 시작이자 동시에 수탈의 무대이기도 하다.

가. 개업박람회, 정보의 장인가 함정의 입구인가?

개업을 결심한 의사가 가장 먼저 눈에 띄게 접하는 것은 '개업박람회'다. 병원 개업이라는 생소한 세계에 처음 발을 디딘 의사에게 이 박람회는 마치 모든 정보를 한 번에 얻을 수 있는 친절한 안내소처럼 보인다. 실제로도 박람회 광고는 그럴싸하다. "개업에 필요한 모든 정보, 한자리에서 해결", "성공한 원장들의 개업 전략 공유", "세무, 인테리어, 장비, 마케팅까지 전문가가 직접 상담" 같은 문구들은 의사에게 이 행사가 '필수적인 준비 과정'처럼 느껴지게 만든다.

그러나 막상 발을 들이고 나면, 이곳은 정보의 장이라기보다는 하이에나들의 먹잇감이 한자리에 모여 있는 사냥터에 가깝다는 것을 서서히 체감하게 된다. 겉으로는 '개업 정보를 나눠주는 장'이지만, 실상은 개업과 관련된 각종 업자가 고객 확보와 계약 유치를 위해 집단으로 대기하고 있는 영업 현장이다.

참가업체를 보면 다양하다. 세무사무소, 의료장비 대리점, 인

테리어 회사, 부동산 컨설턴트, 광고 대행사, 입지 분석 업체, 간판업체, 구인구직 파견회사, 전산 프로그램 업체, 홈페이지 제작사까지—개업에 관련된 거의 모든 분야가 한자리에 모여 있다. 이들 모두가 '전문가'를 자처하며 부스를 차려놓고, 의사들에게 '정보'를 제공하는 척하지만, 그 실상은 '계약을 따내기 위한 경합의 장'이다. 이들의 대화는 상

담이 아니라 설득이며, 제공하는 자료의 본질은 정보가 아니라 광고이다.

가장 큰 문제는, 개업박람회가 중립적이지 않다는 점이다. 특정 업체가 박람회의 주최이거나, 혹은 특정 커뮤니티나 컨설팅 그룹이 업체들과 수수료 계약을 맺은 상태에서 행사가 운영되는 경우가 많다. 즉, 이미 업자 중심으로 세팅된 행사 구조 안에 의사만 홀로 들어가 있는 꼴이다. 누구도 객관적인 조언을 하지 않는다. 한쪽에서는 이 장비가 최고라고 하고, 다른 박람회에서는 이 장비를 쓰면 병원이 망한다고 말한다. 어디가 진실인지, 어느 업체가 신뢰할 만한지 구별할 기준도 없고, 현장에서는 비교할 시간도 없다.

더 큰 함정은, 박람회에 참석하기 위해 제출한 개인정보의 활용이다. 참가 등록을 위해 의사는 이름, 전공과, 휴대폰 번호, 이메일, 개업 예정 지역과 시기, 현재 직장, 심지어 희망하는 개업 형태까지 기재하게 된다. 이 정보는 '참가자 관리를 위한 목적'이라 되어 있지만, 실제로는 각 업체에게 사전 배포되거나, 박람회 이후에도 홍보와 영업에 활용된다. 개업 전후로 쏟아지는 수많은 낯선 업체들의 연락은, 대부분 이유가 있다. 그중 상당수는 개업박람회에서 무심코 남긴 개인정보에서 시작된다.

박람회가 끝난 뒤부터 본격적인 일이 시작된다. 상담했던 업체는 물론, 만나지도 않은 업체에서 연락이 오기 시작한다. "지난 박람회에서 뵙지는 못했지만, 원장님 정보를 보고 연락드립니다", "개업 지원 혜택 드리고 있으니 상담 한 번만 받아보세요"라는 전화와 문자, 이메일이 쏟아진다. 의사의 개인정보는 이름을 적은 순간부터 업계의 마케팅 타깃으로 전환된 셈이다.

이러한 박람회에 대해 "어차피 홍보를 위한 행사 아니냐"고 치부할 수도 있다. 하지만 문제는 이 행사들이 '정보를 주는 자리'라는 포장으로 의사의 경계심을 무너뜨리고, 하이에나들이 '전문가 코스프레'를 할 수 있는 무대를 제공한다는 점이다. 이 자리에서 이루어지는 '무료 컨설팅', '성공 사례 강연', '개업 지원 패키지 설명회'는 의사에게 도움이 되는 것처럼 보이지만, 실제로는 그 강연자들이 하이에나와 직접 계약되어 있거나, 광고비를 받고 연단에 서는 경우도 허다하다.

결국, 개업박람회는 의사가 정보를 수집하러 간 장소가 아니라, 하이에나들이 정보를 수집하고 접근하는 장소가 된다. 정보의 비대칭, 관계의 일방성, 그리고 익숙하지 않은 영역에 대한 두려움이 겹쳐지면, 박람회는 의사에게 '도움의 장'이 아니라 '함정의 입구'가 된다. 진짜 중요한 정보는 그곳에 없다. 진짜 필요한 조언은, 그 행사장에서 마이크를 잡은 사람이 아니라, 하이에나의 시선을 의식하지 않는 곳에서 얻어야 한다.

나. 대출, 시작부터 하이에나의 손에
개업자금 브로커의 덫

개업을 준비하는 의사에게 있어 가장 먼저 마주하는 현실은 바로 자금 조달이다. 병원 공간을 사거나 임대하고, 인테리어를 진행하고, 의료장비를 구매하며, 초기 인건비와 마케팅 비용까지 마련하려면 적게는 3~5억 원, 많게는 10억 원 이상이 필요하다. 이 막대한 자금을 전부

자기 자본으로 충당하는 의사는 드물다. 대부분은 은행 대출, 특히 신용대출이나 사업자 대출을 활용하게 된다.

문제는 이 대출 과정을 의사가 직접 은행을 찾아가 문의하는 것이 아니라, 대개 대출 중개업자, 일명 '브로커'를 통해 진행한다는 데 있다. 개업 컨설팅 업체, 장비 대리점, 또는 인테리어 업체를 통해 "대출은 저희가 연결해 드릴 수 있습니다"라는 말이 자연스럽게 나오고, 의사는 '은행에 가는 수고를 덜 수 있다'는 이유로 이들의 제안을 받아들인다. 그러나 의사 대부분은 이 브로커들이 은행 소속 직원이 아니라, 은행의 상품을 외부에서 중개하는 자영업자일 뿐이라는 사실조차 제대로 인식하지 못한다.

이 브로커들은 겉으로는 "가장 좋은 조건의 상품을 찾아드리겠습니다"라고 말하지만, 실제로는 여러 금융기관과 각각 다른 수수료 계약을 맺고 있으며, 자신의 이익이 극대화되는 상품을 우선으로 추천할 수밖에 없는 구조다. 즉, 이들은 의사의 재정 상황과 상환 조건을 가장 유리하게 설계해주는 것이 아니라, 자신이 가장 많은 커미션을 받을 수 있는 금융상품을 연결하는 사람들이다. 그리고 의사가 계약서를 읽지 않고 넘어가는 순간, 그들은 아무 문제 없이 수백만 원에서 수천만 원의 중개 수수료를 챙긴다.

더 심각한 문제는, 의사가 대출 조건의 실질적인 구조를 이해하지 못한 채 돈을 빌린다는 점이다. 예를 들어 5억 원의 자금을 연이율 4%로 빌린다고 하자. 겉으로는 '요즘 기준에 비해 괜찮은 조건'처럼 보일 수 있다. 그러나 기준금리(예: CD금리)가 2%라고 가정하면, 이 대출은 은행으로서 연 2%의 스프레드(차익)를 남기는 구조가 된다. 연 2%의 차익이면, 5억 원 기준으로 연간 1,000만 원의 순이익이다. 이것은 단순히 대출이라는 행위를 통해 은행이 아무런 위험 없이 가져가는 금액이며, 이 중 일부는 브로커에게 수수료로 재배분된다. 실제로 브로커는 대출 실행 금액의 0.3~1% 정도를 수수료로 가져가며, 5억 대출이면 최소 150만 원에서 최대 500만 원 이상이 그들의 손에 들어간다. 물론 이 금액은 대부분 의사가 인지하지 못한 상태에서, 금융기관 수수료나 부대비용이라는 명목으로 포함된다.

문제는 이 수수료가 단발성에 그치지 않는다는 점이다. 하이에나들은 대출 과정이 끝나도 리스, 장비 할부, 카드단말기, 신용보증기금 등 반복적인 금융 의사결정 구조 속에 다시 개입한다. 의사는 한 번 브로커에게 길이 들면, 이후 금융 관련 결정을 계속해서 "알아서 해주세요"라는 태도로 넘기게 되고, 그 틈에서 하이에나는 의사의 신용을 레버리지 삼아 계속 수익을 창출한다.

의사의 신용은 자산이다. 그러나 그것은 스스로 이해하고 조율할 수 있을 때만 자산이지, 하이에나에게 맡기는 순간부터는 이용당하는 수단이 된다. 대출은 돈을 얻는 일이지만, 하이에나의 손을 거친 대출은 곧 돈을 잃는 일이 된다. 브로커는 결코 자문가가 아니다. 그는 계약이 성사되어야만 돈을 버는 사람이며, 그가 소개한 금융상품이 향후 의사에게 어떤 리스크를 가져오는지는 관심조차 없다.

개업의 시작점은 자금이고, 자금의 출처는 곧 하이에나의 입구다. 문서 한 장, 금리 0.5%, 중개 수수료 몇백만 원의 차이가 개업 후 수년간의 경영 안정성에 직결된다. 의사는 지금도 어딘가에서 브로커의 명함을 받으며 "괜찮은 조건으로 연결해 드릴게요"라는 말을 듣고 있을 것이다. 그러나 그 명함 뒷면에는 쓰여 있지 않은 문장이 있다. "당신의 신용에서, 나의 수익이 만들어집니다."

다. 은행을 믿지 마라.
'신용의 파트너'가 아닌 '이익의 계산자'

개업을 준비하는 의사들에게 은행은 '안정된 자금의 출처'이자 '금융의 동반자'처럼 느껴진다. 브로커를 통하든, 직접 창구를 방문하든, 은행에서 자금을 빌릴 수 있다는 것만으로 개업의 발판을 마련한 듯한 안도감을 느끼게 된다. 그러나 이 믿음은 위험할 정도로 순진한 착각일 수 있다. 은행은 결코 의사의 파트너가 아니다. 그들은 의사의 전문성과 사회적 신뢰를 활용해 자신들의 수익을 계산하는 냉정한 사업자다.

가장 흔한 함정은 대출 만기 시점에서 벌어진다. 개업 당시 연 3~4%의 이율로 수억 원을 대출받은 의사는, 대출 기간이 끝나면 별다른 문제 없이 연장되리라 생각한다. 하지만 은행은 연장 과정에서 다음과 같은 두 가지 전략을 구사한다.

첫째, 대출 연장을 거부하거나, 보증 조건을 강화하는 방식으로 의사를 압박한다. 금융 환경이 악화됐거나, 의사의 매출 변동이 조금이라도 있다면, 기존 대출이 그대로 연장되지 않고 보증인이나 담보를 요구하거나, 일부 상환을 조건으로 걸기도 한다. 특히 신용보증기금이나 기술보증기금의 보증서를 끼고 대출받은 경우, 보증서의 갱신 여부에 따라 대출 자체가 무효가 되는 일이 실제로 발생한다. 이때 의사는 다른 금융사로 옮기거나 일시상환을 해야 하는 압박에 시달리게 된다.

둘째, 연장해주는 대신 금리를 크게 올린다. 이자율은 계약 시점에는 상대적으로 낮게 책정되지만, 연장 시점에 기준금리 인상이나 리스크 평가를 이유로 크게 인상되는 경우도 드물지 않다. 연이율이 3%에서 5%로 오를 경우, 5억 대출 기준으로 연이자만 1천만 원 가까이 증가하게 된다. 이때는 이미 병원이 운영 중이므로, 대출 조건을 다시 따지고 협상할 여유도, 다른 금융사로 옮길 실탄도 없다. 결국 '울며 겨자 먹기' 식으로 연장 조건에 응할 수밖에 없다.

실제로 2023년 이후, 기준금리 인상과 경기 불확실성으로 인해 의료기관에 대한 대출 심사 기준이 강화되고, 기존 대출자의 연장 조건이 악화되는 사례가 언론을 통해 보도되기도 했다.

특히 여러 은행 중에서 모 은행이 대출 연장 때 속칭 '장난질'을 많이 한다는 소문이 의사들 사이에서 돌기도 했다. 문제는 이런 고급정보는 의사 대부분이 접하기 어렵다는 것이다. 이러한 상황에서 중요한 것은 단 한 가지다. 계약서와 약관을 반드시 읽어야 한다. 대부분의 대출 계약서에는 '연장 시 금리는 당사 사정에 따라 조정 가능', '보증 갱신 여부에 따라 대출 조건 재심사', '대출 조기 회수 가능' 등의 조항이 숨어 있다. 의사는 계약 당시 "표준 조건입니다", "다들, 이 조건으로 하세요"라는 말에 속아 약관을 대충 넘기는 경우가 많지만, 실제 피해는 1~2년 뒤 계약 연장 과정에서 비로소 드러난다.

또한, 모든 금융 상담은 녹음해두는 것이 안전하다. 대출 조건, 연장 시점, 금리 조정 기준, 수수료 항목 등 구두로 설명된 내용이 실제 계약서와 다른 경우가 종종 발생한다. 상담을 녹음해두면 나중에 문제가 발생했을 때 명확한 근거로 사용할 수 있으며, 무엇보다 상대가 책임 있는 설명을 하도록 만드는 예방책이 된다.

은행은 '신뢰할 수 있는 기관'이라는 이미지를 갖고 있지만, 그들은 어디까지나 이익을 추구하는 기업이다. 의사의 진료 능력도, 병원 운영의 진정성도 고려하지 않는다. 그들이 평가하는 것은 단 하나, 수익성과 회수 가능성이다. 의사는 '돈을 빌려준 사람'이 아니라, 돈을 벌어주는 수익모델일 뿐이라는 사실을 잊지 말아야 한다.

개업의 첫걸음을 은행 대출로 시작했다면, 가장 먼저 의심해야 할 것도 그 은행 대출이다. 믿음이 아니라 확인으로, 신뢰가 아니라 계약으로 움직여야만 의사의 신용이 하이에나의 밥이 되지 않는다.

라. 보증을 빙자한 수탈
신용보증기금을 노리는 하이에나의 수법

의사가 개업을 준비할 때 가장 먼저 고려해야 할 문제는 자금 조달이다. 인테리어, 장비, 초기 인건비, 마케팅 등 모든 요소를 갖추기 위해서는 수억 원의 자금이 필요하며, 신용대출로 부족할 경우 이를 충당하기 위해 많은 의사가 신용보증기금(이하 신보)을 통한 대출을 선택하게 된다. 신보는 정부 산하의 공공기관으로, 담보가 부족한 사업자에게 보증을 제공해 은행에서 대출을 받을 수 있도록 지원하는 제도다. 표면적으로는 창업을 돕는 공공기금이지만, 그 구조 속에는 하이에나들이 파고들 틈이 명확하게 존재한다.

문제는 의사들이 이 신보 대출을 신청하는 과정에서 대출 브로커, 즉 중개업자들의 개입이 매우 흔하다는 점이다. 브로커들은 "보증 대출을 빠르게 승인받게 도와주겠다"며 접근하고, 서류작성부터 사업계획서 작성, 심지어 통장 관리까지 전반을 대신 처리해준다고 장담한다. 하지만 이들이 말하는 '도움'은 실제로는 의사의 신용을 이용해 자신들의 이익을 챙기기 위한 정교한 수법에 불과하다.

브로커들이 가장 흔하게 사용하는 수법 중 하나는 바로 '자기자본 증빙용 통장 세팅'이다. 신보의 대출은 1억 이하는 자기자본 증빙이 불필요하지만 1억을 초과해 대출하려면 기본적으로 일정 수준의 자기자본을 갖추고 있어야 가능하다. 이를 위해 브로커들은 "잔고가 부족하면 대출이 안 나오니 하루만 통장에 돈을 넣어놓고 바로 뺄 수 있다"며, 의사의 계좌에 자신들이 잠시 돈을 입금해주는 방식을 제안한다. 의사로서는 '딱 하루만'이라는 말에 넘어가게 되고, 이 단순한 거래 하나에 수백만 원에서 많게는 수천만 원에 이르는 수수료가 붙는다. 돈을 빌려준 것이 아니라, '보증 자격을 만들어줬다'는 명목의 대가인 셈이다.

이러한 행위는 단순히 금전적 손해에 그치지 않는다. 본질적으로는 허위 재무정보 제출을 통한 공적 자금 편취 시도로, 형사처벌의 대상이 될 수 있는 행위다. 실제로 신보와 금융기관의 감사가 이뤄질 경우, 의사 본인이 고의로 개입하지 않았더라도 '허위 서류 제출자'로 판단되어 수사에 휘말릴 가능성이 있다. 의사가 순진하게 넘긴 '하루짜리 거래'가, 나중에는 수년간의 불이익과 신용 하락으로 이어질 수 있는 것이다.

더 악의적인 수법도 있다. 신보 보증을 통해 대출을 받은 후, 브로커가 다시 의사에게 연락해 "대출에 문제가 생겼다"며 돈을 다시 입금해 달라고 요구하는 방식이다. "은행에서 보증서 점검이 들어와서 잠시 자금 흐름을 바꿔야 한다"거나, "추가 심사가 필요한데 형식적으로만 돈을 돌려줘야 한다"는 등의 명목으로 수천만 원에서 수억을 다시 입금받은 뒤, 그대로 잠적해버리는 방식이다. 이때 의사는 이미 보증 대출이 완료되어 자금 여유가 생긴 상태이므로, 긴장의 끈을 놓고 있다. 그리고 그 순간, 하이에나는 마지막으로 한번 더 뜯어내고 사라진다.

이러한 사기는 실제로 뉴스 보도에서도 확인되고 있다. 2024년 한 신문사는 신보 대출 브로커가 과장된 사업계획서와 허위 재정정보를 조작해 수억 원의 보증 대출을 성사시킨 뒤, 대출금 일부를 회수 명목으로 받아 잠적한 사건을 보도했다. 피해자는 개원의들로, 피해 규모는 수백억 원에 달할 것으로 추정됐다.

같은 해 다른 신문사는 개업 후 대출 연장을 위해 다시 브로커와 연락을 취한 의사들이, "보증 만료 전까지 자금 조정을 위해 입금이 필요하다"는 말에 속아 수천만 원을 다시 송금한 뒤, 연락이 끊긴 사건을 다뤘다. 이들은 모두 "관행이다", "다들 이렇게 한다"는 말에 속아 계약서조차 쓰지 않고 돈을 보냈다.

문제는 이 모든 과정이 법적으로는 명백한 사기이지만, 형식적으로는 '의사의 동의로 이뤄진 자금 이동'처럼 보일 수 있다는 점이다. 브로커와 계약서를 제대로 쓰지 않고, 대화나 문자 기록 없이 돈을 송금하는 경우, 피해 입증이 쉽지 않고 사후 구제도 거의 불가능하다.

이러한 피해를 예방하기 위해서는 단 하나의 원칙이 필요하다. "신보 대출은 반드시 스스로, 정식 채널로 신청할 것." 브로커를 통한 우회 경로는 단 한 번의 편의성을 주는 대신, 장기간의 신용 리스크, 금전 피해, 그리고 형사 문제의 위험을 떠안게 한다. 또한, 모든 상담은 반드시 녹취하거나 문자로 남기고, 수수료 명목으로 어떤 금전 거래도 하지 말아야 한다. "잠시 돈을 넣고 뺀다", "계좌만 빌려달라", "문제 생기면 내가 책임진다"는 말은 모두 사기의 전조다.

의사는 자신의 신용을 레버리지 삼아 병원을 여는 존재다. 그 신용은 병원 수익의 출발점이지만, 동시에 하이에나들의 공격 지점이기도 하다. 신보는 공공 자금이고, 브로커는 사적 이익을 추구하는 존재다. 공공 제도를 악용한 하이에나들의 손에 신용을 맡기는 순간, 의사의 개업은 시작이 아니라 몰락의 문이 될 수 있다.

마. 개업 부동산 사기, 하이에나의 또 다른 사냥터

의사가 병원을 개업하려 할 때, 가장 먼저 부딪히는 벽은 '어디에 병원을 낼 것인가'라는 입지 선택이다. 병원의 성패를 좌우하는 요소 중 가장 큰 비중을 차지하는 것이 입지이며, 실제로도 많은 개원의가 이 문제에 대해 가장 큰 고민을 한다. 그러나 아이러니하게도, 이 '입지 선정'이라는 과정은 하이에나들이 가장 손쉽게 개입할 수 있는 사냥터이기도 하다. 의사의 의료 전문성은 입지와 부동산이라는 낯선 분야 앞에서 무력해지고, 그 틈을 노리는 각종 사기 수법들이 암암리에 작동하고 있다.

대표적인 수법은 부동산 컨설팅 업자와 시행사, 또는 브로커들이 짜고 치는 계약 구조다. 표면적으로는 '병원 개원을 도와주는 컨설팅'이라는 이름으로 접근하지만, 실제로는 과장된 입지 설명과 허위 정보를 기반으로 의사의 판단을 흐리게 만든다. 예컨대 "이 상가 건물은 유동인구가 많고, 경쟁 병원이 없어 곧 대박 날 수 있다"는 말로 계약을 유도하지만, 정작 실제 유동인구 데이터나 경쟁 병원 정보는 조작되거나 오래된 것이다.

즉, 부동산 업자가 해당 입지를 마치 '황금 상권'인 것처럼 포장한 뒤 개원의들을 유치하고, 계약을 맺은 후 나몰라라 하는 방식이다. 실제로는 해당 지역의 상권이 이미 몰락했거나, 주요 유입 요소가 철수 예정임에도 불구하고, 그 사실을 숨긴 채 거래가 성사되도록 유도하는 것이다. "대형마트 바로 옆입니다", "역세권이고 건물주가 병원 유치에 적극적입니다" 같은 말로 의사를 안심시키고 계약을 체결하지만, 병원이 문을 열기도 전에 해당 마트가 폐점하거나, 상가 내 유사 병원이 이미 두세 곳이나 입점해 있는 일도 있다.

이러한 사기는 동료 의사를 가장한 내부자에 의해서도 발생한다. 최근에는 실제로 개업을 준비하는 후배 의사에게 선배나 지인이 건물 임대를 제안하며, "같은 건물에서 해도 괜찮다", "환자층은 충분히 분리된다"는 말로 신뢰를 형성한 뒤, 고의로 과도한 보증금을 받고 반환하지 않은 사례도 있었다. 결국, 형사재판까지 이어진 이 사건은, 의사 사회 내에서도 '신뢰'라는 이름으로 작동하는 하이에나적 착취가 존재함을 보여준다.

많은 개업 컨설턴트들은 실제로 건물주와 직접 연결되어 있으며, 임대가 잘 안 되는 애물단지 상가나 공실이 많은 건물에 의사의 개업을 유도함으로써 수익을 챙긴다. 겉으로는 "상권이 살아난다", "역세권이라 유동인구가 많다", "주변에 아직 경쟁 병원이 없다"는 식으로 입지를 포장하지만, 실제로는 오랫동안 임차인을 구하지 못해 건물주가 골머리를 앓고 있는 곳인 경우도 많다.

이때 개업 컨설턴트는 의사에게는 '입지 소개' 명목으로 무료 상담을 제공하고, 건물주에게는 임차인을 유치해줬다는 대가로 수백만 원에서 수천만 원의 리베이트를 받는다. 이 리베이트는 명시적인 계약서로 남기지 않기 때문에 외부에서는 확인이 어렵고, 의사는 자신이 공정한 상권 분석 결과에 따라 개업지를 결정한 줄로만 믿는다.

그러나 정작 병원이 문을 연 이후, 상황은 완전히 달라진다. 유동인구는 생각보다 없고, 주변 상권은 저녁이면 불 꺼진 유령도시처럼 변한다. 건물 자체에 병원 접근성이 떨어지거나, 인근 상가의 집객력이 약한 입지였다는 것을 뒤늦게 깨닫게 된다. 문제는 이 시점이 되면 이미 인테리어 공사까지 끝나고, 장비 리스도 들어가 있고, 계약 위약금도 부담해야 하는 상황이라는 점이다. 한 번 내린 입지 결정은 쉽게 되돌릴 수 없고, 컨설턴트는 이미 리베이트를 챙긴 뒤 연락을 피하거나 "원장님 운영 방식의 문제일 수 있다"며 책임을 회피한다.

이런 구조는 사실상 의사의 무지를 악용한 입지 투기형 중개 방식에 가깝다. 의료기관은 일단 입점하면 장기 임차가 이루어지는 경향이 강하고, 중도 해지가 어려운 계약 구조를 가지기 때문에, 건물주는 '한 명의 의사'를 넣기 위해 높은 수수료를 지급할 동기가 충분하다. 컨설턴트는 이러한 구조 속에서 '좋은 자리를 소개해주는 사람'이 아니라, 임차인을 대신 구해주는 건물주의 영업 대리인으로 행동하게 된다.

의사로서는 전문가의 조언을 따랐다는 안심이 있었겠지만, 실제로는 의사의 입지 결정권이 외부 이익에 의해 조종된 결과일 수 있다. 공실률이 높은 건물, 유동인구가 감소 중인 상권, 접근성이 떨어지는 위치는 애초에 계약을 피해야 할 입지지만, 하이에나 컨설턴트는 이를 '반짝이는 기회'로 포장해낸다. 문제는, 그 포장을 벗기고 나면 의사 혼자 리스크를 떠안게 된다는 것이다.

입지는 병원의 근간이고, 한번 결정하면 되돌리기 어렵다. 그래서 입지를 선택할 때는 '누가 추천했느냐'보다 '그 추천에 어떤 이해관계가 숨어 있는가'를 먼저 따져봐야 한다. 개업 컨설턴트가 건물주로부터 수수료를 받고 있다면, 그는 더는 의사의 조력자가 아니라, 건물주의 처지를 대변하는 영업인에 지나지 않는다. 그 순간부터 의사는 '환자 중심의 공간을 설계하는 개업자'가 아니라, 건물의 공실을 메우기 위해 소비되는 도구로 전락하게 된다.

하이에나는 의사보다 입지 정보를 더 많이 알고 있고, 의사보다 더 많은 개업 패턴을 지켜봤으며, 무엇보다 의사가 어떤 말에 흔들리는지 정확히 안다. 그들은 단 한 번의 실패를 반복해서 활용한다. 바로 "그 입지가 좋아 보였다"는 판단. 의사에게 그 판단은 병원의 출발점이지만, 하이에나에게는 사기의 진입로다.

결국, 개업의 시작인 입지 선정부터 하이에나들은 진을 치고 있다. 계약서 한 장, 보증금 몇천만 원, 임대료 몇만 원의 차이가 수년간의 경영을 좌우하고, 그 선택 하나로 병원의 운명이 갈린다. 입지는 병원의 심장이다. 그리고 그 심장을 찌르기 위해 하이에나는 가장 교묘한 말과 숫자를 들고 기다리고 있다. 개업의 시작에서 가장 경계해야 할 건, 경쟁 병원이 아니라 정보를 무기로 들고 접근하는 하이에나들이다.

바. 임대료는 말하는 순간 달라진다.

병원을 개업하기 위해 입지를 알아보는 과정은, 겉보기에는 단순한 부동산 계약처럼 보이지만 실제로는 훨씬 더 복잡하고 미묘한 이해관계가 얽혀 있는 행위다. 특히 브로커나 개업 컨설턴트를 통하지 않고, 직접 부동산 중개업자나 건물주를 통해 자리를 알아보는 경우라 하더라도, 결코 안심해서는 안 된다. 이때에도 병·의원이라는 단어가 나오는 순간, 임대료와 관리비의 기준이 달라지는 일이 흔히 발생하기 때문이다.

부동산 시장에서 병·의원은 흔히 '특수 목적 임차인'으로 분류된다.

카페나 학원, 사무실처럼 단순 점유 목적의 임대가 아닌, 전문성을 전제로 한 장기 입점이 예상되는 업종이기 때문이다. 병·의원은 보통 인테리어에 수천만 원에서 수억 원을 투자하고, 의료장비와 시스템 구축에 큰 비용을 쓰며, 중간에 이사하거나 폐업을 하는 일이 거의 없다는 특징이 있다. 이로 인해 건물주로서는 한 번 병원을 들여놓으면 장기 안정적인 수익을 기대할 수 있는 임차인으로 인식된다.

하지만 그 인식은 곧 임대료 인상의 정당화 논리로 이어진다. 같은 평수의 공간이라도 병·의원이 입점한다고 하면, 건물주는 "병원은 돈을 잘 번다", "병원은 월세보다 신뢰와 입지가 중요하다", "진료 과목에 따라 매출이 높다"는 고정관념을 바탕으로 원래 제시했던 금액보다 훨씬 높은 임대료나 관리비를 제안하는 경우가 많다. 실제로는 같은 건물, 같은 층, 같은 조건인데도 병·의원이라는 이유만으로 10% 이상 더 높은 임대료가 매겨지는 사례가 비일비재하다.

또한, 관리비에서도 비슷한 현상이 발생한다. 건물주는 병원이 전기, 수도, 환기 등의 설비를 많이 사용한다는 이유로 일반 사무실보다 높은 관리비를 책정하거나, 별도의 추가 비용을 부과하기도 한다. 이러한 조건은 대개 병원이 입점 의사를 밝혔을 때 갑자기 등장하며, 사전에 공개된 정보에는 포함되어 있지 않은 경우가 대부분이다.

따라서 입지 탐색 과정에서 가장 중요한 원칙은, 초기에는 절대 병·의원 개업 예정이라는 말을 먼저 꺼내지 않는 것이다. 일단 '병원'이라는 단어가 나온 순간부터, 건물주나 중개업자의 인식은 일반 임차인이 아니라 '가격을 더 받을 수 있는 대상'으로 전환된다. 이때부터는 그들이 제시하는 모든 조건이 의사의 '지불 능력'을 기준으로 설정되기 시작한다. 병원을 낼 수 있는 사람이라면 돈도 있을 것이고, 안정적인 수입이 보장될 것이며, 협상에서 적극적으로 가격을 따지지 않을 것이라는 편견이 계약의 출발점이 되는 것이다.

더불어, 병·의원은 입주 과정에서 장애인 편의시설 문제로 건물에 일정한 구조 변경이 필요할 수 있고, 배수관 추가 설치나 환기 설비, 전기 증설 등이 요구되기 때문에, 건물주는 이 비용까지 임대료에 미리 포함하려고 시도하기도 한다. 심지어 건물 리모델링이 예정되어 있지 않아도, 병원 입점이라는 말을 듣자마자 말도 안 되는 논리로 보증금 인상을 요구하기도 한다.

이러한 현실을 모르는 의사들이 "개업 예정입니다", "진료과는 아직 정하지 않았지만, 병원을 열 생각입니다"라고 미리 말해버리는 순간, 협상의 주도권은 곧바로 상대에게 넘어간다. 조건은 의사가 생각한 것보다 불리하게 돌아가며, 나중에 비교를 해보더라도 "병원용은 원래 이 정도 한다"는 말로 무마된다.

결국, 병원 개업을 위한 입지 탐색은 단순한 공간 확보가 아니라, 정보 전쟁이자 가격 심리전이다. 시장에서 의사는 높은 수익과 안정적 임대료를 감당할 수 있는 '고급 임차인'으로 분류되기 때문에, 의사라는 정체성이 드러나는 순간부터 거래 구조 자체가 바뀐다. 그렇기에 초기 단계에서는 일반 사무실이나 상가 임차인을 가장해 기본 조건을 먼저 파악하고, 모든 가격과 조건을 확인한 뒤에야 병·의원 개업이라는 정보를 공유하는 것이 안전하다.

'진실한 의사소통'이 항상 좋은 결과를 낳는 것은 아니다. 특히 부동산 계약이라는 현실 세계에서는, 너무 많은 정보를 먼저 말하는 쪽이 손해를 보기 마련이다. 병·의원이라는 말 한마디가 임대료를 끌어올리는 시대, 개업을 앞둔 의사라면 말보다 먼저 확인하고, 신분보다 먼저 조건을 따져야 한다. 그래야만 비싼 병원이 아니라, 합리적인 병원이 시작될 수 있다.

사. 항아리상권이라는 유물
아직도 그 말을 믿는가?

병·의원 개업 입지를 논할 때, 여전히 자주 등장하는 단어가 있다. 바로 '항아리상권'이다. 네이버 카페, 개업 컨설팅 블로그, 부동산 유튜브 채널, 그리고 개업박람회에서조차 이 말을 입에 달고 사는 사람들이 많다. "이 동네는 완벽

한 항아리입니다", "배후인구가 튼튼한 항아리형 상권이라 안정적입니다", "이 항아리 안에 들어오면 경쟁 없이 원장님 병원만 보입니다"라는 말들은 개업 초보 의사들에게 꽤 그럴듯하게 들린다.

항아리상권이라는 개념은 본래 내과, 소아과, 이비인후과처럼 기본적인 1차 진료를 중심으로, 동네 주민의 생활 반경 안에서 고정적인 수요가 발생하던 시절에 사용되던 용어다. 항아리처럼 둘러싸인 지형이나 주거 밀집 지역 안에서 환자들이 바깥으로 나가지 않고 병원을 찾기

때문에, "이 안에 병원이 하나만 있어도 먹고 살 수 있다"는 가정이 성립되던 시대였다. 실제로 1990년대, 2000년대 초반까지는 이런 입지 전략이 일정 부분 유효했다.

하지만 지금은 어떤가? 교통과 통신의 발달, 그리고 환자들의 정보 접근성의 폭발적 향상으로 인해, 항아리상권이라는 개념은 사실상 효력을 잃은 낡은 프레임이 되었다. 과거에는 근거리 병원을 선택하던 환자들이, 이제는 카카오맵과 네이버 지도 리뷰, 블로그, 유튜브, 지역 맘카페 후기 등을 통해 10km, 20km 바깥의 병원까지 찾아간다. 특히 피부과, 성형외과, 통증의학과, 정형외과, 정신건강의학과, 치과, 산부인과 등 고가 비급여 진료 중심의 병원은 그 동네의 유일한 병원이냐 여부보다, 결과가 좋으냐, 의사가 신뢰가 가느냐, 후기가 많고 상세하냐가 결정적이다.

그러나 아직도 일부 컨설턴트들은 초보 의사들의 불안 심리를 이용해, "이 항아리 안에 병원이 없다", "이 아파트단지 주민 수만으로도 충분하다", "출퇴근 동선이 막혀 있어서 이 안에 병원이 필요하다"는 식의 유사전문가 서사를 펼친다. 그리고 그 말에 흔들린 의사들은 실제로는 외부 병원으로 환자가 빠져나가는 지역에, 외형만 '포근해 보이는' 항아리 입지에 수억 원을 들여 병원을 차린다. 하지만 개업 후 수개월이 지나도 유입은 없고, 환자는 검색해서 더 멀리 있는 병원으로 빠져나간다. 항아리의 벽이 더 '장벽'이 아니라 '덫'이 되어버리는 것이다.

특히 항아리상권은 다세대 주택 지역이나 오래된 아파트단지, 도시 외곽의 소규모 상권에서 자주 등장하는 용어다. 이 지역들은 일견 병원이 적어 보이고, 고정 수요가 있을 것처럼 보인다. 그러나 젊은 층은 차량 이동이나 대중교통으로 더 좋은 병원을 찾아가며, 노년층조차도 자녀의 스마트폰 검색과 예약 대행을 통해 병원 선택의 폭을 넓힌다. 즉, 환자들이 더 이상 항아리 안에 갇혀 있지 않은 시대라는 것이다.

그런데도, 일부 개업 컨설턴트나 부동산 업자들은 항아리상권이라는 말을 습관적으로 꺼내며 의사에게 결정적 판단을 유도한다. 마치 마케팅 포인트처럼 '항아리'라는 단어를 반복해서 쓰고, 병원 설계 도면과 예상 수익 시뮬레이션에 '배후인구 안정성 확보'라는 말을 얹는다. 이들의 목표는 정보의 정밀함이 아니라, 의사의 상상력을 자극해 계약을 끌어내는 것이다.

따라서 개업을 준비하는 상황에서 '항아리'라는 단어가 나오는 순간, 그 대화는 걸러야 마땅하다. 그것은 의학적 근거가 없는 민간요법을 추천받는 것과 비슷하다. 실제 환자의 이동 반경, 연령대별 병원 이용 특성, SNS 후기 활용도, 교통 흐름, 지역 커뮤니티의 평판 등을 기반으로 한 정밀한 데이터 분석이 아닌, 막연한 입지 신화에 불과하다.

오늘날의 병·의원은 '안에 있기만 해도 찾아오는 곳'이 아니라, 정보의 바깥까지 도달해야 살아남는 공간이다. 따라서 개업의 입지는 과거의 항아리가 아니라, 디지털 지도 위에서의 검색, 리뷰, 후기, 접근성과의 싸움이 되어야 한다. 그리고 그 싸움에 '항아리'는 아무런 도움이 되지 않는다.

항아리의 '항'자가 들리는 순간, 그 자리는 의사의 병원이 아니라 누군가의 수익 구조일 가능성이 크다. 지금도 하이에나들은 오래된 개념을 끄집어내 초보 의사의 판단을 흐리고, 계약서에 도장을 찍게 만든다. 과거의 유물이 오늘의 기준이 될 수 없다. 항아리는 깨져야 할 그

릇이지, 들어가야 할 그릇이 아니다.

"매물 먼저 보여줬으니 수수료 줘라."
부동산 업자의 협박 사례

병원을 이전할 예정이었던 한 원장은, 현재 계약된 병원 자리를 소개해 줬던 부동산 업자로부터 다시 연락을 받았다. 그는 병원이 곧 이전할 예정이라는 사실을 어디선가 듣고 병원을 직접 찾아와 매물 하나를 보여주었다. 원장은 바쁜 상황이었지만, 매물이 현재 병원 바로 옆 건물이라 마지못해 현장을 함께 둘러보게 되었다. 돌이켜보면, 이때가 결정적인 실수였다고 회상한다.

사실 이 원장은 이전에도 이 부동산 업자와 불쾌한 경험이 있었고, 당시에도 좋지 않은 인상과 신뢰 훼손으로 다시는 거래하지 않겠다고 마음먹고 있던 상태였다. 이후, 원장은 평소 친분이 있던 단골 환자(부동산업 운영)에게 연락해 의견을 물었다. 그런데 마침 그 환자도 같은 매물을 보유하고 있다고 밝혔고, 여러 사정과 신뢰를 고려해 단골 환자의 부동산을 통해 해당 매물로 계약을 진행하게 되었다.

하지만 계약이 진행되자마자 문제가 시작되었다. 초기에 매물을 보여준 부동산 업자가 "그 매물은 자신이 먼저 보여준 것"이라며 수수료를 요구하고 나선 것이다. 심지어 원장이 "원래 다른 부동산에서도 소개가 들어온 매물이었고, 상도덕상 그쪽과 계약한 것"이라고 설명했음에도, 그는 전혀 수긍하지 않았다.

이후 상황은 악화하였다. 해당 부동산 업자는 지속해서 문자 메시지를 보내며 "거짓말하지 마라", "법적 조치를 각오하라", "수수료는 무조건 나한테 내야 한다"는 식의 강한 압박을 가하기 시작했다. 급기야 병원에 직접 찾아와 고성을 지르는 일까지 발생했다.

문제는 이 사람이 체격이 크고 위협적인 외모를 지닌 중년 남성이라는 점에서, 단순한 언쟁 이상의 공포감을 유발했다. 협박은 3일째 이어졌다.

이 사례에서 가장 중요한 쟁점은 다음과 같다.

"매물을 먼저 보여준 사람에게 수수료를 반드시 줘야 하는가?"

→ 법적으로는 '중개의뢰인과의 명시적 계약'이 있는 경우에만 수수료 지급 의무가 발생한다. 단순히 매물 현장을 보여주었거나 구두로 의사를 타진한 것만으로는 법적 효력이 없다.

"소송으로 가면 패소할 소지가 있는가?"

→ 일반적으로는 계약서 없이 단순히 매물을 보여준 것만으로 수수료 청구를 인정받기 어렵다. 실제 법원 판례에서도, 중개 계약이 체결되지 않았거나 계약이 성사되지 않았으면 수수료 지급 의무를 부정하는 경우가 많다. 특히 중개인이 단독으로 보여준 매물에 대해 타 부동산을 통해 계약했다면, 소개만으로 법적 책임을 지우기는 어렵다.

"협박과 위협은 어떻게 대응해야 하는가?"

→ 문자 폭탄과 폭언, 방문 후 고성 등은 명백한 협박 또는 업무방해로 간주될 수 있다. 이 경우 모든 문자와 통화 내역을 기록하고, 필요하면 경찰에 신고하거나 법률 상담을 받아야 한다. 의료기관이라는 점을 악용해 위압적인 방식으로 접근하는 사례가 반복될 경우, 형사적 조치도 가능하다.

결론적으로, 의료기관 임대 과정에서 부동산 업자의 불합리한 수수료 요구나 협박에 응할 필요는 없다. 정식 계약서가 없는 상태에서 단순 소개만으로 법적 책임이 발생하지는 않는다. 오히려 해당 사례처럼 폭언·협박·방문 위협이 지속될 경우, 법적 조치를 통해 문제를 공론화하고 적극적으로 방어하는 것이 옳다.

개원을 앞두고 흔들릴 수 있는 심리적 빈틈을 노려 강압적으로 요구하는 방식은 절대 용인해서는 안 된다. 모든 과정은 기록하고, 반드시 객관적인 계약서와 증거를 기반으로 움직여야 한다.

계약 없이 책임은 없다.

개원을 둘러싼 황당한 협박 사건

오랫동안 봉직의 생활을 해오던 한 50대 후반의 내과의사가, 새로운 인생의 전환점으로 개원을 고민하던 중 겪은 황당한 일이 있다.

그는 작년 연말부터 개원할 자리를 찾아다녔고, 지인의 소개로 신축 건물 한 곳을 방문하게 되었다. 몇 차례 방문해본 결과, 장소가 협소하고 위치도 만족스럽지 않아 망설이던 그는 개원 여부를 확정하지 못한 상태였다. 이 같은 주저함을 건물주에게 명확히 전달했음에도 불구하고, 건물주는 일방적으로 내과가 입점할 것이라는 전제 아래 플래카드를 걸고, 해당 건물에 들어설 약국과도 계약을 체결했다.

문제는 이후 벌어졌다. 개원을 포기하고 봉직의 생활을 계속하기로 한 내과의사가 건물주에게 개원하지 않겠다는 의사를 통보하자, 건물주는 약국 계약이 내과 개원을 전제로 체결된 것이라며, 약국 측에 계약 파기를 해야 하는 상황이므로 손해배상을 하라고 주장하고 나선 것이다. 요구한 배상금은 무려 1억원에 달했다.

그러나 이 의사는 단 한 번도 건물주와 계약서를 쓴 적이 없고, 가계약금이나 보증금 등 어떤 금전적인 거래도 없었다. 또한, 개원 여부를 아직 정하지 못했으며, 개원하지 않을 수도 있다는 점을 반복해서 밝혔던 상황이었다.

이 일은 의사 커뮤니티에서 큰 반향을 일으켰다. 다수의 동료 의사들은 한목소리로 '배상할 법적 의무는 전혀 없다'고 입을 모았다. 실제로 계약서에 서명하지 않았고, 금전 거래도 없었으며, 의사 본인이 약국 입점을 유도하거나 요청한 바도 없다면, 손해배상 청구는 말 그대로 억지에 불과하다는 의견이었다. 설령 건물주가 구두로 계약이 성립되었다고 주장한다 해도, 계약 내용의 구체성과 명확성, 그리고 무엇보다 증빙할 수 있는 근거가 없다면 인정받기 어렵다.

많은 이들이 '오히려 개원 안 한 것이 다행'이라며, 이 사건을 통해 개원을 둘러싼 관계 속에서 얼마나 다양한 이해관계자들이 개입하고, 때론 의사를 이용하려 드는지를 새삼 느꼈다고 말한다. 특히 지인 소개라는 방식은 중간에서 알게 모르게 커미션이 오가거나, 잘못된 정보가 전달될 가능성이 있어 더더욱 주의가 필요하다는 조언도 뒤따랐다.

이 사건은 단지 개원 실패의 사례가 아니라, 개원을 앞둔 의사들이 얼마나 철저하게 법적, 계약적 경계선을 인지하고 행동해야 하는지를 보여주는 중요한 사례다. 계약은 언제나 명문화되어야 하며, 그 어떤 약속이나 기대도 문서 없이 진행되어선 안 된다. 그리고 무엇보다, '내가 하지 않은 결정에 대한 책임을 지지 말아야 한다'는 점은 누구나 잊지 말아야 할 원칙이다.

아. 악덕 건물주, 그들은 이렇게 의사를 괴롭힌다.

건물주와 임차인의 관계는 종종 권력의 비대칭에서 비롯된 갈등으로 이어지곤 한다. 특히 병·의원을 운영하는 의사들이 임차인으로 들어선 경우, 이 갈등은 더욱 복잡하고 치명적인 방향으로 흘러간다. 의료기관은 일반 상가보다 훨씬 더 많은 초기 자본이 투입되며, 환자 기반이 정착되기까지 상당한 시간이 걸린다. 그런데 이런 점을 노리고 '악덕 건물주'는 법의 빈틈을 교묘히 이용해 임차인 의사를 압박하고, 경제적 손실을 떠넘긴다.

의료업이라는 특성상 개원 입지를 고를 때는 주변 교통, 접근성, 지역의 인구 밀도 등을 고려하게 된다. 자연히 보증금도 많고, 관리비도 비싸다. 하지만 건물주는 임대료 인상에 법적 제한이 있다는 점을 알고, 이를 우회하기 위해 관리비를 과도하게 올린다. 예컨대, 1년 전만 해도 월 200만 원이던 관리비가 갑자기 400만 원으로 인상되며, 인상 사유를 묻자 "건물 유지비가 많이 들어서"라는 막연한 답변만 돌아온다. 실제로는 공용 부분 전기조차 제대로 들어오지 않고, 엘리베이터는 수시로 고장 나며, 화장실 청소도 이루어지지 않는 상태였다. 그런데도 건물주는 '관리비는 내가 정한다'는 태도를 고수한다. 관리비 항목이 계약서에 구체적으로 명시되어 있지 않은 경우, 임차인은 사실상 반박할 여지가 없다. 한 원장은 계약 당시 관리비 항목을 대충 넘긴 탓에 2년 동안 수백만 원의 추가 비용을 감수해야 했다. 항의라도 하면 "그럼 계약 종료되면 나가세요"라는 말이 따라온다.

또한, 계약이 종료되었을 때, 가장 큰 문제는 보증금 반환이다. 핵심 지역에서 개원한 의원 대부분은 억 단위 보증금을 건물주에게 맡겨두고 진료를 시작한다. 하지만 건물주가 돌려주지 않겠다고 마음먹으면, 그 보증금은 사실상 인질이나 다름없다.

보증금을 돌려받지 못한 사례는 비일비재하다. 그중 하나는 이렇다. A 원장은 폐업 후 건물주에게 보증금을 요구했지만, 돌아온 대답은

"간판을 떼고, 대리석을 새 걸로 바꾸고 나가라"는 요구였다. 심지어 간판은 천갈이만 했고, 대리석은 처음 입주할 때부터 있던 것을 그대로 사용했을 뿐이다. 알고 보니, 앞서 이 건물에서 나간 다른 세입자들도 대부분 보증금을 받지 못하고 나갔다고 했다.

건물주는 "이전 사용자가 손해를 끼쳤다", "건물이 손상됐다"는 식의 말도 안 되는 핑계를 대며 수백만 원씩을 공제하려 들었고, "못 자국이 났으니 400만 원"을 요구한 사례도 있었다. 이쯤 되면 더 이상 '퇴거 정산'이 아니라 협박에 가깝다.

이런 상황에서 임차인이 할 수 있는 건 많지 않다. 민사 소송을 걸어야 하고, 그 과정은 길고 피곤하며, 무엇보다 비용이 많이 든다. 법적으로는 임대차가 끝난 후 건물주의 부당한 보증금 공제에 대해 소송을 걸 수 있지만, 건물주가 상습적으로 체납하거나 경제적 사정이 어려운 경우, 판결을 받아도 실제 회수가 되지 않는 경우가 많다.

또 다른 문제는 건물의 하자와 수선 의무에 관한 부분이다. 의료기관은 위생과 설비 상태가 매우 중요하다. 그러나 어떤 건물주는 하수 역류, 천장 누수, 전기 누전과 같은 심각한 문제에도 전혀 수리하지 않는다. 오히려 의원이 물을 너무 많이 써서 하수가 막힌 것이라며 책임을 돌리기도 한다. 임차인이 직접 배관공을 불러 수리를 하고 비용을 부담하면, 건물주는 아무 말도 없다. 법적으로 건물주가 수리하는 것이 맞는다고 하더라도 임차인은 그저 참고 견디는 수밖에 없다.

게다가 상가건물 임대차보호법은 계약 갱신 요구권을 최대 10년까지 보장하고 있지만, 이를 회피하기 위한 편법도 만연하다. 갱신 시점이 가까워지면 건물주는 "건물 전체 리모델링을 할 예정"이라며 계약 갱신을 거부하고, 실제로는 몇 달간 공사하다가 다른 임차인을 들이는 방식이다. 의료기관은 이전 비용이 많이 들고 재개원 준비가 까다로워서, 임차인으로선 법적 권리가 있더라도 현실적으로 싸우기가 어렵다.

소소한 갑질도 끊이지 않는다. 간판을 새로 달려고 해도 "건물 이미지에 어울리지 않는다"는 이유로 가로막고, 엘리베이터는 공사 중이라며 일주일 이상 운행이 중단된다. 반면 관리비는 줄지 않고, 건물 청소는 방치된 채다. 이런 일들이 반복되면, 원장으로서는 진료보다 건물주 대응에 더 많은 에너지를 쓰게 된다.

임대차 계약이라는 울타리 안에서, 건물주는 법의 사각지대를 교묘하게 이용해 임차인을 몰아세운다. 그 대상이 의사라고 해서 예외가 아니다. 오히려 의료기관이 가진 진입 장벽과 고정비 구조, 행정절차의 복잡함이 악덕 건물주에겐 '더 만만한 먹잇감'이 된다.

이러한 구조 속에서 의사가 살길은 하나다. 계약서를 꼼꼼하게 쓰고, 대화를 기록으로 남기고, 법적 대응을 준비하는 것이다. 그것이 지금 이 땅의 개원의가 생존을 위해 해야 할 '또 하나의 진료'다.

TIPS   저자의 조언

병원 운영이라는 것이 언제나 계획대로만 흘러가는 것은 아니다. 나 역시 과거에 갑작스럽게 의원을 이전해야 할 상황이 생겨, 이른 시일 안에 새로운 공간을 찾아야 했다. 충분한 시간을 두고 매물을 검토한 것이 아니었기에, 결정은 빠르게 이루어졌고 결국 두 군데 중 한 곳을 선택해야 했다. 한 곳은 임대료가 다소 비쌌지만, 관리비가 명확하게 제시되어 있었고, 다른 한 곳은 **임대료는 저렴했지만, 관리비에 대한 자세한 설명이 없었다.** 당연히 다른 사람들처럼 나도 '임대료가 저렴한 곳'에 끌려

계약서를 작성했다.

하지만 이 선택은 곧 후회로 이어졌다. 입주 이후 첫 달, 청구서에 찍힌 관리비 금액은 내 예상과는 완전히 달랐다. 관리비 항목에는 청소비, 경비비, 공용전기세를 포함해 정체불명의 항목들까지 포함되어 있었고, 전체 관리비는 임대료의 거의 절반에 해당했다. 결과적으로, 두 공간의 실제 월 지출은 거의 차이가 없었던 셈이었다. 임대차 계약서를 쓰던 당시엔 건물주가 '관리비는 별도'라는 말만 반복했을 뿐, 구체적인 산정 기준은 어디에도 적혀 있지 않았다.

이처럼 **임대료만 보고 건물을 선택하는 것은 함정**에 빠지는 지름길이다. 특히 의료기관처럼 지속적인 공간 사용이 필수적인 업종은 계약서 하나 잘못 쓰는 것이 수천만 원의 손실로 이어질 수 있다.

문제는 이것만이 아니었다. 계약서를 쓰는 과정에서도 이상한 점이 많았다. 일반적인 부동산 표준계약서가 아닌, 건물주가 따로 정리한 10페이지 분량의 계약서를 내밀었다. 처음에는 '요즘은 다 이렇게 한다'는 말에 별생각 없이 받아들였지만, 내용을 하나하나 뜯어보니 황당한 조항이 한둘이 아니었다.

나는 다행히 법적인 배경 지식이 조금 있어, **현행법과 배치되는 이런 조항들이 무효**라는 것을 알고 있었기에 서명을 하면서도 '이건 어차피 나중에 의미가 없다'는 생각을 했다. 하지만 만약 내가 그저 임대인의 말을 철석같이 믿고 있었다면? 혹은 의료업 외의 법적 지식이 전혀 없었다면? 결과는 달랐을 것이다.

이런 상황은 의외로 흔하다. 특히 개원의들은 개업에 쫓기고, 진료 준비에 집중하느라 임대차 계약 내용을 꼼꼼히 살필 여유가 없다. 법률적인 내용에 익숙하지 않은 경우, '이게 다들 다 그렇게 하는 거겠지'라는 안일한 생각으로 서명하게 된다. 그러나 계약서에 들어있는 하나의 문장, 하나의 단어가 수천만 원의 손해로 이어질 수 있다는 사실을 기억해야 한다.

건물주는 자신의 이익을 극대화하기 위해 계약서를 무기처럼 사용한다. 반대로 임차인은 '진료에만 집중하고 싶다'는 마음으로 법적 내용을 간과한다. **이 간극이 바로 착취의 공간**이다. 결국, 병원을 지키는 것은 의료 지식만이 아니라, 계약서 한 장을 읽을 줄 아는 눈이다.

05

개업을 노리는 하이에나들
(컨설팅 업자 관련)

개업을 노리는 하이에나들

컨설팅 업자

개원은 의사에게 있어 일종의 사냥이다. 오랜 시간 진료실에서 갈고 닦은 기술과 경험을 바탕으로, 이제는 자신의 병원을 세우고 그 수익 구조를 직접 만들어야 하는 도전이다. 하지만 이 사냥은 혼자의 힘으로 완성되기 어렵다. 수많은 행정, 마케팅, 장비, 인력, 세무 등 진료 외적인 요소들이 병원의 성패를 좌우하기 때문이다. 이 빈틈을 노리고, 어둠 속에서 서서히 다가오는 존재들이 있다. 바로 컨설팅 업체라는 이름의 하이에나들이다.

가. 개원의의 피를 빠는 그림자
컨설팅 업계의 기생 구조

그들은 개원을 준비하는 의사의 곁에 자연스럽게 스며든다. 정보가 부족하고, 시간이 없으며, 실수가 두려운 초보 개원의의 불안을 파고들며, "우리가 다 알아서 해드릴게요"라는 친절한 말로 다가온다. 마치 사냥에 지친 짐승 곁을 맴돌며 기회를 엿보는 하이에나처럼, 컨설팅 업체들은 준비가 덜 된 의사를 향해 발을 들인다. 이때부터 병원은 더 이상 온전히 의사의 공간이 아니게 된다. 서서히, 그러나 치밀하게, 수익 일부분이 이들의 먹잇감으로 전환되기 시작한다.

과거 일부 업체들은 병원의 매출 중 일정 비율을 수수료로 가져가는 구조를 당연시했다. 특히 도수치료와 같은 비급여 항목의 수익이 높은 정형외과나 통증의학과 개원 시장에서는, 병원의 청구액 중 10% 정도를 현금으로 '관리비'라는 이름 아래 받아가는 방식이 암묵적으로 존재했다. 이런 구조는 계약서에 명확히 드러나지 않는다. 심지어 현금으로 비용을 받기도 했다. 그들은 말한다. "매출이 이 정도 나온 건 저희 덕분이잖아요. 정당한 몫을 요구하는 겁니다."

그러나 이 '정당한 몫'은 본래 의사의 노력과 환자의 신뢰로부터 발생한 수익이다. 컨설팅 업체는 진료하지 않는다. 환자를 돌보지 않는다. 그런데도 이들은 병원의 수익 구조 깊숙이 들어와, 마치 공동 경영자라도 된 양 지속적인 지분을 요구한다. 본래 도와주겠다며 들어온 하이에나는 어느새 사냥을 지휘하는 포식자로 변해버린다.

이 과정에서 하이에나는 결코 혼자 움직이지 않는다. 인력 파견, 마케팅팀, 세무팀, 교육팀 등 이름은 다르지만 같은 생태계에 속한 구성원들이 무리를 지어 움직인다. 각각이 독립적인 계약서를 들고 나타나, '이건 홍보비', '이건 도수센터 세팅비', '이건 직원 관리비'라며 병원의 수익을 조각내기 시작한다. 병원이 매출을 내기 시작하면, 하이에나 떼는 각자의 자리를 잡고 병원의 심장을 물어뜯듯 지속해서 비용을 요구한다.

가장 교묘한 점은, 이 과정이 원장의 선택에 의한 듯 보인다는 점이다. 실제로 컨설팅 계약은 자발적으로 맺어진다. 초기에는 원장도 필요성을 인정한다. 하지만 계약이 진행되면서, 점차 병원 운영의 실질적인 통제권이 이들에게 넘어간다는 점은 간과된다. 어느 순간 병원의 주인이 되어야 할 의사는, '관리'와 '조언'이라는 이름의 간섭 속에 결정권을 잃고 지시를 받는 위치로 전락한다.

컨설팅 업체들은 또한, 의사에게 있어 가장 중요한 인력, 즉 도수치료사와 원무 행정 인력까지 자신들이 직접 파견한다. 이 인력들은 표면적으로는 병원 소속 직원처럼 보이지만, 실제로는 컨설팅 업체에 충성하는 구조로 되어 있다. 이들은 병원의 내부정보를 컨설팅사에 실시간으로 전달하며, 원장의 의사보다 업체의 지침을 우선시하기도 한다. 실장은 환자 수가 줄면 원장에게 원인을 묻는 대신, 컨설팅 업체에 먼저 보고한다. 치료사는 병원에서 급여를 받지만, 매출이 줄면 업체의 눈치를 더 본다. 결국, 병원 내부의 중심축은 원장이 아닌, 하이에나의 눈과 귀가 된 인력들에 의해 형성된다.

여기에 더해 마케팅이라는 명목의 구조가 얹힌다. 블로그 운영, 병원 리뷰 관리, 카카오 채널, SNS 광고 등을 대행해준다며 매달 수십만 원에서 많게는 수백만 원을 청구한다. 하지만 실질적인 환자 유입은 미미하거나, 처음만 반짝 효과가 나는 경우가 많다. 환자가 줄어들면 책임을 지는 것이 아니라, "이 지역은 워낙 경쟁이 치열해서요"라며 원장의 문제로 전가한다. 그리고는 또 다른 홍보 전략을 내밀며 추가 비용을 제안한다.

이때 컨설팅 업체는 말하지 않는다. "병원의 성장은 시간이 필요하다"고 그들은 오직 "매출을 더 늘려야 한다"고 말한다. 왜냐하면, 매출이 늘어야 자신들의 몫도 커지기 때문이다.

병원이 순항하지 않으면, 하이에나는 병원의 문제를 의사 탓으로 돌린다. 진료 방식이 보수적이라서, 마케팅 수용이 부족해서, 직원 관리가 미숙해서 그렇다는 식이다. 그리고 새로운 방법을 제안한다. 더 많은 비급여, 더 자극적인 시술, 더 공격적인 홍보. 이 과정에서 의사는 점차 자신의 진료 철학과 윤리 기준을 타협하게 된다. 결국, 남는 것은, 매달 정해진 비용을 넘겨주면서도 병원의 진짜 방향은 컨설팅사에게 끌려가는 이상한 구조다.

이 모든 과정은 합법의 테두리 안에서 진행되기도 하고, 그렇지 않기도 한다. 일부 컨설팅 업체는 법적으로 모호한 회색지대를 이용해 병원의 수익을 나눠 가진다. 과거 현금으로 리베이트를 받던 구조는 서서히 사라지고 있지만, 대신 더 정교한 명목과 계약서 속 문구로 탈바꿈했다. 명분은 항상 그럴듯하다. "우리 팀이 개원을 도와드렸고, 지금도 관리하고 있으니까요." 하지만 냉정하게 따져보면, 그들이 진료를 본 것도 아니고, 환자의 감정을 어루만진 것도 아니다.

나. 컨설팅 업체 수익공유의 함정

컨설팅 업체의 형태는 시간이 지나며 점점 더 다양해지고 복잡해졌다. 과거에는 단순히 병원의 매출이나 건강보험 청구액의 일정 비율을 수수료로 받는 형태가 일반적이었다. 그러나 초기 컨설팅 업체에서 일하던 인력들이 독립하여 자신만의 회사를 세우기 시작하면서, 수익 구조와 계약 방식은 천차만별로 분화되었다. 현재는 정액제 방식, 단발성 개업 컨설팅, 운영 위탁, 관리 패키지 판매 등 다양한 형태가 공존하고 있다.

예를 들어, 어떤 업체는 직원 파견 없이 오로지 초기 개업 준비까지만 개입하고, 정액의 수수료를 받은 후 병원이 문을 열면 철수한다. 반면, 일부 업체는 병원이 정상 운영을 시작한 뒤에도 계속 개입하며, 내부 직원처럼 상주하면서 병원의 경영 전반에 관여한다. 이 경우 병원의 모든 수익 구조를 공유받으며, 심지어 직원 채용, 재고 관리, 수가 청구 방식에까지 관여하는 예도 있다. 특히 매출 비례형 구조를 채택한 업체의 경우, 병원 매출이 오를수록 자신들의 수익도 늘어나기 때문에, 병원 측에 과도한 시술이나 청구를 유도하는 예도 적지 않다.

문제는 이러한 매출 연동형 계약 구조가 법적으로 '사무장 병원'으로 간주될 가능성이 있다는 점이다. 의료인이 아닌 제3자가 병원의 수익에 지속해서 관여하고, 직접적인 이해관계를 형성하는 것은 의료법상 위법 소지가 크다. 이에 따라 최근에는 정액제 방식의 컨설팅이 상대적으로 늘어나는 추세다. 고정 수수료를 받고, 일정 기간만 병원 설계나 마케팅을 지원한 뒤 계약을 종료하는 형태다. 겉보기에 더 안전한 구조처럼 보이지만, 실상은 고정 수수료를 받은 뒤 실질적인 지원은 부실하거나, 오히려 병원 내 자산을 내부적으로 전환해가며 이익을 챙기는 예도 있다.

특히 매출 연동형 컨설팅 업체는 자신들의 수익을 보장하기 위해 병원에 무리한 시술, 과도한 검사, 청구 항목 확대를 집요하게 종용하는 경우가 많다. 이 과정에서 담당 직원은 원장을 대상으로 반복적인 가스라이팅을 통해 "이 정도는 괜찮다", "다들 이렇게 한다", "문제 생기면 우리가 책임진다"는 식의 안일한 논리로 설득을 시도한다. 하지만 현실은 다르다. 건강보험심사평가원의 사후 환수는 최대 5년 후에 일어나기도 하고, 환수 금액은 5배수에 달하는 일도 있다. 그때가 되면 컨설팅 업체는 이미 연락이 끊겼거나, 계약서상 '법적 책임 없음' 조항으로 빠져나간다.

더구나 최근 들어 건강보험심사평가원의 감시가 더욱 강화되고 있어, 과거처럼 "청구액을 최대한 늘려서 매출을 뽑자"는 방식은 점점 더 위험해지고 있다. 이런 구조에 의존할 경우 단기적으로는 매출이 상승할 수 있어도, 장기적으로는 의료기관의 신뢰도 하락, 법적 리스크 증가, 심할 경우 행정처분이나 형사 문제로까지 이어질 수 있다.

결국, 중요한 것은, 어떤 컨설팅 업체를 쓰더라도 그들의 '수익 구조'가 병원의 '의료 윤리'나 '법적 안정성'과 충돌하지 않는지를 철저히 점검하는 일이다. 돈을 받고 병원의 전략을 설계하는 사람들은 많지만, 그로 인해 생길 모든 후폭풍을 책임져 줄 사람은 단 한 명, 바로 병원장 본인뿐이다.

다. 별것 아닌 일을 거창하게 만들다.
컨설팅 하이에나의 의존 전략

컨설팅 업자들이 의사에게 접근하는 방식은 단순한 조언자나 파트너의 범주를 넘어서 있다. 그들은 의료인이 '자신 없게 만들고', '스스로 판단하지 못하게 하며', 결국에는 '그들에게 의존하게끔 유도하는 구조'를 설계한다. 이러한 유도는 직접적인 강요가 아니라, 정보 차단과 과장된 두려움, 그리고 반복적인 메시지를 통해 서서히 이루어진다.

가장 대표적인 예는 행정업무 및 보험청구와 관련된 부분이다. 많은 컨설팅 업자들이 "청구는 전문가가 해줘야 삭감되지 않는다"거나 "행정은 굉장히 복잡해서 일반 직원으로는 감당할 수 없다"고 말하며, 자신들이 채용한 '전문 원무 행정직원'을 병원에 파견하려 한다. 그리고 이 직원은 자연스럽게 병원 시스템과 내부 운영에 대한 정보를 컨설팅 업체로 넘기는 구조의 핵심 고리로 기능한다.

하지만 실상은 다르다. 직접 해보면 알 수 있는 일이지만, 보험청구는 요즘의 진료 프로그램들이 매우 잘 설계되어 있어서 대부분 클릭 몇 번이면 자동으로 마감과 제출을 할 수 있다. 매일 마감하는 데 5분이 채 걸리지 않으며, 누적 경험이 쌓일수록 이 시간은 더 줄어든다. 심지어 삭감 위험이 있는 부분은 프로그램이 미리 알려주고, 오류는 자동으로 잡아주기도 한다. 이런 상황에서 컨설팅 업자들이 주장하는 '전문성'은 실체가 빈약한 과장일 뿐이다.

행정업무 역시 마찬가지다. 수납, 접수, 예약, 회신, 간단한 문서 작성은 일반적인 컴퓨터 활용 능력과 매뉴얼만 있다면 누구나 처리할 수 있는 수준이다. 최근에는 예약 관리, 수납, 환자 안내까지 AI 챗봇이나 자동화된 솔루션들이 등장해, 한 명의 스텝이 수행해야 할 행정의 무게가 현저히 줄어들었다. 하지만 이런 현실은 의도적으로 알려지지 않는다. 컨설팅 업자들은 "이거 직접 하다가 망한 병원 많다", "원장이 행정까지 챙기다 진료 망치는 경우 흔하다"는 식의 공포 마케팅으로 자신들의 서비스를 정당화한다. 의사에게 '못 하게' 만드는 것이 아니라, '안 하게' 만드는 전략이다.

개업 과정 역시 그들의 기획 속에서는 마치 고대 미궁처럼 복잡하게 묘사된다. 하지만 현실은 전혀 다르다. 의원 개설에 필요한 대부분 절차는 보건소, 구청, 세무서, 건강보험공단, 건강보험심사평가원, 소방서, 건축 관련 기관 등 관계기관에 직접 문의하면 자세하고도 친절하게 설명해준다. 개설 허가, 폐기물 계약, 방사선 기기 등록, 사업자등록 신청, 광고 심의 신청 등 업무 대부분은 온라인 민원 시스템이나 전화, 또는 기관 방문 한두 번으로 손쉽게 해결된다. 심지어 개설에 필요한 서류 양식도 인터넷에 널려 있다. 이 모든 과정은 컨설팅 업자를 끼지 않고서도 누구나 할 수 있으며, 막히는 부분은 '전화 한 통'으로 쉽게 풀린다.

하지만 컨설팅 업자들은 이런 단순한 과정을 의도적으로 어렵게 보이게 만든다. "이거 하다가 한 달 밀리는 일도 있어요", "이거 틀리면 처음부터 다시 해야 해요" 같은 말로 의사의 판단력에 흠집을 낸다. 그리고는 자신만이 빠르고 정확하게 개업을 완성해줄 수 있는 유일한 존재인 것처럼 행동한다. 이들은 업자가 아니라, 마치 '세상을 아는 사람'처럼 군림하려 한다. 그리고 의사는 정보가 없는 상태에서 이 말에 의지하게 되고, 결국 전 과정이 대행되는 개원 설계를 맡기고 만다.

문제는 바로 여기 있다. 컨설팅 업자의 목표는 단순한 개업 지원이 아니다. 의사의 '정보 격차'를 유지하고, 의사의 '불안'을 자산으로 만들며, 장기적으로는 의사가 자신을 떠나지 못하게 만드는 것이다. 이 구조가 유지되면 될수록, 병원 운영의 핵심은 점차 원장의 손을 떠나 컨설팅 업체로 넘어가게 된다.

의사가 처음 접하는 분야라는 이유로 지레 겁먹고, 직접 알아보지 않고 모든 것을 맡기는 순간, 하이에나들은 냄새를 맡는다. 그리고 사냥이 시작된다. 중요한 것은, 행정이든 청구든 개업 절차든, 대부분은 **실제로 해보면 '정말 별거 아닌 일'**이라는 것이다. 단지, 정보를 차단하고 두려움을 심는 말 몇 마디가 그 일을 엄청나게 어려운 일로 보이게 만든다.

더 큰 문제는, 이런 구조가 한 번 형성되면 쉽게 끊어낼 수 없다는 점이다. 병원 시스템이 모두 컨설팅사의 손에 의존해 있기 때문이다. 어느 날 계약을 해지하고자 할 때, 실장은 퇴사하겠다고 하고, 치료사는 다른 병원으로 옮기겠다고 한다. 심지어 행정서류나 마케팅 계정 관리 권한까지도 업체 측에서 쥐고 있어, 계약 종료가 곧 병원 마비로 이어질 수 있다. 결국, 의사는 "차라리 그냥 유지하자"는 체념 속에 매달 일정 비용을 넘겨주는 '봉'이 되어 버린다.

병원의 주인은 의사다. 병원의 구조를 알고 있는 사람도, 방향을 정할 수 있는 사람도, 책임을 지는 사람도 의사다. 그 모든 중심에서 밀려나기 전에, '이건 내가 직접 할 수 있는 일인가?'라는 질문을 해보는 것이 필요하다. 대부분은, 그 답은 "그렇다"이다. 하이에나들은 그 질문을 못 하게 하려고 애쓸 뿐이다.

라. 컨설팅 해지의 대가
계약서 한 장에 묶인 병원

컨설팅 계약을 해지하면 생기는 일은 단순히 '관계 종료'로 끝나지 않는다. 오히려 그 순간부터 진짜 문제가 시작되기도 한다. 계약서를 담보로 위약금을 요구하거나, 더 노골적으로 병원 운영을 방해하는 방식으로 보복에 가까운 행위를 벌이는 경우도 적지 않다.

일반적인 컨설팅 계약서에는 '계약 해지 시 위약금' 조항이 포함되어 있는 경우가 많다. 겉으로 보기엔 상호 신뢰를 기반으로 한 계약처럼 보이지만, 실제 계약서를 들여다보면 병원장에게만 불리하게 작성된 경우가 많다. 특히 매출 연동형 계약의 경우, 계약 해지 시 '향후 예상 매출 손실액'을 기준으로 위약금을 산정하겠다는 조항이 들어가 있기도 하다. 이 경우, 계약을 중도 해지하려고 하면 터무니없는 금액을 요구받게 된다. 컨설팅 업체는 "계약대로다", "계산 방식은 명확하다"며 법적 대응까지 시사하지만, 정작 그 계약서는 병원장이 처음 계약할 당시 내용을 정확히 이해하지 못한 채 사인했을 가능성이 크다.

계약 기간이 종료된 후 연장을 거부하는 경우에도 상황은 좋지 않다. 정상적인 해약이더라도 "우리가 이 병원 매출을 키워냈는데 이제 손을 떼겠다고?"라는 식으로 감정적 반응을 보이는 경우가 많다. 일부 악의적인 컨설팅 업체는 연장을 거부하는 병원에 대해 보복성 조치를 취한다. 대표적인 수법 중 하나는 병원 내 직원, 특히 초기에 컨설팅 업체를 통해 고용된 인력을 빼가는 것이다. 행정실장, 도수치료사, 상담실장, 코디네이터 등 병원 운영의 핵심 실무 인력을 비밀리에 설득해 함께 이탈시키고, 심지어 이직을 도와주는 조건으로 새로운 경쟁 병원에 취업시킨다.

더 노골적인 경우는, 병원 **바로 옆 건물에 유사 진료과목의 의원을 개설**하는 것이다. 특히 임대 계약이나 상가 구조상 가능할 경우, 이전 병원의 운영 노하우와 데이터를 활용해 노골적인 경쟁 병원을 띄운다. 이런 경우, 컨설팅 업체는 기존 병원의 약점을 꿰뚫고 있어서 초기 마케팅부터 진료 흐름까지 전부 복제하거나 반대로 약점을 공격하는 식으로 움직인다. 심지어 기존 병원에서 사용하던 리플렛, 홍보문구, 패키지 가격표까지 그대로 가져가 사용하는 예도 있다. 법적으로 문제를 삼자고 해도, 대부분은 병원 내부 자료로 명확히 등록되지 않았거나, 저작권이나 영업비밀로 인정되기 어려운 모호한 자료들이어서 실질적인 대응이 어렵다.

이런 상황을 막기 위해선 계약 초반부터 꼼꼼한 조항 검토가 필수다. 단순히 매출을 올려준다는 말에 혹해 계약서를 쉽게 넘기면, 결국 병원은 컨설팅 업체의 손바닥 위에서 벗어날 수 없게 된다. 특히 '계약 종료 후 직원 관련 절차', '계약 종료 후 영업 권리의 범위', '데이터 사용권' 등은 반드시 명확하게 적시해야 한다. 그리고 무엇보다 중요한 것은, 병원의 모든 의사결정은 병원장이 최종 책임자라는 점을 잊지 않는 것이다. 컨설팅은 병원 운영의 조력자이지, 주인이 아니다. 그 경계가 무너지는 순간, 병원은 언제든지 낯선 사람의 사업장이 되어버릴 수 있다.

하이에나는 사냥하지 않는다. 상처 입고 쓰러진 동물의 고기 냄새를 맡고 몰려들 뿐이다. 그리고 먹이를 발견하면 무리 지어 그 사체를 뜯어먹는다. 일부 컨설팅 업체들의 행태는 이와 닮았다. 의사가 직접 만든 병원의 수익을 자신들의 것처럼 나누어 갖고, 때로는 병원을 수익 창출의 수단으로 삼아, 의사 위에 군림하려 한다. 이름은 '컨설팅'이고, 표정은 친절하지만, 속을 들여다보면 하이에나보다 더 조직적이고 영리한 착취자인 셈이다.

의사가 병원을 만들었다면, 병원의 주인도 의사여야 한다. 컨설팅은 수단이지, 목적이 되어서는 안 된다. 의사의 판단력과 철학이 중심을 잡지 못할 때, 그 병원은 하이에나 떼의 연회장이 될 가능성이 크다. 의사의 자리를 빼앗으려는 그들을, '컨설팅'이라는 말로 미화하지 말자. 그들은 사냥을 도운 동료가 아니라, 사냥 끝에 나타난 포식자일 수 있다.

365의원의 함정
개원지원금 뒤에 숨은 사기 설계도

365의원이라는 이름 아래, 주말과 야간을 포함한 무휴 진료를 표방하는 병원이 점점 늘어나고 있다. 처음부터 이 같은 컨셉을 기획하고 들어간 개원의라면, 체력과 전략이 맞아떨어지면 좋은 결과를 낼 수 있겠지만, 이 글의 핵심은 그것이 아니다. '365의원 컨설팅'이라는 이름으로 활동하는 집단이 기획한 병원 자리에, 의사의 주체적 판단 없이 들어가게 되는 구조가 문제의 핵심이다.

겉으로 보기엔 큰 규모의 병원을 '거의 공짜처럼' 얻게 되는 것 같지만, 이 구조는 사실상 시행사, 컨설팅, 그리고 브로커 의사가 합심해 만든 사기판이다. 시행사는 분양이 어려운 건물에 병·의원을 입점시키기 위해 '개원지원금'이라는 이름으로 거액의 돈을 풀고, 컨설팅은 ㄱ 돈을 끌어오기 위해 실제 개원할 의사가 아닌 내부 인력을 내세워 시행사와 가계약을 맺는다. 그 계약에는 "계약자는 개원하지 않아도 되고, 자신이 지정한 다른 의사가 개원할 수 있다"는 독소조항이 들어 있다.

이후 컨설팅은 지원금으로 인테리어를 대충 꾸미고, 남는 금액을 챙긴다. 그리고 그 자리에 '호구 의사'를 앉힌다. 진짜 신규 개원 의사에게는 '인테리어는 무료로 해줬고, 너는 보증금만 내고 들어오면 된다'고 설명한다. 그러나 실상은 다르다. 보증금은 시세보다 비싸게 책정되고, 월세 역시 평당 기준 상권 대비 고가다. 5년 장기계약의 족쇄와 원상복구 의무까지 고려하면, 퇴로는 사실상 막혀 있다.

이러한 구조에서 컨설팅은 선계약이 이뤄지면 돈을 받고 사라진다. 실제 개원과 운영에는 관심이 없다. 신규 원장은 진료실의 불을 혼자 켜고, 모든 리스크를 짊어진 채 버텨야 한다. 심지어 개원 초기부터 블로그, 홈페이지도 본인이 꾸미지 못한다. 이미 다 짜여진 판에 '그저 들어가는 사람'일 뿐이기 때문이다.

이 구조가 사기인 이유는 단 하나다. '정보의 비대칭'이다. 병원이 지어지고, 자리가 만들어지고, 계약이 이뤄지는 모든 과정에서 실제 들어올 의사는 뒤늦게 투입된다. 처음부터 전체 구조를 알고 있었더라면 결코 그 자리에 들어가지 않았을 사람을, 컨설팅은 마치 '거저 얻게 해주는 기회'로 포장해 끌어들인다.

신축 상가에, 쓸데없이 큰 병원 평수, 이상하게 비싼 보증금과 월세, 입지보다 과도한 설비, 그런데도 '365일 진료'라고 이미 정해져 있는 이상한 자리가 보인다면 의심해야 한다. 365의원이라는 타이틀, ○○부설의원이라는 이름으로 위장을 했을 뿐, 사실은 특정 세력이 건물 지원금을 탈취하기 위해 만들어놓은 판일 수 있다.

신규 개원의들은 이 글을 통해, 그들의 불타는 열정이 누군가의 사익을 위한 연료로 쓰이지 않도록 반드시 구조를 꿰뚫고, 계약서의 조항과 돈의 흐름을 꼼꼼히 따져보아야 한다. 이 구조가 얼마나 치밀하게 설계되었고, 어떻게 당신의 등 뒤에서 돈이 빠져나가는지를 이해하지 못한 채, 병원 문을 열지 않기를 바란다.

컨설팅 개원의 그림자
주물럭에 가려진 독립의 길

서울 변두리의 역세권에 자리 잡은 한 정형외과 원장. 개원 3년 차에 접어든 그는 말하자면 '중박' 정도 되는 의원을 운영하고 있다. 3월 기준 매출은 1억 3천만 원, 비용은 8천만 원 선. 겉보기에는 안정적인 운영으로 보이지만, 그 과정은 절대 평탄하지 않았다.

그는 개원 초기, '컨설팅 업체'를 통해 병원을 개원했다. 개원 직후 두 달간은 상황이 좋았다. 하루에 80명에서 100명 가까운 환자가 다녀갔고, 둘째 달에는 매출이 1억 5천만 원을 찍기도 했다. 그러나 이 모든 것은 '컨설팅 효과'가 아니라 '컨설팅 착시'였다.

3개월이 지나자 컨설팅 업체에서 파견한 물리치료사(일명 '주물럭 선수'들)가 빠져나갔고, 환자 수는 곤두박질쳤다. 치료의 질이 떨어지면서 진료실 분위기도 싸늘해졌다. 직원들은 환자에게 무성의해졌고, 이직률은 눈에 띄게 늘어났다. 문제는 직원 채용 역시 컨설팅을 통해 이루어진 탓에, '기숙사 제공 + 평균 이상의 급여'라는 과도한 조건이 기본이었다. 그런 조건이면 차라리 직접 채용하는 편이 나았다.

그런데도 가장 뼈아픈 것은 따로 있었다. 컨설팅에 지급되는 수수료 탓에 실제로 본인이 가져가는 수익은 봉직의 시절보다도 적었다는 점이다. 컨설팅 업체는 매출이 높은 병원에는 극진하게 대응했지만, '중박'에 머무는 의원에는 거의 연락조차 하지 않았다. 계약 이후 3개월부터는 사실상 컨설팅 측의 지원이 사라졌고, 이후로는 모든 문제를 스스로 감당해야 했다.

컨설팅 측은 진료 청구도 공격적으로 요구했다. 신경차단술 청구가 무조건 3.0이어야 한다며 압박했고, "지금은 코로나로 봐주고 있지만, 나중에 실사 온다"는 말에도 아랑곳하지 않았다. 1년 계약이 끝날 때까지 실질적인 도움은 거의 없었고, 오히려 과도한 청구로 인해 나중에 실사를 맞을 가능성까지 떠안아야 했다.

결국, 그는 6개월 이후부터 컨설팅을 끊고, 한 명 한 명 진료를 다시 시작했다. 직원 구성도 손봤다. 기숙사를 없애고, 대신 약간의 급여 인상을 통해 직원 만족도를 높였고, 채용 과정도 본인이 직접 관리하면서 이직률을 줄여나갔다. 그렇게 반년 가까이 고군분투한 끝에 현재의 환자 수와 매출 수준을 회복했다.

그의 결론은 명확했다. 서울 역세권에서의 개원에 컨설팅을 끼는 것은 '내 살을 깎아먹는 짓'이다. 지방처럼 주물럭 중심의 진료가 아직 경쟁력이 있고, 개원 수요가 포화되지 않은 지역에서는 컨설팅이 어느 정도 효과를 발휘할 수 있다. 하지만 서울, 특히 역세권 같은 경쟁이 치열한 지역에서는 컨설팅 없이도 일정 수준의 수익은 자연스럽게 발생하며, 컨설팅 비용까지 지급할 이유가 전혀 없다.

더구나 컨설팅 업체들이 요구하는 인건비와 시설 조건은 시장 평균을 뛰어넘는다. 처음에는 '잘되게 해 주겠다'며 지원하는 듯 보이지만, 실제로는 과도한 비용과 비현실적인 진료 청구를 부추기며 병원 경영의 근간을 흔든다. 그리고 병원이 중박 이상으로 성장하지 않으면, 컨설팅 업체는 발을 뺀다.

개원 이후의 모든 문제는 결국 원장의 몫이 된다.

이 경험을 털어놓은 그는 마지막으로 이렇게 적었다.

"그 돈으로 컨설팅을 쓰는 대신, 직원들 월급 몇 푼 더 주는 게 훨씬 낫다. 물리치료사 출신 컨설팅 업체에 발목 잡혀 고생하는 후배들이 더는 없었으면 좋겠다. 내 이 경험이 누군가의 선택을 바꾸는 데 도움이 되길 바란다."

이 글은 단순한 실패담이 아니다. 의사가 개원을 결정할 때, '도움을 받는다는 착각' 아래 어떤 구조가 작동하고 있는지를 보여주는 명백한 경고다.

벼랑 끝에서 내민 손, 그 손이 나를 잡아끌었다.

컨설팅 개설 사기에 빠진 한 의사의 고백

그는 한때 요양병원에서 일하던 봉직의였다. 평범한 일상이 어느 날 송두리째 무너졌다. 간호조무사가 L-tube를 기관지로 삽입한 뒤, 그 환자에게 그대로 음식을 제공했고, 결국 흡인성 폐렴으로 진행돼 종합병원으로 옮긴 환자는 4일 만에 패혈증으로 사망했다. 담당 의사였던 그는 과실치사와 의료법 위반 혐의로 피소되었고, 병원은 책임을 회피했다. 퇴직 후 그는 무직 상태로 남겨졌고, 병원은 그에게 아무것도 해주지 않았다.

그가 가진 전부는 10억 원의 빚과 한 달 600만 원에 달하는 이자뿐이었다. 그 누구도 그의 곁에 남지 않았고, 그는 밥조차 먹기 어려울 정도의 나락에 빠져 있었다.

그러던 어느 날, 제약사 직원의 소개로 한 자리가 들어왔다. 표면상 조건은 파격적이었다. 신도시 중심의 300평 건물에 인테리어까지 완비된 병원. 장비는 모두 대여, 인건비와 적자 보전까지 약속되었다. 개설만 맡아주면 월 4천만 원의 고정 수익, 게다가 개원 전 1억 5천만 원의 선불금까지. 병원 운영은 모두 그들이 알아서 해준다고 했다. 그저 의사는 개설만 해주고 진료만 하면 된다는 말이었다.

그의 말처럼, 그는 이미 하지 말라는 조언을 들을 처지가 아니었다. 빚은 계속 불어나고 있었고, 매일 같이 이자만 600만 원이 빠져나가고 있었다. 그의 유일한 자산은 의사 면허 한 장뿐이었다.

하지만 그는 알지 못했다. 아니, 어렴풋이 알고 있었지만 외면했다. 이 구조는 의사를 먹잇감으로 삼는 사무장 병원의 사기 모델에 가까웠다. 병원 개설을 명목으로 의사의 면허를 대여하고, 실제 운영과 수익은 건물주나 시행사, 혹은 컨설팅 업체가 가져가는 구조. 진료, 청구, 고용, 마케팅, 심지어 납품 계약까지도 의사 명의로 이루어진다. 처음에는 적자를 보전해주겠다며 계약서를 쥐여주지만, 어느 순간부터 병원 경영은 통제 불능이 되고, 의사는 이름만 걸린 꼭두각시가 된다.

그리고 문제가 터진다. 실손보험 환자 과잉 청구, 리베이트 납품, 허위 직원 등록, 진료일지 조작, 환자 유치 수당, 실적 압박. 그 모든 불법 구조의 중심에는 '의사 이름'이 있다. 심평원 실사, 건보공단 환수, 세무조사, 행정처분, 심지어 형사처벌까지 모두 그가 감당해야 한다.

그가 묻는다.

"나는 그냥 진료만 했을 뿐인데, 왜 나만 책임져야 하죠?"

그러나 법은 묻지 않는다. 개설자는 의사이고, 개설자가 실질적인 운영과 책임을 져야 한다는 것이 의료법의 원칙이기 때문이다.

그는 분명히 선불금 1억 5천만 원을 받았고, 월 4천만 원의 급여를 약속받았다. 하지만 그 돈은 결코 '수입'이 아니다. 그는 이미 그 금액만큼의 리스크를 떠안았다. 본인도 말했듯이, 인테리어, 장비, 인건비, 마케팅까지 모든 것이 타인의 손에 들어가 있던 구조. 병원이 망해도 그들은 손해를 보지 않는다. 환자가 없어도 허위 청구를 통해 그들에게는 이득이 남는다.

남은 건 무엇인가? 그 의사의 빚은, 병원이 실패할수록 늘어날 수밖에 없는 구조였다. 법적 소송으로 인한 패소, 심평원의 환수 통보, 세무당국의 과세, 직원 고용 관련 체불임금과 소송, 그리고 면허 정지 혹은 취소. 그 모든 것이 '절박함에 눈을 감은 대가'로 돌아온다.

그 절박한 심정은 이해된다. 하지만 아무리 급해도, 그 길 끝에 무엇이 있는지는 알아야 한다. 기획 개설, 컨설팅 계약, 운영 대행, 고정 수입 보장, 장비 무상 대여. 이 모든 말들이 달콤하게 들린다면, 그만큼 경계심을 가져야 한다.

왜 그들은 당신에게 병원을 '열어달라'고 부탁하는가? 왜 굳이 1억 5천만 원까지 미리 주며, 4천만 원을 매달 보장해주겠다고 하는가? 답은 하나다. 그들은 병원이 아니라, 당신의 면허를 원한다. 그리고 그 대가로 당신에게 남는 것은, 면허와 함께 사라질 인생 전부일 수 있다.

이 사례와 유사한 구조로 개설된 병원들 가운데, 진료 청구 조작, 과잉 진료, 불법 리베이트 등으로 환수 및 실형 선고를 받은 사례가 적지 않다. 특히 요양병원이나 도수치료 기반 의원, 뷰티·쁘띠·산후케어 등 비급여 혼합 병원에서 이런 문제가 빈번하게 발생한다. 몇몇 원장은 최대 60억 원까지 환수당한 뒤 자살하거나 파산한 사례도 있다.

반짝 스타트, 빠른 추락
통증의학과 컨설팅 개원의 몰락 보고서

한 통증의학과 의원이 컨설팅 회사를 통해 개원하면서 겪은 몰락의 전형적인 과정을 되짚어보면, 지금도 수많은 병원이 같은 길을 걷고 있다는 사실을 쉽게 알 수 있다.

개원 초기, 컨설팅 회사는 '주물럭'이라 불리는 방식으로 물리치료 환자를 대량으로 유입시켜 초반 매출과 방문자 수를 폭발적으로 끌어올린다. 개원한 지 얼마 되지 않아 재진비는 과감히 포기하고 진료 없이 PT부터 보내기 시작한다. 진료 과정은 생략되고, 환자는 대기실을 거쳐 바로 치료실로 향한다.

그 과정에서 원장의 전공과 실제 경력은 철저히 상업적으로 편집된다. 지방대 출신임은 숨기고, 잠깐 몸담았던 대학병원의 펠로우 이력을 '교수 출신'처럼 부풀려 소개한다. 전공과 다른 과목(예: 정형외과)을 진료과목으로 앞세우고, 병원명에도 본인의 실제 전문과는 빠진다.

컨설팅이 제안하는 구조에 따라 빠르게 부원장을 충원하고, 직원 수는 눈덩이처럼 불어난다. 3~6개월 사이 3명 이상의 원장을 갖춘 '성공한 병원' 이미지가 구축되지만, 진짜 문제는 그 시점부터 서서히 드러나기 시작한다.

원장은 실질적인 술기나 진료 실력 없이 '블로커' 중심 진료를 몇 달 경험한 게 전부이고, 부원장들은 실력 없는 원장을 보고 배워 더더욱 퍼포먼스가 떨어진다. 치료 매력도도 낮고, 삭감도 빈번하게 발생한다. 환자들의 충성도는 낮고, 초기에 PT로 유입된 환자들도 재진비를 내지 않고 곧장 치료실로 향하니, 실제 수익 구조는 불안정하기만 하다.

상황이 악화하면 부원장들이 떠나고, 그 빈자리를 다시 충원하는 악순환이 반복된다. 직원은 20명에 가까워졌고, 주5일 근무에 인건비는 높아졌지만, 생산성은 오히려 낮아졌다. 고정 지출은 계속 늘어나고 있지만, 원장이 가져가는 돈은 거의 없다.

그때쯤이면 컨설팅 회사는 "365로 전환하라"고 권유한다. 일요일까지 진료를 하면 매출은 늘고, 그에 따라 컨설팅 회사가 챙기는 수수료도 증가하기 때문이다. 이들은 대부분 계약 체결 후 12개월까지 매출 대비 수수료를 받는 구조로 되어 있어, 그 기간 안에 최대한 수익을 뽑아내려 한다.

문제는 원장의 건강, 순수익, 노동 강도엔 전혀 관심이 없다는 것이다. 진짜 컨설팅이라면 총매출만이 아닌 지출 관리와 인원 최적화, 수익 구조의 건전성을 함께 조언해야 하지만, 실상 그들은 매출만 올리면 되는 구조 속에서 '365'라는 해법을 기계적으로 밀어붙인다.

사실 이런 구조는 실력 없는 원장이 컨설팅 회사의 말만 듣고 병원 운영을 맡긴 결과이며, 본인의 진료 능력과 병원의 현실에 대한 냉철한 분석이 모자란 상태에서 시작된 파국이다. 실력과 통찰이 있다면 컨설팅이 있어도 흔들리지 않고 병원을 키울 수 있지만, 그렇지 않은 경우라면 병원은 결국 자신도 모르는 사이에 수렁으로 빠져든다.

'컨설팅 병원'이라는 이름 아래, 반짝 성공 후 급격한 추락을 겪는 병원이 늘고 있다. 개원 준비 중이거나 이미 이 굴레에 빠진 이들은, 지금이라도 컨설팅의 달콤한 조언이 아닌 현실의 수치와 구조를 직시해야 한다. 컨설팅은 수익을 올려주는 손이 아니라, 때론 고정비를 증가시키는 족쇄가 될 수 있다.

06

개업을 노리는 하이에나들
(인테리어)

개업을 노리는 하이에나들

인테리어

병원을 개업한다는 것은, 곧 공간을 창조하는 일이다. 진료의 현장이
되고, 환자와 마주할 무대가 되며, 자신의 철학이 구현될 첫 번째 물리
적 표현이 된다. 그래서 개업을 준비하는 의사에게 인테리어는 단순한
미적인 작업이 아니다. 의료공간이 지닌 특수성과 효율, 감성, 이미지,
기능이 하나로 결합한 결정체이자, 개업 전 과정 중 가장 비용이 많이
들고도 민감한 단계다.

바로 이 지점에서, 하이에나들은 모습을 드러낸다. 그들은 도면과 견적서를 무기 삼고, 자재와 공정표 뒤에 숨어서, 의사의 정보 부족과 시간 부족을 기회로 삼는다. 그리고 결국, 의사가 진료를 시작하기도 전에 그의 돈과 신뢰, 그리고 개업의 자신감을 한입씩 뜯어먹는다.

의사는 진료실을 열기도 전에, 병원이 무너지기 시작하는 경험을 한다. 벽이 세워지기도 전에 신뢰가 무너지고, 바닥이 마감되기도 전에 자금이 고갈된다. 인테리어는 공간을 완성하는 일이 아니라, 의사의 개업 여정을 시험하는 첫 번째 덫이다.

하이에나는 도면 위에서 움직이고, 견적서 속에서 이빨을 드러낸다. 계약금은 그들의 먹잇감이고, 일정 지연은 흉기로 변한다. 하이에나는 도와주는 자의 얼굴을 하고 다가와, 결국 아무것도 책임지지 않고 사라진다.

가. '병원 전문'을 사칭하는 인테리어 하이에나들

의료기관 인테리어는 일반 상가나 사무실과는 차원이 다르다. 단가 자체가 훨씬 높게 형성되어 있다. 이유는 명확하다. 병원이라는 공간은 단순한 '보기 좋은 공간'이 아니라, 실질적인 '진료의 현장'이기 때문이다.

진료실과 처치실의 동선 설계는 환자의 흐름뿐 아니라 의료진의 동선 효율성까지 고려되어야 하고, 의료장비가 놓일 공간의 바닥은 일반 상가보다 훨씬 높은 하중을 견딜 수 있어야 한다. 초음파기기나 C-arm처럼 민감한 전자장비를 위한 전기용량 계산도 필수다. 배관과 환기 시스템은 단순한 편의가 아니라, 감염 관리의 일환이며, 폐쇄된 공간에서 발생할 수 있는 공기 순환 문제까지 염두에 두어야 한다. 마감재는 내구성과 위생이 동시에 요구되며, 대기 공간의 조도, 조명 각도, 의자 간격 등은 환자의 심리적 안정과 직결된다. 한 마디로, '예쁘게만' 꾸미면 안 되는 공간이 병원이다.

이런 특수성은 곧바로 고가 견적과 전문 인력 투입이라는 논리로 이어진다. 문제는, 이 틈을 파고드는 하이에나들이다. 스스로를 '병·의원 전문 인테리어'라고 포장하고 등장하지만, 정작 실제로는 병원 공사를 한두 번 해본 것이 전부이거나, 아예 일반 상가 공사만 해오다 갑자기 병원으로 눈을 돌린 예도 있다.

"병원만 50곳 넘게 해봤습니다", "치과는 무조건 이렇게 시공해야 합니다" 같은 말은 거의 클리셰처럼 반복된다. 실제 경력 여부를 증명할 수 있는 서류나 현장 자료는 없고, 과거 시공 사진 몇 장을 '레퍼런스'라고 들고 온다. 심지어 그 사진들조차 자신들이 참여한 공사가 아닌 일도 있다.

의사는 의료공간에 대해서는 누구보다 민감하지만, 구조공학이나 설비, 시공 자재에 대한 전문 지식은 부족한 경우가 많다. 인테리어 업자의 그럴듯한 말은 진짜처럼 들린다. 예산은 올라가고, 공사는 지연되며, 막상 완공 후에는 환기나 배수, 전기적 문제로 골머리를 앓게 되는 일도 흔하다.

병원 인테리어는 공간 미학이 아니라 진료의 연장이다. 그 특수성을 이용해 전문가인 척 접근하는 인테리어 업체를 만났다면, 그들의 말이 아니라, 그들의 '이전 결과물'과 '현장에 남긴 흔적'을 직접 검증하는 수밖에 없다. '병원 인테리어 전문'이라는 말에는 언제나 검증이 필요하다.

나. 계약금만 받고 사라지는 자, 혹은 공정 40%에서 도망치는 자

인테리어 사기의 가장 흔한 형태는 이른바 '먹튀'다. 계약금 또는 중도금을 받은 뒤 연락을 끊거나, 공사를 의도적으로 미루다 최종적으로 사라지는 방식이다. 전주에서 개업을 준비하던 한 의사는 총공사비의 60%에 해당하는 금액을 선금으로 지불했다. 업자는 철거까지 마친 뒤 돌연 잠적했고, 경찰 수사로도 소재를 찾지 못했다. 다른 병원도 같은 업체에 당했고, 피해자는 5명을 넘었다.

김포의 한 사례에서는 "시공비를 싸게 해주겠다"는 말에 계약을 체결했지만, 공사가 절반쯤 진행되었을 무렵 "자재비, 인건비가 부족하다"는 구실로 추가 입금을 요구했다. 결국, 2,000만 원을 더 송금했지만, 그 이후 공사가 중단되었고 업자는 또 사라졌다. 피해자는 개원을 두 달 이상 늦췄고, 손해는 직·간접적으로 4,000만 원이 넘었다.

이들이 사라지는 시점은 대체로 비슷하다. 계약 후 철거까지만 마치고, 혹은 전체 공정의 30~50% 정도가 진행된 후이다. 이유는 간단하다. 이 시점이면 법적으로 '일부 시공을 했다'는 사실이 남기 때문에, 사기죄 입증이 어려워진다. 형사적 책임을 피할 수 있고, 민사소송으로 넘어가더라도 피해 보상은 쉽지 않다.

다. 추가금이라는 이름의 인질극

단순히 사라지는 것만이 문제가 아니다. 더 고약한 방식은 **공사를 인질로 삼는 방식**이다. "설계가 변경되어 자재비가 더 들어간다", "급하게 자재를 공수해야 하는데 대금이 필요하다", "협력업체가 돈을 요구한다"는 식의 말로 공정 중간에 추가금을 요구한다.

개업일이 다가오고, 이미 장비는 구입했고, 직원 채용까지 마쳐둔 상황에서 의사는 "일단 개원부터 해야 한다"는 절박함에 못 이겨 요구를 수용하게 된다. 그러나 그 돈을 받은 직후 업자는 다시 연락을 끊는다. 그때는 이미 공정이 80% 가까이 진행되었고, 다른 업체에 맡기기도 모호한 상황이다. 결국, 피해자는 원래 공사비 외에 수천만 원의 손해를 감수하게 된다.

의사의 시간 부족과 일정 압박은 하이에나들에게 최고의 무기다. "지금 안 주시면 개원 일정 못 맞춥니다"라는 말은 그들이 의사를 흔드는 가장 흔하면서도 효과적인 협박이다.

인테리어 공사 중 터진 '천만 원' 추가금 요구 사태

개원을 준비 중이던 A원장은 여러 인테리어 업체와 미팅을 진행한 끝에, 디자인과 가격이 마음에 든다는 이유로 한 중소업체와 계약을 체결했다. 계약 시기는 1월 중순, 공사는 그로부터 약 열흘 뒤에 시작되었다.

공사 초기부터 문제가 있었다. 실측 과정에서 기둥의 위치를 잘못 파악한 업체는 도면을 급하게 수정해야 했고, 이로 인해 공사가 지연되었다. A원장은 초반부터 신뢰에 금이 가는 상황이었지만, 큰 문제 없이 넘어가기를 바랐다.

그러던 중, 전기공사에 들어가던 시점에 업체 측은 갑자기 약 1,000만 원의 추가 비용을 요구했다. 이유는 '자재 변경'이었다. 2022년 1월 1일부터 건축법이 개정되어 천장과 벽면 배선에 난연 CD관(플라스틱)을 사용할 수 없고, 반드시 금속관만 사용해야 한다는 것이다. 문제는 이 개정 사실이 공사 시작 전 이미 알려진 내용이었고, 일부 전기업체나 시공사들에는 문자로 공식 고지도 이루어진 상황이었다. 하지만 해당 인테리어 업체는 이를 전혀 반영하지 않은 채 계약을 체결했고, 공사 진행 중 뒤늦게 법규를 인지하고 그 부담을 전적으로 병원 측에 전가한 것이다.

A원장은 이 요구를 받아들일 수 없다고 판단했다. 공사 시작도 전에 있었던 법 개정이며, 해당 내용은 이미 업체 측에도 고지된 사안이었기 때문이다. 더군다나 계약 당시 사용 자재에 대한 구체적인 명세나 시방서가 명확히 포함되어 있지 않았던 점도, 상황을 더욱 불투명하게 만들었다.

게시판에 자신의 상황을 공유한 A원장은 "100~200만 원 정도면 수용할 수 있겠지만, 1,000만 원은 선을 넘은 요구"라고 토로했다. 이에 대해 여러 동료 개원의들의 반응은 엇갈렸다. 어떤 이들은 "지금 싸우면 개원 자체가 물 건너간다"며 합의를 권유했고, 또 다른 이들은 "명백한 업체 과실이니 맞서 싸워야 한다"고 응원했다. 일부는 "싸워봤자 개업은 지연되고 손해는 고스란히 원장의 몫이 된다", "그렇게라도 돈을 더 받아내려는 인테리어 업계의 고질적인 수법"이라며 씁쓸한 현실을 지적하기도 했다.

실제로 인테리어 업계에서는 계약 체결 후 공사 중간에 각종 법령, 자재, 조건 등을 이유로 추가 비용을 요구하는 일이 빈번하다. 특히 개원 직전의 긴박한 상황을 이용해 "안 주면 공사 못 한다", "지금 중단되면 개업 날짜 못 맞춘다"는 식으로 압박하는 예도 많다. 이런 문제는 분쟁으로 이어지더라도 법적 책임을 입증하기 어렵고, 실제로 손해배상을 받아내는 일도 드물다. 분쟁으로 개업이 늦어지면 한 달마다 실질적으로 몇천만 원 손해를 보는 셈이 되며, 결국 개업을 앞둔 병원장이 '울며 겨자 먹기'로 타협하는 일이 반복된다.

공사 끝나고 6개월 뒤 날아온 추가금 청구서

A원장은 개원을 위해 인테리어 공사를 진행했다. 계약 당시 업체와 총 공사비를 확정했고, 공사 도중 일부 변경사항이나 추가 시공이 있다는 이야기는 들었지만, 정확한 금액 산정이나 항목별 설명은 받지 못했다. 어떤 견적서나 영수증, 확인서도 오가지 않았다.

공사가 마무리되고 잔금을 지불한 후, 병원은 문제없이 개원했고, A/S도 모두 마무리되었다. 그런데 공사 완료 후 무려 6개월이 지난 어느 날, 업체로부터 연락이 왔다. 중간에 추가 공사가 많았으니 공사비의 약 10%에 해당하는 금액을 더 지급하라는 요구였다. 업체 측 설명은 황당했다. "당시에 돈 얘기 꺼내면 원장이 스트레스받을까 봐, A/S 다 끝난 다음에 청구하려고 일부러 미뤘다"는 것이다.

추가 비용의 내용을 살펴보니, 초기에 요청했던 작업도 "견적서에 없었다"며 새로 청구되어 있었다. 견적서를 보며 전기공사 항목을 제대로 이해하지 못한 원장에게 "못 알아본 건 본인 책임"이라는 식의 말도 덧붙였다. 심지어 원장의 요청이 아닌 사정상 야간 공사를 진행한 후에는 '야간 작업비'를 별도로 청구했고, 석고보드 추가 시공에 대해선 하루 일한 노무비로 220만 원을 청구하기도 했다. A원장이 온라인을 통해 자재 원가를 확인해 보니, 실제 원가는 70만 원 수준이었다.

결국, A원장은 이 비용이 정당한지, 지급해야 하는지에 대해 혼란에 빠졌다. 사전에 아무런 설명이나 동의도 없이 시공이 이루어졌고, 반년이 지난 시점에서 뒤늦게 '추가금 청구'라는 방식으로 접근한 것은 도저히 이해하기 어려운 상황이었다.

이 사례는 인테리어 업계에서 간혹 발생하는 '사후 청구' 문제를 보여준다. 병원 측이 공사에 대한 전문지식이 부족하다는 점을 악용해, 중간에 비용 산정을 생략하고 일단 시공을 한 뒤, 사후에 '한 일 많았다'는 명분으로 일괄 청구하는 수법이다. 원장 대부분은 그냥 비용을 감수하고 마무리하자고 생각하지만, 이런 선례가 반복되면 병원은 '호구'로 인식되어 다음 개원자에게도 같은 일이 반복된다.

라. 말뿐인 '전문가', 허위 견적과 자재 빼돌리기

하이에나들의 사기는 단순한 이탈에만 머물지 않는다. 시공 과정에서 자재를 빼돌리거나, 공정을 일부 생략하는 방식으로 내부 이익을 극대화하는 형태도 흔하다. 실내건축공사업 면허가 없는 무면허 업자들이 사업자등록증만 제시한 채 병원 인테리어를 수주하고, 외부의 알바 시공팀을 써서 낮은 품질의 자재로 마감을 해버리는 예도 있다.

도면에 없는 구조물을 만들고, 계약서에 명시되지 않은 공정을 강제로 시행한 뒤, "추가로 한 거니 추가금 내셔야죠"라는 말을 던지기도 한다. 반대로, 계약서에는 고급 마감재를 쓰기로 되어 있었지만 실제로는 싸구려를 쓰고, 그것을 들키기 어렵게 공사 후 밀봉해버리는 예도 있다.

심지어 공사 종료 후 A/S 요청을 무시하거나, 하자 보수 요구에 "그건 원래 이런 겁니다"라고 응수하면서 시간 끌기 전술을 쓰는 경우도 흔하다. 병원이 문을 연 이후에도, 그 공간은 하이에나의 흔적과 함께 남는다.

마. 면허 없는 시공, 이름 바꾼 업체, '유령 회사'

의사들이 잘 알지 못하는 구조 중 하나는 인테리어 업체의 면허제도다. 병원 인테리어는 단순한 '집 꾸미기'가 아니다. 일정 기준 이상의 시공이 이뤄지는 경우, 실내건축공사업 면허가 반드시 있어야 한다. 그런데 많은 업체가 이 면허 없이 영업하거나, 다른 회사 명의를 빌려 영업하는 유령 업체로 활동한다.

이들은 정식 사무실도 없고, 상호도 2~3년에 한 번씩 바꾼다. 온라인 검색 기록이 사라지기 전에 다시 새 간판을 내건다. 병원 인테리어만 한다는 말은 과장이고, 대부분 일반 상가, 식당, 가정집을 주로 해오다 병원이 돈이 된다는 이유로 뛰어든 비전문 업체다. 이런 업체에 맡겼다가, 나중에 법적 분쟁이 생기면 "해당 업체는 폐업했습니다", "대표가 연락두절입니다"라는 말만 듣게 된다.

바. 계약은 구멍이고, 책임은 없다.

인테리어 분쟁의 90% 이상은 불완전한 계약서에서 시작된다. 항목이 빠져 있거나, 공사 기간이 명확히 명시되지 않았거나, 하자 보수 조항이 모호한 경우가 태반이다. 견적서와 계약서가 따로 작성되기도 하고, 도면과 실측이 일치하지 않아 나중에 "이건 원래 포함 안 된 항목입니다"라는 주장을 듣는 일도 있다.

업자들은 계약서를 쓰기 전에 대화를 녹취하거나 문서로 남기지 않는다는 점을 이용한다. 모든 약속은 말로만 진행되고, 문제 발생 시 "그건 합의 안 된 내용"이라는 식으로 발을 빼버린다. 그리고 의사는 계약서를 제대로 보지 못한 책임을 고스란히 떠안는다.

하이에나를 피하는 유일한 방법은 계약 이전의 철저한 검증과 계약 이후의 꼼꼼한 기록이다. 반드시 직접 업체 사무실을 방문하고, 면허증과 시공사례를 확인해야 하며, 가능한 한 3개 이상의 업체와 견적 비교를 거쳐야 한다.

계약서에는 공사 기간, 중도금 지급 시기, A/S 보증 기간, 지체시 보상금, 하자보수 기준 등을 명확히 넣어야 하며, 가능하다면 국토교통부 표준계약서 양식을 활용하는 것이 안전하다. 모든 상담은 녹취하고, 공정마다 사진을 남기고, 의심이 들면 계약을 미루는 용기를 가져야 한다.

사. 비싸게 받고, 뒤는 없다.
인테리어 하이에나의 두 얼굴

병원 인테리어는 기본적으로 고가다. 단위 면적당 시공 비용이 일반 상가보다 훨씬 비싸며, 인테리어 업자들도 이를 너무나 잘 알고 있다. "병원 인테리어는 평당 200~300만 원이 기본입니다", "병원은 자재도 고급이 들어가야 합니다", "특성상 마감이 더 정교해야 하죠"라는 말은 마치 공식처럼 반복된다. 그럴듯한 명분과 근거로 포장된 이 말들은, 사실상 비싼 견적을 정당화하는 논리이자, 하이에나들의 첫 포획 기술이다.

의사로서도 '진료실은 곧 브랜드'라는 인식이 강하다. 그래서 초기 개원비용 중 인테리어에 상당한 비중을 할애하는 일이 흔하다. 문제는, 이 고액의 비용이 반드시 품질과 직결되지 않는다는 점이다. 실제로 시공이 끝나고 나면 벽 안에 어떤 자재가 들어갔는지, 구조가 설계대로 이루어졌는지는 확인하기 어렵다.

하이에나들은 바로 이 점을 노린다. 공사 전에는 "디테일이 들어가니 설계비가 추가됩니다", "특수 마감재를 써야 합니다"라며 항목을 복잡하게 나열하고, 총 견적을 자연스럽게 끌어 올린다. 하지만 시공이 시작되면, 견적서에 있던 자재는 '비슷한 대체품'으로 바뀌고, 마감은 '업계 평균' 수준으로 낮아진다. 결국, 병원은 고급 인테리어 비용을 냈지만, 내부 구조는 저가 공사와 다름없는 결과로 끝나게 된다.

더 심각한 문제는 공사가 끝난 직후부터 시작된다. 병원을 막 개원한 의사들이 가장 많이 겪는 일 중 하나가, 하자에 대한 A/S를 제대로 받지 못하는 것이다. 천장에서 물이 새거나, 진료실 문이 휘어 닫히지 않고, 조명이 깜빡이거나 전기 누전이 발생해도, 시공업체는 한결같은 말로 책임을 회피한다. "원장님이 쓰시는 방식 때문입니다", "보증 기간은 이미 지났습니다", "지금은 다른 현장 때문에 당장은 어렵습니다."

결국, A/S는 '안 해주기 위한 시간 끌기'가 되고, 연락을 반복하다 보면 어느 순간 전화는 꺼져 있고, 업체는 폐업 상태로 바뀌어 있다. 그 흔하던 친절한 말투와 '끝까지 책임지겠다'던 약속은 흔적도 없이 사라진다. 이름을 검색해보면 업체는 이미 상호를 바꿨고, 동일 대표자가 새로운 법인으로 다시 영업 중이다.

이처럼 병원 인테리어는 가장 큰돈이 들어가는 항목임에도, 가장 적은 보증과 가장 약한 책임 구조로 되어 있다. 비싼 돈을 지급했지만, 막상 문제가 생기면 돌아오는 건 "모른다", "그건 원래 그런 거다", "이미 끝났다"는 말뿐이다. 인테리어 계약서에 A/S 조항을 명확히 넣지 않으면, 법적으로도 책임을 물을 수 없고, 실질적인 구제는 거의 불가능하다.

결국, 병원 인테리어에서 의사는 두 번 당한다. 한 번은 비싼 견적을 받아들일 때, 또 한 번은 하자가 생겼을 때 외면당하면서. 하이에나들

은 처음엔 '디자이너'였고, 공사 중엔 '감독자'였고, 끝나고 나면 '유령'
이 된다.

"공사 전엔 말이 많고, 공사 후엔 말이 없다." 이것이 인테리어 하이에나들의 두 얼굴이다. 고가 견적에 대한 자신감은 넘치지만, 사후 서비스에 대한 책임감은 찾아보기 힘들다. 이들의 진짜 기술은 시공이 아니라, 의사의 믿음을 고가로 사고, 책임은 헐값에 버리는 기술이다. 그리고 그 기술의 대가는 언제나 의사가 치르게 된다.

아. 장애인 편의시설 규정에 발목 잡힌 개원

의원 개설은 단순히 진료실과 대기실을 꾸미는 수준에서 끝나지 않는다. 특히 최근 몇 년 사이, 법령이 바뀌면서 건축 인허가 단계에서부터 의사를 옥죄는 숨은 장애물들이 급격히 늘어났다. 그중 대표적인 것이 바로 '장애인 편의시설 설치 의무'다.

2022년 5월부터, 의원·치과의원·한의원 등 모든 의료기관이 신규 개설 시 장애인·노인·임산부 등의 편의를 위한 시설을 반드시 설치해야 하도록 법이 강화되었다. 기준은 단순하다. 의료기관이 사용하는 면적이 100㎡(약 30평)를 넘으면 편의시설을 설치해야 하고, 500㎡ 이상이면 주차장·점자블록·경사로 등 추가적인 항목들까지 갖춰야 한다.

관련 절차는 아래와 같다.
- ✔ 건축허가 사용승인 신청서 접수 → 장애인복지과 협의 → 수정도면 접수 및 현장 확인 (설계자, 담당공무원, 센터요원 협의) →

121

장애인 편의시설 설치 최종 확인 → 건축허가 사용승인

문제는 이 간단한 절차가 현실에서는 간단하지 않다는 점이다. 커뮤니티에 올라온 실제 사례 하나를 보자. 한 의사가 미장원으로 쓰이던 건물을 매입해 인테리어를 70% 이상 진행한 상태에서 개원을 준비하고 있었다. 해당 위치는 제2종 근린생활시설이라 의원을 개설하기 위해선 '제1종 근린생활시설 의원'으로 용도변경이 필요했다. 장비 계약까지 완료된 상태였지만, 구청에 용도변경 신고를 하자 느닷없이 '장애인 ○○○○지원센터'라는 단체 소속 과장이 연락을 해왔다. 용도변경을 하려면 장애인 편의시설을 모두 설치해야 하며, 그렇지 않으면 변경 허가가 나지 않는다는 통보였다.

문제는 이 기준을 충족하기가 사실상 불가능하다는 것이다. 기존 건물 구조상 화장실을 뜯어내고 장애인용으로 재시공하기도 어렵고, 건물 진입부 경사도 역시 다시 공사해야 했다. 심지어 주차장 선을 새로 긋는 일조차 추가 비용과 설계 변경을 요구했다. 이 모든 걸 합치면 최소 수천만 원에서 많게는 억 단위의 추가 지출이 불가피한 상황이었다. 손잡이 위치 하나하나 수정을 요구했고, 의원 내 존재하는 모든 문이 다 기준에 맞아야 한다고 지적했다.

더 억울한 건 그 건물에 이미 4개의 의원이 입점해 있다는 점이었다. 그중 하나는 개설한 지 3년도 채 안 되었는데, 아무런 편의시설도 갖추고 있지 않았다. 왜 나는 해야 하고, 그들은 안 했느냐는 질문에 대한 답은 명확하다. 법이 바뀌었기 때문이다. 2022년 이전 개설된 의원은 '기득권'이고, 그 이후 신규 개설자는 바뀐 규정을 무조건 따라야 한다. 이 법적 간극이 신규 개원자를 가장 불리한 위치에 세운다.

그리고 이 틈을 파고드는 자들이 있다. '장애인〇〇〇〇지원센터' 또는 '장애인협회' 관계자들이다. 그들은 "우리 실측이 있어야 허가가 된다", "컨설팅을 받아야 문제가 안 생긴다"는 식으로 말을 돌려 가며 개원자를 압박한다. 원칙적으로는 명확한 행정 권한도 없고, 실제로 인허가 과정에 개입할 수도 없지만, 행정관청에서 건축허가 사용승인 때 장애인협회의 승인을 참고하면서 문제가 생겼다. 장애인협회의 심사를 통과하지 않고 용도변경이 이루어질 경우, 장애인협회의 무한한 민원 신고에 담당 공무원이 시달릴 수 있기 때문이다. 장애인 편의시설 규정은 용도변경 과정에서 필수적인 절차로 자리매김했기 때문에, 장애인협회에서 허락해 주지 않으면 수개월, 수년 이상 개업이 미뤄질 수도 있다.

그리고 그 끝엔 뻔한 절차가 있다. 수백만 원에서 수천만 원에 이르는 '컨설팅 비용' 요구다.

이건 법이 만든 구멍이다. 그 구멍 속에서 개원 예정 의사는 '법대로 하려면 망하고, 편법을 쓰자니 불안한' 기묘한 갈림길에 서게 된다. 여기에 덤으로, 부동산 중개업자나 인테리어 업체는 아무 책임도 지지 않는다. 또 건축사는 "이 기준은 구청 해석에 따라 다르다"며 회피한다. 보건소는 "건축과에 물어보라"고 하고, 건축과는 "편의시설 기준은 복지부 고시 따르라"고 넘긴다. 결국, 누구도 책임지지 않는 구조 속에서, 의사만 비용과 시간의 지옥에 빠진다.

이들은 허가 과정에 전혀 관여할 자격이 없다. 장애인 편의시설 설치 여부를 검토하고 판단하는 주체는 딱 두 곳이다. 첫째, 지자체 건축과. 둘째, 보건소 개설허가 담당자. 이 외에 그 어떤 단체나 협회도 설계도면을 평가하거나, 인증서를 발급하거나, 현장 실측을 요구할 권한이 없다.

그들의 말에는 법적 근거가 없다. 그냥 사설 컨설팅 업체일 뿐이다. 물론 이들이 민원을 제기할 수는 있다. "해당 건물이 장애인 접근에 불편하다"는 식의 민원은 누구든 낼 수 있다. 하지만 그 민원조차 법 기준에 맞게 설치되었다면 아무런 효력이 없다. 문제는, 개업을 앞둔 입장에서 이들이 민원을 예고하거나 허가 지연을 암시하면 괜히 불안해지고, 결국 돈으로 입을 막는 쪽으로 기울게 된다는 점이다.

이건 마치 이삿짐 나르기 직전에 동네 조폭이 와서 "우리 허락 없인 못 들어온다"고 말하는 것과 같다. 개원 과정에서 만날 수 있는 하이에나 중 제일 악독하다. 실제로 이런 협회가 버젓이 명함을 돌리고 건축

주나 인테리어 업자와 한 팀처럼 움직이는 경우도 많다.

이 와중 어떤 댓글은 현실을 가장 정확히 요약했다. "너는 그 자리를 의원으로 바꾸는 과정에서, 눈탱이 맞는 유일한 1명이다." 법이 바뀌고 나서 가장 먼저 용도변경 해야 하는 자에게 모든 기준이 적용되기 때문이다. 그걸 노리고 있는 하이에나들은 늘 대기 중이다.

호구가 되지 않으려면, 개원 전에 반드시 확인해야 한다.

✔ 건물의 용도 (근린생활시설 1종 의원 여부)

✔ 전체 의료기관 면적 합계

✔ 장애인 편의시설 기준 해당 여부

✔ 공용시설일 경우 설치 책임 주체 (임대인인지, 입주자인지)

이런 사태를 예방하기 위해서는 "소방법규, 장애인법규, 기타 법규, 행정적인 이유로 의원 개설신고 및 용도변경이 불가능할 경우 서로 위약 없이 임대차 계약을 즉시 해지한다"는 문구나 "용도변경 절차 및 비용은 임대인이 지불한다"는 내용을 임대차 계약서에 추가하여야 한다. 또, 인테리어 업체와 계약 시에도 장애인 편의시설 규정을 준수하여 공사하겠다는 내용과 이로 인한 문제가 생길 시 모든 구조 변경 비용 및 개업 지연에 의한 손해 금액을 인테리어 업체에서 낸다는 내용이 포함되어야 할 것이다.

만약 이와 같은 대응이 어렵다면 용도변경이 완료된 자리만 들어가거나, 양도양수로 기존 의원을 인수하는 게 차라리 낫다. 이미 늦었다면? 남은 선택지는 하나다. 돈으로 밀어붙이고 개원하거나, 돈을 버리고 물러나는 것. 이건 그냥 행정절차가 아니다. 법이 허술한 구조 위에 짓는 병원이라면, 개원의가 제물이 되는 건 시간문제다.

가장 악독한 하이에나는 세금도 안 내고, 책임도 지지 않는다. 그들은 그냥 웃으며 전화만 건다.

"실측하러 나가겠습니다."

07

하이에나의 입을 막는 법

하이에나의 입을 막는 법

인테리어 사기 예방을 위한 현실적 전략

　인테리어 공사는 개원 준비 과정 중 가장 큰돈이 들고, 가장 많은 분쟁이 발생하는 단계다. 특히 의료기관 인테리어는 비용이 많이 들고 공정도 복잡하므로, 하이에나들이 침입하기 쉽다. 이들은 대개 초반에는 저자세로 "최선을 다하겠다"고 말하지만, 공정이 어느 정도 진행되면 갖은 핑계를 대며 추가 비용을 요구하고, 일이 마무리되면 A/S를 회피하거나 연락을 끊는 수법을 반복한다. 결국, 돈도 잃고 시간도 잃으며, 개원 일정과 신뢰까지 무너지게 된다.

　이런 하이에나들에게 당하지 않기 위해서는 공사를 시작하기 전부터 모든 가능성을 차단해야 한다. 다음은 실제 피해 사례를 분석해 정리한 현실적인 인테리어 사기 예방 전략이다.

가. 실내건축공사업 등록 여부가 중요한 이유

　병원 인테리어 공사를 맡길 때 가장 먼저 확인해야 할 것이 있다면, 그것은 '실내건축공사업 등록 면허'를 보유한 정식 업체인가다. 깔끔한 디자인, 저렴한 견적, 수십 건의 시공 경험보다 더 앞서 확인해야 할 기본 조건이 바로 이 '공사업 면허'다. 겉보기에는 비슷한 인테리어 업자처럼 보여도, 실내건축공사업 등록 여부는 시공 품질뿐 아니라 법적 보호, 보험 적용, 하자보수 책임의 근거에 결정적인 차이를 만든다.

❑ 공사 규모가 일정 금액을 초과하면, 면허가 없는 시공은 불법이다.

건설산업기본법에 따르면, 실내건축공사업 면허 없이 1,500만 원 이상의 공사를 수행하는 것은 불법이다. 병원 인테리어는 진료실, 수술실, 대기 공간, 화장실, 전기 설비, 바닥 철거와 재시공 등 수많은 공정이 포함되며, 통상 수천만 원에서 억 단위의 공사비가 들어간다. 즉, 실내건축공사업 면허 없이 병원 공사를 진행하는 것 자체가 불법 건설행위이며, 이를 인지하고도 계약을 체결한 병원장 역시 공모의 책임을 피하기 어렵다.

만약 무면허 공사 도중 사고가 발생하거나, 관계기관에서 적발될 경우 공사 중단, 과태료 부과, 행정처분, 건축허가 반려 등의 문제가 발생할 수 있다. 즉, 병원 개원이 지연되거나 취소되는 최악의 사태로 번질 수 있다.

❑ 등록된 '실내건축공사업자'만이 책임 있는 시공과 보증이 가능하다.

공사업 면허는 단순히 행정 등록 절차를 밟는 것이 아니다. 기술인력, 자본금, 사무실 요건 등을 충족한 업체만이 등록할 수 있으며, 국가 건설기록 시스템(CIS)에 등록되어 관리된다. 이는 단순 디자인 업체나 브로커 업체와 달리, 시공 능력과 책임을 법적으로 갖춘 주체임을 의미한다.

면허가 있는 업체는 공사 계약 체결, 이행보증보험 가입, 준공확인서 발급, 하자보수 책임 이행 등 모든 과정에서 법적 근거가 뒷받침되므로, 병원장으로서도 책임 소재가 명확한 계약이 가능하다.

❑ 보험·보증 가입, 세금계산서 발행 등 '정상 계약'이 가능하다.

실내건축공사업 면허가 있는 업체는 사업자등록뿐 아니라 업종 등록과 세무 신고가 투명하게 되어 있으므로, 병원장이 공사비에 대해 세금계산서를 발행받고 비용 처리를 할 수 있다. 반면 무면허 시공업체는 대금을 현금으로만 요구하거나, 부가세 미포함 견적을 제시하며 '싼맛'을 내세운다. 하지만 이는 나중에 병원 회계에 부담이 되고, 세무조사에서 문제로 지적될 소지를 남긴다.

또한, 보증보험에 가입할 때도 면허가 없는 업체는 보험사 심사에서 거절당하거나, 보증금 비율이 대폭 높아지는 등 불리한 조건을 적용받는다. 공사 도중 분쟁이 생겼을 때 법적 대응의 근거로 활용될 보험, 세금, 공문서 상 계약 정보가 아예 존재하지 않을 수 있다는 점에서 병원장에게 큰 리스크다.

❑ 하자 발생 시 법적으로 책임을 물을 수 있는 근거가 된다.

공사 후 하자가 발생했을 때, 병원장이 직접 시공업체에 책임을 묻기 위해서는 '공사업 등록 여부'가 결정적이다.

면허가 있는 업체는 건설산업기본법상 하자보수 책임 기간(일반공사는 1년, 특수공사는 2~5년)을 이행하지 않을 경우, 법적 조치와 영업정지 등의 제재를 받을 수 있다. 반면 무면허 업체는 법적 책임이 약하거나, 아예 폐업 후 잠적해버리는 일이 흔하다. 결국, 병원장만 피해를 떠안게 된다.

실내건축공사업 면허가 있다는 것은 단순히 '행정 등록을 한 업체'라는 의미를 넘어서, 시공 능력, 법적 책임, 세무투명성, 보험가입 가능성, 하자 대응 가능성까지 종합적으로 확보된 주체라는 뜻이다.

병원 인테리어는 고가의 비용과 동시에 법적 규제를 따르는 전문공사다. 설계가 멋져 보인다고, 견적이 싸다고 계약을 서두르기보다, '이 업체는 실내건축공사업 등록이 되어 있는가?'라는 질문이 먼저여야 한다. 그 한 문장의 확인이, 수천만 원의 손해와 수개월의 개원 지연을 막는 가장 기본적인 방법이 된다.

나. 추가금은 절대 없다.
계약 전부터 명확하게 못 박아라.

가장 흔한 사기 수법은 공사 도중 추가 비용이 생겼다는 명목으로 돈을 더 요구하는 것이다. 업자들은 "자재가 예상보다 비쌌다", "현장에서 공정이 바뀌었다", "설계가 변경되어 인건비가 더 든다"는 말로 압박한다.

이런 요구를 사전에 차단하려면 계약 전 미팅 단계부터 단호하게 선언해야 한다. "공사 중 추가비용은 일절 없다는 조건이 아니면 계약하지 않겠습니다.", "모든 예상 변수는 계약서에 반영된 것으로 간주하겠습니다."라는 문구를 구두로 명확히 밝히고, 반드시 계약서에 다음과 같이 조항을 넣어야 한다.

"본 계약 외의 추가 비용은 원칙적으로 발생하지 않으며, 공사 중 변경이 필요한 항목이 있다면 사전에 서면 합의하고, 원장이 서명한 서류 없는 비용 청구는 무효로 한다."

이 조항이 들어간 계약서는 이후 분쟁 시 강력한 근거가 된다.

다. 말이 아니라 서류로
계약서는 디테일이 생명이다.

많은 피해자가 계약서를 부실하게 쓰거나, 견적서 하나만 받고 계약서 없이 공사를 시작했다가 낭패를 본다. 인테리어 계약서는 단순히 '총액'만 명시하는 문서가 아니라, 상세 항목별 공사 내용과 책임 범위를 기록하는 방패여야 한다.

계약서에는 반드시 다음이 포함되어야 한다.

- ✔ 총 공사비 내역 (자재 종류, 시공 구역 포함)
- ✔ 공사 일정 (착공일, 중간점검일, 준공일)
- ✔ 중도금·잔금 지급 조건과 시기
- ✔ 하자보수 기간 및 범위 (예: 준공 후 1년 이내 하자보수 의무)
- ✔ 위약금 조항 (지체 시 1일당 보상금 규정 등)

그리고 공사 후 발생할 수 있는 A/S 의무에 관한 조항도 구체적으로 기재해야 한다. 또한, 모든 항목은 날짜와 함께 서명을 받아 두고, 도면이나 시방서(자재 명세서)도 별첨자료로 첨부한다.

업체 측에서 "계약서는 나중에 쓰자"거나 "이건 관행입니다"라는 말을 한다면 그 자리에서 거래를 중단해야 한다.

라. 말은 증거가 아니다.
반드시 녹음하고 서면으로 남겨라.

하이에나들은 입으로는 언제나 "걱정하지 마세요", "원장님만 특별히 해드릴게요"라며 의심을 무력화시킨다. 하지만 나중에 문제가 생기면 "그런 말 한 적 없다"고 발뺌하는 것이 패턴이다. 공사 관련된 모든 대화는 문자나 이메일로 남기고, 미팅은 녹음해두는 것이 가장 확실한 방어책이다. 특히 견적 변경, 공사 지연, 자재 변경 요청 같은 민감한 내용은 반드시 다음과 같이 정리해야 한다.

"2025년 6월 30일 회의에서 공사 일정이 7월 10일로 연기되며, 추가 공사를 하기로 합의하였습니다. 이에 따른 추가 비용은 없음을 확인합니다."

문서로 만들어진 대화가 있다면, 분쟁 발생 시 상대의 책임을 정확히 입증할 수 있다.

마. 공증은 위협이 아니라 예방이다.
법적 공증을 고려하라.

공사 계약서를 썼다고 해서 모든 법적 분쟁에서 보호받는 것은 아니다. 많은 원장이 "계약서에 서명했으니 문제가 생겨도 대응할 수 있다"고 생각하지만, 실제 상황은 다르다. 계약서가 있더라도 시공업체가 이를 무시하고 잠적하거나, 계약을 일방적으로 파기하는 경우, 병원 측은 결국 민사 소송이라는 복잡한 절차를 밟아야 한다.

그러나 여기서 문제가 생긴다. 계약서에 포함된 조항이 모호하거나 구체적인 책임 범위, 위약 시 손해배상 기준이 불명확하면, 소송에서도 배상을 제대로 받기 어렵다. 게다가 공사를 맡긴 업체가 폐업하거나 자산이 없다면, 법원에서 승소해도 실질적인 배상은커녕 소송비용만 낭비하게 되는 경우도 적지 않다.

이러한 사태를 대비하는 현실적인 방법의 하나가 바로 '채무이행각서' 형태의 공증 계약이다. 별도의 채무이행각서(예: "공사대금의 일부를 지급받은 조건으로, 계약내용을 위반 시 잔여 금액을 반환하고 추가 손해를 배상한다"는 문구 등)를 첨부해 공증 사무소에서 공적으로 인정받는 절차를 밟을 수 있다.

공증을 받아 두면 가장 큰 장점은, 향후 문제가 생겼을 때 '판결을 거치지 않고 곧바로 강제집행'이 가능하다는 점이다. 즉, 업체가 계약을 위반하고 연락이 끊기거나 손해배상 의무를 이행하지 않을 경우, 따로 소송을 제기하지 않아도 압류나 가압류 등 집행 절차로 직접 넘어갈 수 있다. 이는 공사 과정에서 발생할 수 있는 가장 큰 리스크—즉, 업체가 말을 안 듣고 사라지는 경우—에 대해 실질적인 대응 수단이 되어준다.

공증 비용은 일반적으로 수십만 원 수준이다. 공사금액이 수천만 원

이상인 경우, 전체 공사비의 1~2%도 되지 않는 수준의 비용으로 법적 안전장치를 확보할 수 있는 셈이다. 특히 인테리어 업체가 처음 거래하는 곳이거나, 경력이 불투명하고 별도의 법인 없이 개인사업자 명의로 운영되는 경우라면 공증은 사실상 '보험'의 역할을 하게 된다.

요약하자면, 병원 인테리어 계약은 단순한 문서 하나로 끝날 일이 아니다. 계약서 내용의 구체성은 물론, 만일의 상황에서 실질적인 대응이 가능하도록 '법적 실행력'을 갖춘 형태로 준비하는 것, 그것이 결국 개원을 준비하는 입장에서 반드시 챙겨야 할 실무적 지혜다.

큰 규모의 공사에선 채무이행각서를 받을 수 있겠지만, 현실적으로는 인테리어 시공업체가 작성에 응하지 않는 경우가 많다. "우리는 원래 그렇게까지 하지 않는다", "공사 잘 마무리하면 되는 거지 그런 서류까지 왜 필요하냐"는 식으로 부담스러워하거나, 아예 작정하고 거절하는 업체도 적지 않다. 이럴 때 병원장이 "그럼 계약을 못 하겠다"고 버티면, 업체는 대체로 한발 물러서지만, 끝까지 이행각서에 도장을 찍지 않겠다고 나오면 현실적으로 협상이 어려워진다.

특히 개인사업자로 운영되는 소규모 시공업체나, 외주를 반복적으로 주는 중간관리업체의 경우, 책임 구조 자체가 느슨하므로 공증이라는 법적 책임을 지는 문서에 서명하는 걸 극도로 꺼린다. 이런 상황에서 병원장이 너무 강하게 밀어붙이면 공사 일정이 지연되거나, 애초에 계약 자체가 무산될 수도 있다.

이럴 때 '채무이행각서'가 아닌, 기존의 공사 계약서 자체를 공증받는 것도 대안이 될 수 있다. 계약서만으로도 강제집행력을 부여받을 수는 없지만, 공증을 통해 문서의 '작성 사실'과 '내용의 진정성'을 법적으로 인증받는 절차는 가능하다. 특히 계약서에 위약 조항, 하자보수 의무, 손해배상 항목 등이 명확하게 기재되어 있다면, 향후 소송 시 유리한 증거로 작용할 수 있다.

더 나아가, 계약서 공증 과정에서 '확정일자'를 부여받으면, 문서가 언제 작성됐는지를 분쟁 시 입증할 수 있으므로 '선의의 피해자'로 인정받는 데에도 도움이 된다. 이는 업체가 동일한 문서로 다른 이해관계자와 이중 계약을 하거나, '그런 약속은 한 적 없다'고 부정하는 경우에 결정적인 역할을 한다.

정리하자면, 채무이행각서를 공증하는 것이 가장 강력한 수단이지만, 현실적으로 그것이 어렵다면 계약서 자체를 공증하거나 확정일자를 받아 두는 방식도 최소한의 법적 대비책이 될 수 있다. 공증은 단순한 서류 절차가 아니라, 병원장으로서 나중에 법적 책임을 물을 수 있는 '실행 가능한 도구'를 하나 더 손에 쥐는 것이다. 진료는 의사가 책임지듯, 공사 역시 책임질 수 있는 증거를 확보해두는 것이 병원을 지키는 첫 번째 행위가 된다.

바. 이행하자보증보험의 역할

공사 계약서를 작성했다고 해서 그것만으로 병원장의 권리가 온전히 보호되는 것은 아니다. 계약 내용이 아무리 잘 정리되어 있어도, 시공 업체가 중간에 계약을 어기고 연락을 끊거나 부도를 내버리면, 병원장은 민사소송 외에는 뾰족한 수가 없다. 그런데 계약서에 적힌 조항들이 애매하거나 위약금 조항이 없다면, 소송에서 배상액을 인정받기 어렵고, 설령 승소하더라도 상대방이 자산이 없으면 실질적인 회복은 불가능하다.

이럴 때를 대비해 활용할 수 있는 실질적인 안전장치가 바로 이행하자보증보험이다. 이 보증보험은 병원 인테리어처럼 고가의 시공이 이루어지는 계약에서, 공사가 끝난 이후 발생하는 하자에 대해 시공업체가 책임을 다하지 않을 경우, 병원장이 금전적으로 손해를 입지 않도록 보호해주는 일종의 보험이다.

공사의 특성상 마감재 뒤에 가려진 배관, 전기, 통신 설비 등은 공사 직후에는 문제없이 작동하는 것처럼 보여도, 시간이 지나면서 누수나 단선, 전기 이상 등이 발생할 수 있다. 이런 하자가 생겼을 때 시공업체가 성실히 수리해주면 좋겠지만, 실제로는 연락이 닿지 않거나, 이미 폐업했거나, 책임을 회피하는 경우가 많다. 이행하자보증보험은 바로 이런 상황에서 손해를 보상해준다.

보험의 가입은 보통 시공업체가 하고, 보상금 수령권자인 수익자는 병원장으로 지정된다. 보험은 공사금액의 5~10% 수준의 금액을 담보하며, 보증기간은 보통 1~2년이다. 공사 규모가 클수록 보증 금액도 함께 커지고, 병원장이 요구하면 3년 이상의 기간으로 설정하는 것도 가능하다. 보험료는 수십만 원에서 백만 원대 사이로 형성되며, 원칙적으로는 시공업체가 부담하지만, 일부는 공사비에 포함되거나 병원장이 절충해서 함께 부담하는 방식도 있다.

공사 계약 단계에서 이행하자보증보험의 가입을 요구하면, 시공업체는 계약서에 '보증보험 가입 후 증권 원본 제출'이라는 항목을 추가하게 된다. 병원장은 반드시 이 보험증권의 원본을 수령해야 하며, 수익자에 자신의 이름이 정확히 기재되어 있는지 확인해야 한다. 구두로 "보험 가입했다"는 말만 믿었다가는, 정작 문제가 생겼을 때 아무런 효력이 없는 경우가 생길 수 있다.

만약 하자가 발생하면, 병원장은 시공업체에 먼저 수리를 요청하고, 응답이 없거나 수리를 거부하면 보험사에 청구할 수 있다. 이때 중요한 것은 하자에 대한 증거자료다. 사진, 날짜가 남는 메신저 대화, 수리 요청 공문 등은 보상심사 과정에서 중요한 근거가 된다.

이행하자보증보험은 병원 인테리어 계약에서 선택이 아니라 사실상 필수적인 장치다. 공사비가 많이 들고, 공간의 특수성 때문에 하자 발생 시 진료에도 큰 영향을 미칠 수 있으므로, 반드시 보험 가입 여부를 계약 전에 확인하고 조건에 포함해야 한다. 특히 거래 이력이 없는 생소한 업체이거나, 법인 사업자가 아닌 개인사업자인 경우라면 더욱 적극적으로 검토해야 할 항목이다.

단단한 계약서는 기본이지만, 그 계약이 실제로 지켜지지 않았을 때를 대비한 실행 수단이 필요하다. 이행하자보증보험은 바로 그 역할을 해주는 법적 안전망이다.

사. 돈은 늦게 줄수록 안전하다.
잔금은 공사 완료 후에

대부분 피해는 잔금을 주기 전에 발생하지 않는다. 돈을 다 주고 나면 업체는 책임감이 사라지고, 하자가 발생해도 "처리하겠다"는 말만 반복하다 연락을 끊는다.

따라서 잔금은 반드시 공사 완료 후, 전기·수도·설비 테스트와 직접 현장 점검을 마친 뒤에 지급해야 한다. 그리고 조건을 계약서에 다음과 같이 명시해야 한다.

"잔금은 공사 완료 후 7일 이내 지급하며, 지급 조건은 공정 점검 및 현장 확인을 통해 이상 없음을 서면 확인한 경우로 한다."

또한, 일부 금액은 하자보수 대비로 A/S 보증금 형태로 3개월 이상 보류하는 것도 안전장치가 된다. (예: 총공사비의 10%를 3개월간 유보)

아. 싸다고 무조건 좋은 건 아니다.
최저가 견적의 함정

하이에나들은 "다른 데보다 20% 싸게 해드릴게요"라는 말로 접근한다. 하지만 그 이면에는 빠진 자재, 생략된 공정, 무면허 인력, A/S 부재가 기다리고 있다. 싸게 받은 만큼 나중에 더 큰 손해를 보는 경우가 대부분이다.

견적을 비교할 때는 가격만 보지 말고 다음을 함께 보자.
✔ 자재 품목과 브랜드는 구체적인가?
✔ 공정표가 상세한가?
✔ 하자보수 조항이 명확한가?
✔ 면허증과 시공 경력이 있는가?

무조건 싼 곳이 아니라, 합리적이고 설명 가능한 견적을 제시하는 업체를 고르는 것이 진짜 실력이다.

자. 신뢰가 아니라 구조가 보호해준다.

의사들은 사람의 말을 믿는 데 익숙하다. 하지만 인테리어 공사, 특히 병원 인테리어 시장은 그 신뢰를 구조로 전환하지 않으면 끝없이 무너진다. "원장님, 믿고 맡겨주세요"라는 말은 매번 비슷하다. 그리고 그 말 뒤에는 늘 비슷한 피해가 따른다.

결국, 인테리어는 사람을 믿는 일이 아니라, 계약서를 믿고, 증거를 남기고, 지불을 조절하며 구조로 통제하는 일이다. 하이에나는 사람의 약점을 노리지만, 구조 속에서는 움직일 수 없다.

하이에나를 피하는 가장 강력한 방어는, 사람의 말이 아니라 법과 문서와 절차 위에 서는 것이다. 그래야만 당신의 병원이, 진짜로 '내 공간'이 될 수 있다.

시작부터 무너진 개원
인테리어 사기에 당한 기록

병원 개원은 단순히 공간을 여는 일이 아니다. 의료인이 진료의 주체가 되는 동시에, 행정과 재정, 인력관리까지 모두 짊어지게 되는 새로운 출발이다. 그러나 그 첫걸음부터 송두리째 무너지는 일도 있다. 바로 인테리어 업자에게 사기를 당한 사례다.

익명의 한 개원의는 개원을 앞두고 인테리어 업체와 계약을 체결했다. 계약 조건에 따라 전체 공사비의 50%를 선지급했고, 그 순간부터 공사 진척은 눈에 띄게 느려지기 시작했다. 견적서에는 '완공까지 1개월 이내로'라고 명시돼 있었지만, 실제로는 아무런 공정도 이루어지지 않은 채 몇 주씩 미뤄졌다. 그 사이 업체는 "자잿값이 올랐다", "기술자 인건비가 추가로 들었다"며 나머지 금액의 일부를 계속 요구했다.

이후에도 업체는 마무리하지 않은 채 추가 공사비 명목으로 수차례 더 돈을 요구했다. 공사는 사실상 중단된 상태였고, 정해진 완공일은 수개월이 지나도록 지켜지지 않았다. 결국, 그는 개원 일정을 미루고, 새로 인테리어 공사를 맡길 다른 업체를 알아봐야 하는 상황에 놓였다. 이미 지불한 돈은 날아갔고, 다시 수천만 원을 투입해야 병원 문을 열 수 있었다.

이 사례는 결코 특수하거나 드문 일이 아니다. 병원 인테리어 시장은 일반 상가보다 단가가 높고, 공정의 복잡성도 커서 '의료 특화'를 내세운 소형 인테리어 업체들이 활발히 움직인다. 이들 가운데 일부는 고의적으로 계약만 체결한 뒤 선금을 받은 후, 공사를 지연하거나 방치하고, 사기를 벌인 뒤 폐업하거나 새 사업자를 등록하는 방식으로 법적 책임을 피한다.

특히 병원 개원을 처음 경험하는 의사들은 상대적으로 법적 감각이나 공사 지식이 부족하다. 업체의 "이건 다들 이렇게 한다", "추가 공사는 원래 계약서 외 별도 합의로 진행하는 것"이라는 말에 속아 넘어가기 쉽다. 대부분 '의사 = 돈 많은 사람 = 호구'라는 왜곡된 이미지가 업계에 퍼져 있어, 선금만 받은 뒤 공사를 뭉개는 수법이 반복적으로 쓰인다.

이런 인테리어 사기를 방지하기 위해서는 반드시 다음과 같은 절차가 필요하다. 공사대금은 최대한 나눠서, 진척에 따라 지급할 것. 선금은 전체의 10~20% 이내로 제한하고, 공정 완료 기준에 따라 지급하는 단계별 계약서를 체결해야 한다. 계약서에는 구체적인 '공정표'와 '완공 시한', 지체상금 조항을 포함해야 한다. 완공이 지연될 경우 하루당 얼마씩 손해배상을 청구할 수 있는 항목이 명확히 있어야 한다.

업체가 실제로 병원 인테리어 경력이 있는지, 기존 프로젝트가 문제 없이 끝났는지를 반드시 확인하고, 이전 병원 원장과 직접 통화해 확인하는 것이 좋다. 자체 공정 감독을 맡길 '감리인' 혹은 건축 전문가를 두는 것도 방법이다. 의사가 직접 공정 과정을 관리하는 데는 분명한 한계가 있기 때문이다.

병원 인테리어는 억대 규모의 계약이 오가는 일이 대부분이다. 이 시장의 사기 수법은 구조화되어 있고, 피해 사례는 이미 적지 않다. 어떤 이들은 인테리어 피해로 인해 개원이 수개월에서 1년 이상 늦춰지기도 하며, 신용불량자에 빠지기도 한다.

개원은 진료의 시작이지만, 병원을 세우는 과정은 냉혹한 사업의 현실이다. "선생님은 진료에만 집중하세요"라는 말 뒤에 숨은 의심 없는 신뢰는, 이처럼 무너지기 쉽다. 결국, 첫 단추를 어떻게 끼우느냐에 따라 그 뒤의 병원 운영 전반이 달라진다. 이 사례는 바로 그 첫 단추에서 생긴 작은 틈이, 어떻게 전체 옷자락을 찢어버릴 수 있는지를 보여주는 경고다.

08

개업을 노리는 하이에나들
(네트워크、 간판、 기타)

개업을 노리는 하이에나들

네트워크 CCTV 및 간판, 기타

병원을 개업할 때 의사들이 가장 신경 쓰는 것은 인테리어의 큰 틀이다. 진료실의 배치, 공간의 동선, 환자 대기실의 구조, 마감재의 재질과 디자인. 그러나 실제로 하이에나들은 인테리어뿐 아니라 그 사이사이에 숨어 있는 '작은 항목들'도 동시에 노린다. 대표적인 것이 네트워크 공사, CCTV와 간판 시공이다. 보통은 인테리어 계약 시 그 항목들은 빠져 있는 것이 일반적이다. 그 틈을 파고들어 작은 단위로 포장된 고수익을 챙기는 것이 이들의 방식이다.

가. 랜선 몇 가닥에 수백만 원
네트워크 세팅의 허상

많은 의사가 개업 직전 단계에서 '병원에 컴퓨터 네 대, 프린터 하나, 수납용 POS, 서버룸 설치' 등을 위한 네트워크 세팅이 필요하다는 말을 듣는다. 그러면 대개 인테리어 업체 또는 소개받은 네트워크 업체에서 "전문 시공이 필요하다", "랜선 매립이 까다롭다", "병원은 기기 연결이 많아서 복잡하다"는 식의 설명을 들으며 수백만 원짜리 견적서

144

를 받는다. 보통 300~500만 원 선이다.

그러나 현실은 전혀 다르다. 랜선은 미리 인테리어 공사 중 벽체나 천장 안에 넣어두면 끝이다. 인테리어 공사와 동시에 선만 매립해두고, 인터넷이 개통된 이후에는 KT, LGU+, SK 등 통신사 설치기사들이 직접 연결까지 해준다. 추가 공사비가 거의 들지 않는다. 인테리어 계약 시에 랜선 설치를 요구하면 전기 공사할 때 같이 해준다.

CCTV 역시 마찬가지다. 선로만 매립되어 있으면 장비만 설치하면 끝나는 구조이기 때문에, 병원 전체에 4~5대의 CCTV를 설치한다고 해도 몇십만 원 수준이면 충분한 작업이다. 하지만 하이에나들은 "통합 네트워크 구성", "사전 세팅", "보안 모듈 구축"이라는 말로 포장을 해 의사에게는 의료공간에 적합한 특수 네트워크 구축인 양 부풀린 견적을 제시한다.

이 역시도 CCTV를 설치할 지점을 미리 알려주고 작업 시에 타공을 한 후 선을 매립해 달라고 하면 대부분의 인테리어 업체가 큰 거부 없이 해준다. 단, CCTV 녹화기나 선은 직접 준비해야 한다.

의사는 이 부분에 대해 잘 모르기 때문에 "병원은 좀 특별하니까"라는 막연한 불안감에 수백만 원을 그대로 수용하게 된다. 하지만 실제로는, 병원이라고 해서 특별한 네트워크가 필요한 것도 아니고, 랜선 깔고 스위치 하나 설치하는 데 그렇게 큰돈이 들 이유는 없다.

네트워크 허브나 라우터, CCTV 녹화기에 선을 꽂고 컴퓨터마다 고정 IP를 넣어주는 것에 수백만 원은 아무리 생각해도 너무 과하다.

나. 간판은 별도 항목입니다.

또 다른 대표적인 하이에나의 영역은 간판이다. 간판은 병원의 얼굴이기 때문에 의사들이 시공 비용을 아끼지 않으려는 경향이 있고, 바로 그 심리를 간판업자들이 놓치지 않는다.

인테리어 계약서에는 흔히 간판 항목이 빠져 있는 경우가 많다. 업자들은 "간판은 별도 공사니까 나중에 진행하자"는 말을 한다. 그리고 공사가 끝난 뒤 간판을 시공하려고 하면, 소개받은 간판업자가 등장해 "병원 간판은 일반 간판보다 더 신경 써야 한다", "보건소 신고 기준을 맞춰야 한다", "LED 밝기나 채널 글자 크기가 다르다"며 의사에게 고가 견적을 제시한다.

실제로는 간판 제작 단가는 구조가 간단하고 투명하다. 채널 간판이든 아크릴 간판이든, 글자 수와 크기, 조명 여부에 따라 가격이 결정된다. 하지만 병원이라는 이유만으로 견적이 1.5배에서 2배까지 뛰는 경우도 적지 않다. 예를 들어 150만 원이면 충분한 간판을 "이 지역은 의료광고 규제가 있어서 더 복잡하다", "병원은 노출도가 중요하니 최고급으로 해야 한다"는 말을 들으며 300만~400만 원에 계약하게 되는 것이다.

심지어 간판의 크기나 시안 조율, 설치 허가 과정에서도 "그건 다 저희가 해드립니다"라는 말로 업무를 도맡는 대신, 실제로는 지자체에서 제공하는 무료 간판 설치 가이드라인을 그대로 복사해 넘기는 식으로 최소한의 작업만 하고 과도한 수익을 챙긴다.

간판 작업은 업종에 따라 금액이 달라져야 할 이유가 전혀 없다.

다. 개별 항목에서 벌어지는 조용한 착취

처음 병원 개업을 준비할 때 원장 대부분은 인테리어 공사만 하면 준비가 끝날 거로 생각한다. 설계도면이 나오고, 벽체 시공, 바닥 마감, 조명 설치 같은 큰 공정이 끝나면 병원 공간이 어느 정도 완성된 듯 보이기 때문이다. 그러나 실제로는 그 이후가 더 문제다. 인테리어 계약서에 명시되지 않았지만, 병원에 꼭 필요한 항목들이 줄줄이 등장하고, 그 수량과 단가는 말없이 결정되어버린다.

랜선 포설, CCTV 설치, 간판 시공, 내부 사인물, 가구 제작, 선반 설치, 커튼·블라인드 시공, 필름 시공, 커피머신·세탁기·냉장고 등 가전제품 구비, 대기실 소파, 진료실 침대, 파티션, 진료기구 보관함 같은 맞춤 가구까지. 처음엔 별것 아닌 금액처럼 들리지만, 이 항목들이 수십 개씩 누적되면서 총액은 수천만 원까지 치솟는다.

문제는 이 시점에서 원장에게는 판단 기준이 없다는 점이다. 한 번도 해본 적 없는 일이기 때문에 가격이 적정한지, 품질이 괜찮은지, 대안이 있는지를 판단할 수 없다. 이미 전체 인테리어 공정이 끝나가고 있고, 개원 날짜는 다가오며, 병원 개업 관련한 행정·인력·장비 업무로 머릿속은 가득 차 있다. 이때 인테리어 업체나 현장 소장은 말한다. "원장님, 이런 건 그냥 다들 이렇게 하십니다", "지금 아니면 늦어요", "이 정도는 별도 견적 낼 것도 아닙니다." 그러면 원장은 결국 말한다. "그냥 진행해주세요."

그 순간, 돈이 새기 시작한다. 하이에나처럼 움직이는 일부 인테리어 업자들은 이 과정을 너무나 잘 알고 있다. 큰 공정에서는 오히려 견적을 낮춰 계약을 따내지만, 후반부에 등장하는 이 수십 개의 '별거 아닌 항목'에서 이윤을 극대화한다. 단가를 2~3배로 책정하거나, 온라인 최저가보다 터무니없이 비싼 가격으로 납품하며, 항목을 쪼개어 각각 별도 청구한다. 원장은 시간이 없고, 전문가도 아니며, 비교 견적을 요청할 여유도 없다. 결국, 그저 '말만 믿고 진행'하게 되는 것이다.

병원 인테리어를 준비하면서 불필요한 비용을 줄이기 위해 가장 먼저 해야 할 일은, 공사 마감 이후에 들어갈 세부 항목들을 하나하나 리스트로 정리하는 것이다. 어떤 항목이 필요한지 구체적으로 적어보면, 생각보다 그 수가 많다는 걸 알 수 있다.

리스트를 정리했다면, 그다음은 각 항목에 대해 두 가지 방식으로 견적을 받아보는 것이다. 그리고 더 저렴한 업체를 선택하면 된다. 하나는 인테리어 업체가 제시하는 견적이고, 다른 하나는 직접 온라인에서 검색하거나 외부업체에 문의해 알아보는 방식이다. 이를 통해 같은 물건이 얼마만큼의 가격 차이를 보이는지를 확인할 수 있다. 이때 중요한 건 단순히 가격표만 비교하는 것이 아니다.

설치의 복잡성, 마감과의 연계성, 시공 동선과의 연동 여부 등 '비용 외적인 요소'들도 함께 고려해야 한다. 예를 들어, 벽면에 붙박이 형태로 시공되어야 하는 가구는 인테리어 업체가 현장 실측과 자재 선택, 마감 공정을 한 번에 처리하기 때문에 오히려 비용도 낮고 시공의 완성도도 높아질 수 있다. 반면, 냉장고나 전자레인지 같은 이동식 가전제품은 온라인에서 직접 구매하는 것이 대부분 더 저렴하고, 배송도 빠르며 선택지도 훨씬 다양하다.

중요한 것은, 고정된 기준이 없다는 점이다. 모든 항목을 인테리어 업체에 맡긴다고 유리한 것도 아니고, 반대로 전부 직접 구매한다고 해서 이득이 되는 것도 아니다. 항목마다 유리한 방식이 달라서, 어떤 건 업체에 맡기고, 어떤 건 직접 진행하는 유연한 전략이 필요하다. 이 과정이 번거로워 보여도, 몇백만 원에서 천만 원 가까운 비용 차이를 만들어내는 경우가 허다하다.

무엇을 직접 챙기고, 무엇을 위임할지의 기준은 결국 '내가 얼마나 알고 있느냐'에서 결정된다. 막연한 믿음보다는, 하나하나 비교해보고 판단하는 습관이야말로 병원 개업 과정에서 손해를 줄이는 가장 확실한 방법이다.

라. 진짜 전문가라면 이렇게 말하지 않는다.

진짜 전문가는 "이건 병원이니까 비쌉니다"라는 말을 하지 않는다. 진짜 전문가는 "이 정도 규모면 이 정도 금액입니다"라고 근거를 제시하고, "랜선은 인테리어 공사 중 함께 깔면 됩니다", "CCTV는 설치만 하면 되니 선만 매립해두면 됩니다"라고 조언해준다.

진짜 전문가는 간판도 시공 전에 시안과 단가를 명확히 제시하고, 의사가 납득 가능한 이유와 결과를 함께 보여준다. 그런 사람이 아니라면, 그가 내미는 견적서의 항목 하나하나를 반드시 다시 확인해야 한다.

마. 눈에 띄는 만큼 뜯긴다.

간판 트렌드에 올라탄 하이에나들의 착취 구조

요즘 길가를 걷다 보면 한 가지 뚜렷한 변화가 보인다. 병원 간판이 점점 커지고, 밝아지고, 공격적으로 변하고 있다는 점이다. 특히 통증의학과, 정형외과, 신경외과, 재활의학과처럼 중장년층을 주요 타겟으로 하는 진료과에서는 건물 외벽 전체를 덮는 초대형 간판이 흔한 풍경이 되었다. 파란색 배경에 노란색 테두리 조명을 두른 디자인은 이제 하나의 클리셰가 되었고, 간판이 크고 밝을수록 '잘 되는 병원'이라는 인식이 퍼지며 이 트렌드는 더욱 과열되고 있다.

이러한 분위기를 가장 먼저 감지하고 활용하는 이들이 바로 간판 시공 하이에나들이다.

"원장님, 요즘은 이 정도는 해야 보입니다"

간판업자들은 요즘 유행을 아주 잘 알고 있다. "요즘 정형외과는 다이 디자인입니다", "경쟁 병원이 크니까 원장님도 밀리면 안 됩니다", "한눈에 들어오지 않으면 끝입니다"라는 말은 일종의 심리전이다.

의사로서는 개업을 앞두고 '병원이 안 보이면 환자가 안 온다'는 불안감이 있다. 이런 심리를 파고들어, 간판업자들은 점점 더 커지고, 더 눈에 띄는 간판을 권한다. "다른 병원이 이만큼 했으니 원장님도 해야 한다"는 말을 들으면, 가격이 다소 높더라도 결국 수긍하게 된다.

하지만 문제는 이 과정에서 간판 시공 비용이 기하급수적으로 상승한다는 것이다. 과거엔 200~300만 원이면 충분하던 병원 간판이, 요즘은 외벽 전체를 활용하는 '채널 간판', '전면 조명 간판', 'LED 라인 조명 간판'으로 바뀌면서 1000~2000만 원, 많게는 3,000만 원이 넘는 금액이 흔해졌다.

그런데 이 높은 금액이 정당한 자재비와 인건비로 구성되어 있느냐하면, 그건 전혀 다르다. 하이에나들은 대체로 간판 비용을 정가 없이 '시장 반응'에 따라 정한다. 병원이라는 이유 하나로 일반 상가보다 1.5배에서 2배가량 높게 책정하고, "병원은 제작 기준이 엄격하다", "LED가 많이 들어간다", "건물주의 간섭이 심해서 시공이 어렵다"는 식의 구실을 댄다.

바. 간판 하나로 1000만 원을 남기는 구조

간판 제작 단가는 비교적 단순하다. 재료(아크릴, 스테인리스, LED 모듈), 크기, 시공 위치(1층 또는 고층 외벽), 시안 제작 비용, 설치 인건비로 구성된다. 그러나 하이에나들은 의사들이 이 구조를 모르고, 단한 번의 간판 제작만을 경험한다는 점을 악용해 업계 표준가보다 수백만 원을 더 얹는다.

예를 들어, 아파트 상가 기준으로 외벽 전면 간판 시공 단가는 과거에 250~300만 원 수준이었다. 하지만 요즘은 병원이라는 이유로 "조명 두 겹 넣고, 외곽 포인트 주고, 폰트 강조하려면 2000만 원은 듭니다"라고 한다. 실상은 자재는 기존과 같고, 구조도 크게 다르지 않지만, 의사의 심리적 압박과 '한 번만 하는 선택'이라는 특수성을 이용해 과다 이윤을 남기는 구조다.

일부 간판업체는 아예 인테리어 업자와 커넥션을 맺고, 개원 직전

시점에 "이 간판은 이 업체가 가장 잘합니다"라며 연결해주는 방식으로 리베이트까지 주고받는다. 이때 이미 인테리어 비용으로 과도한 지출을 한 의사는 간판에서는 견적 비교를 생략하고, 그냥 '이 정도는 하겠지' 하는 감으로 결정한다. 그리고 그 순간, 또 한 번 뜯긴다.

사. 크면 좋다. 하지만 비용은 합리적이어야 한다.

의사의 처지에서, 간판은 분명 중요하다. 경쟁이 치열한 현실에서 눈에 띄는 외형은 곧 환자의 선택에 영향을 미치는 요소다. 하지만 그 크기와 밝기가 합리적인 예산으로 결정된 것이 아니라, 하이에나의 심리 장사와 협박성 설득으로 확장된 결과라면 그 간판은 병원의 얼굴이 아니라 병원의 상처가 될 수 있다.

의사가 간판 디자인을 선택할 자유는 있지만, 그 대가가 '정당한 견적' 위에 서 있는지 아닌지는 반드시 확인해야 한다. 같은 재질과 조명 사양으로 세 곳 이상에서 견적을 받아 비교해야 하고, 간판에 들어가는 자재, 조명 모듈, 시공 시간, 신고 절차의 난이도 등 자세한 설명이 있는지를 확인해야 한다.

"요즘 다 이렇다", "다른 병원은 이미 했다"는 말만 반복하는 업체는, 간판업자가 아니라 간판 하이에나일 가능성이 크다.

눈에 띄기 위해 커지는 간판, 그리고 그 흐름을 따라잡기 위해 높아지는 의사의 불안. 이 모든 구조는 하이에나들이 개업 시장에서 이윤을 남기는 방식과 정교하게 맞물려 있다. 의사의 시선이 간판 크기에 쏠려 있는 사이, 그 아래서 견적서가 조용히 부풀어 오르고 있다.

요즘 흔히 볼 수 있는 점점 커지는 의원 간판의 모습은
역설적이게도 날로 작아지는 의사의 위상을 반영한다.

간판은 병원의 얼굴이지만, 그 비용이 지나치면, 그것은 결국 병원의
이마에 찍힌 멍 자국이 된다. 하이에나는 늘 그 크고 밝은 조명의 그림

자 안에 숨어 있다. 그리고 한 마디만을 반복한다.

"원장님, 요즘은 이 정도는 해야 합니다."

아. 개원의 주변을 맴도는 상술의 군단

병원을 개업한다고 소문이 나기 시작하면, 마치 피 냄새를 맡은 상어처럼, 혹은 썩은 고기를 발견한 하이에나 무리처럼 각종 업자가 우르르 몰려든다. 이들이 어떻게 내 연락처를 알았는지는 알 수 없다. 분명히 개업 준비는 조용히 하고 있었고, 병원 간판도 아직 달지 않았는데도 불구하고 어느새 핸드폰으로, 병원 전화로, 심지어 개인 메일까지 쉴 틈 없이 연락이 온다.

병원을 직접 방문하는 때도 많다. 예를 들어, 소방관 복장을 한 누군가가 당당하게 병원에 들어와 "소방시설 점검이 필요하다"며 소화기를 비치하라고 말한다. 말투는 익숙하게 공무원의 어투를 흉내내고, 들고 있는 서류에는 정부 마크 비슷한 로고까지 있다. 하지만 실상은 소방관 사칭이고, 그의 목적은 '강매'에 가깝다. 이런 경우 실제 소방당국에 문의해 보면 전혀 그런 일정은 없고, 그런 점검 의무도 없는 경우가 대부분이다.

또 지역의사회에서는 개업도 하기 전부터 회비를 내라며 여러 차례 연락해온다. 때로는 친절하게 안내하는 척하지만, 일정 시일이 지나면 마치 체납자 취급을 하며 "의사면허를 가진 사람이라면 당연히 가입해야 한다"는 식으로 압박한다. 실제로는 가입 자체가 자율임에도 불구하고 마치 의무인 양 몰아가는 식이다.

심지어 개업 준비로 바쁜 와중에 화물 택배가 도착해 "착불 금액 3만 2천 원입니다"라며 기사님이 현장에서 돈을 받고 떠난다. 급한 와중에 직원이 대납했는데, 박스를 열어보니 안에는 종이 쓰레기만 들어있거나, 심지어는 아무것도 없던 일도 있었다. 실제 존재하지도 않는 물품에 대한 송장만 만들어 돈을 뜯어내는 수법이다.

이쯤 되면 엽기적이다 싶을 정도로 상식 밖의 일들이 벌어진다. 한 물간 연예인의 매니저라는 사람이 찾아와 "OO씨와 함께 사진을 찍게 해 주겠다, 효과적인 마케팅이다"라며 돈을 요구하기도 한다. 명함에는 유명 엔터테인먼트 회사의 로고를 어설프게 흉내 낸 로고가 찍혀 있고, QR코드를 찍어보면 그럴듯한 유튜브 영상으로 연결되기도 한다. 하지만 실제로는 그 연예인이 누구인지도 불분명하거나, 무명 연예인이라서 일반인에 가까운 예도 있다. 이는 병원을 마케팅 수단으로 이용하려는 '홍보 사기'의 일종이다.

개업 경험자라면 누구나 한 번쯤 받아봤을 연락 중 하나는 지도 등록 및 순위 상승 관련 제안이다.

"네이버 지도에 등록 안 하시면 환자 유입 안 됩니다. 저희가 대신 등록해 드릴게요."

"구글 맵 순위는 알고리즘이 중요합니다. 상위 노출시켜 드릴게요."

이런 식의 말은 공통된 스크립트처럼 반복되며, 때로는 '등록 대행비', '리뷰 관리비' 등의 명목으로 월 수십만 원을 요구한다. 문제는 실제로는 병원 측에서도 직접 무료로 등록할 수 있고, 리뷰 역시 금전으로 관리하는 것이 불법에 가까운 행위라는 점이다.

그리고 또 하나, 빠지지 않고 등장하는 것이 있다. 바로 각종 의무교육을 이수하라고 연락해오는 업자들이다. "의료기관은 개인정보보호 교육, 아동학대 예방 교육, 긴급복지지원신고의무자 교육, 직장 내 괴롭힘 예방 교육 등을 반드시 받아야 한다", "귀 병원은 현재 교육 이수가 확인되지 않아 행정처분 대상이 될 수 있다"는 식의 말로 겁을 주며, 몇만 원에서 수십만 원의 교육비를 요구하는 것이다.

하지만 나는 개업 이후 단 한 번도 그런 업체를 통해 의무교육을 받은 적이 없다. 실제로 대부분의 의무교육은 정부 혹은 공인된 기관에서 무료로 온라인을 통해 받을 수 있고, 보건소나 관할 보건복지부 산하기관을 통해 안내받을 수 있다. 이런 업체들은 마치 국가 기관처럼 자신들을 포장하지만, 실상은 정보 비대칭을 이용한 상술에 불과하다.

물론, 이 모든 군상이 무조건 나쁜 사람들만은 아니다. 간혹 정말 도움이 되는 업체도 있고, 개원의가 알기 어려운 인허가 절차나 법규 정보를 정확히 안내해 주는 이들도 있다. 문제는 이들이 모두 한꺼번에 몰려든다는 것, 그리고 개원의는 그 시기에 가장 바쁘고 판단력이 흐려진다는 데 있다.

따라서 이 시기의 적절한 대처법은 '시간차 두기'다. 업자들이 찾아와 무언가를 제안하더라도 바로 결정하지 않는 것이 좋다. 정보를 받은 다음에는 "검토해보겠다"는 말로 일단 정리하고, 절대로 그 자리에서 계약서에 서명하거나 돈을 주는 일은 없어야 한다. 제안받은 내용은 리스트로 정리해놓고, 이후 의료 커뮤니티나 개원의 모임, 또는 신뢰할 수 있는 지인들을 통해 업체의 평판을 확인한 후 결정하는 것이 가장 안전하다.

개업 초기는 마치 전쟁터와 같다. 진료 장비, 인테리어, 간판, 행정

절차 등 챙길 게 산더미인데, 그 틈을 파고드는 이익 추구형 하이에나들은 그야말로 사방에서 몰려든다. 이때 중요한 건, 눈앞의 제안이 아니라, 시간을 들여 검증하는 태도다. 의사에게 필요한 건 단지 의학적 판단력만이 아니다. 판단을 유예할 줄 아는 신중함, 그 자체가 병원을 지키는 또 하나의 무기다.

자. 일방적 계약파기와 담합 의혹
폐기물 업체의 횡포에 병원이 무너진다.

경기도 일산에서 개원 중인 한 의료기관은 2년 넘게 거래하던 폐기물 처리 업체로부터 갑작스러운 계약 해지를 통보받았다. 사연의 시작은 폐기물 수거비 인상 문제였다. 업체 측은 2025년 5월부터 월 요금을 1만 원 인상하겠다는 공문을 보내왔다. 이에 의료기관 측에서 인상폭이 과하다는 취지로 전화 문의를 하자, 업체 대표는 대화도 없이 거래를 중단하겠다며 계약 해지를 선언했다.

더욱 황당한 것은 계약 기간이 아직 종료되지 않았음에도 불구하고, 계약서를 의료기관 측에 제공하지 않고 업체만 보관하고 있다는 점이다. 병원 측이 계약 기간을 확인하려고 항의하자, 대표는 "내 마음이다"라는 무책임한 말로 응수하며, 이미 계약이 끝났다고 주장했다. 또 다른 예도 있는데, 현금 결제만을 요구하던 업체가 원장이 카드 결제를 요청하자 이를 이유로 일방적 해지를 통보했으며, 지역사회에서는 이를 마치 자랑처럼 말하고 다니는 실정이다.

병원으로서는 폐기물 수거 업체를 당장 새로 구하지 못하면 의료기관 운영 자체가 어려운 상황이다. 폐기물 처리는 의료기관의 법적 의무 사항이기 때문에 대체 업체를 빠르게 확보해야 하는데, 문제는 이 지역에서 다른 폐기물 업체들이 일종의 '보이콧'이라도 하는 듯, 신규 계약을 거부하고 있다는 점이다.

해당 원장은 여러 차례 업체에 사과 전화를 했고, 지역 토박이 사무장까지 나서서 중재를 시도했지만, 업체 대표는 고압적인 태도로 일관하며 병원에 소리를 지르고, 민원을 넣겠다는 말에 막말까지 퍼부었다고 한다. 폐기물 배출량은 매우 적어 박스 반 개 분량에 불과하다는 점에서도, 지나치게 과도한 대응이라는 비판이 나온다.

문제의 본질은 단순히 요금 인상이 아니라, 폐기물 처리 업체들이 지역 내 병·의원을 상대로 가격 담합을 하거나 특정 병원과의 거래를 거부함으로써 사실상 의료기관을 볼모로 삼는 구조에 있다는 점이다. 일부 의사들의 증언에 따르면, 이미 오래전부터 기존 의원에는 신규 계약을 하지 않겠다는 폐기물 업체의 행태가 있었고, 이는 명백한 담합 행위에 해당할 가능성이 있다.

이 사건은 의료기관이 아무리 성실히 운영하더라도, 폐기물 처리라는 필수 행정절차를 외부 민간업체에 의존하는 구조 속에서 얼마나 쉽게 무력해질 수 있는지를 보여준다. 의사가 환자를 거부할 수 없듯, 폐기물 업체 역시 의료기관의 정당한 수거 요청을 거부할 수 없도록 하는 법적 장치가 마련되어야 할 시점이다. 공정거래위원회나 환경부 차원에서도 지역 내 담합 구조를 들여다보는 노력이 필요하다.

신규 개원 초기, 의료소모품 덤탱이 주의 사례

한 병원이 새로 문을 열었다. 원장은 이른바 '맨땅에 헤딩'하는 심정으로 개원을 준비했고, 개원 초기의 정신없는 시기를 보내고 있었다.

그러던 중, 어느 날 예고도 없이 갑자기 한 의료소모품 업체에서 물건을 들고 들어왔다. 총액으로 따지면 약 50만 원 상당이었고, 그중에는 니들 홀더, 포셉 등의 비싼 품목들이 포함되어 있었다. 문제는, 이 물품을 전달하면서 업체는 아무런 명함도 남기지 않았고, 사전 연락이나 계약도 없었다는 점이다.

황당했던 원장은 "반품 가지러 올 때까지 포장해 두겠다"는 생각으로 물품을 포장해 놓았고, 이후 아무런 연락 없이 시간이 흘렀다. 그렇게 10개월이 지나, 드디어 해당 업체 직원이 나타났다.

"결산하러 왔습니다."라는 말과 함께 나타난 업자에게 원장은 곧바로 "잘 포장해두었다"고 응답했다. 이 순간부터 업자의 표정은 눈에 띄게 굳기 시작한다. 마치 "덤탱이를 씌우려 했는데, 이게 안 통했구나. 재수 없는 날이네."라는 심정이 얼굴에 그대로 드러난 듯했다.

그사이 급해서 몇 가지 물품을 사용한 것이 있어, 사용한 것에 해당하는 4만 원만 결제한 뒤, 나머지는 그대로 반품 처리되었다. 업자는 말 없이 계산을 마친 뒤 뒤도 돌아보지 않고 병원을 나갔다.

이 사례는 신규 개원 초기, 병원이 혼잡한 상황을 노리고 의도적으로 고가의 의료소모품을 떠넘기려는 일부 악성 업체의 행태를 그대로 보여준다. 특히 명함도 없이, 계약도 없이 물품을 무작정 두고 가는 경우는 정상적인 거래가 아니다. 이후 오랜 시간이 지난 뒤 나타나, 전체 금액을 결제하라고 요구하는 식이다.

개원 초기에는 이런 식의 '소모품 덤탱이'에 각별히 주의해야 한다. 바쁜 와중에 의심 없이 물품을 받았다가는 본의 아니게 금전적 손해를 볼 수 있다. 정체불명의 납품은 반드시 거절하고, 계약 없는 물품은 철저히 반품 준비를 해두는 것이 최선의 대응이다.

09

착취의 행렬 | 개업 이후에도 끊이지 않는

개업 이후에도 끊이지 않는 착취의 행렬

문을 열었더니 하이에나가 줄을 선다.

병원을 개업한다는 것은 단지 진료실 문을 여는 일이 아니다. 그것은 지역사회와 연결되는 출발점이자, 수많은 사람과 이해관계 속으로 들어가는 통로가 열린다는 뜻이다. 의사는 진료에 집중하고자 개원을 결심했지만, 병원의 문이 열리는 순간부터 예상치 못한 많은 존재가 문턱을 넘기 시작한다. 그들 중 일부는 진짜 환자이지만, 그들 중 많은 수는 진료와 무관한, 병원의 '존재 자체'를 노리는 하이에나들이다.

개업 이전에는 인테리어, 장비, 대출, 마케팅 등에서 수탈이 이루어 졌다면, 개업 이후에는 병원의 '사회적 위치'를 노리는 착취가 시작된 다. "지역사회에 자리 잡아야 한다"는 말은 사실상, 지역 커뮤니티와의 무의미한 거래와 불필요한 지출을 정당화하는 수단으로 작용한다. 하이 에나들은 이를 빌미 삼아 의사의 시간, 공간, 감정, 돈을 조금씩, 그러 나 꾸준히 빼앗아간다.

가. "원장님, 신문은 기본입니다."
구독 강매의 시작

개원 후 며칠이 지나지 않아, 지역 신문사 직원이 찾아온다. 그는 환 한 얼굴로 명함을 내밀며 "이 지역에서 원장님 홍보도 되고, 지역사회 에도 도움 되는 일입니다"라고 말한다. 실상은 신문 구독 계약을 맺으 러 온 영업사원이다. 한 달에 몇만 원, 일 년이면 몇십만 원의 구독료. 겉으로는 작아 보이는 금액이지만, 이 신문은 진료실에도 두지 않고, 환자도 읽지 않는다. 심지어 인터넷으로 기사를 확인하는 시대에, 종이 신문은 병원의 의무 물품처럼 둔갑되어 있다.

구독을 거절하면 "다른 병원은 다 하신다", "원장님만 빠지면 티가 납니다"라는 말이 돌아온다. 마치 사회적 의무인 것처럼, 심리적 압박 을 주는 것이다. 이 과정에서 의사는 지역에서 '배척당할지도 모른다' 는 불안을 느끼게 되고, 결국 계약을 수락한다. 하지만 신문을 받아들 인 순간, 그 문은 다른 하이에나들에게도 열려 있게 된다.

내가 실제로 겪은 일이다. 개업 후 얼마 지나지 않아, 병원 우편함에

163

어느 날부터인가 매일 아침 신문이 꽂혀 있었다. 처음엔 누가 호의로 넣어주는 줄 알았고, 당연히 내가 따로 구독 신청을 한 기억도 없었다. 이상하다 싶었지만 바쁘다는 핑계로 대수롭지 않게 넘겼다. 그런데 며칠 뒤, 해당 신문의 본사에서 병원으로 전화를 걸어왔다. "구독 신청이 되어 있는데 정보 확인차 연락드렸다"는 내용이었다.

그제야 상황의 전말을 알게 되었다. 내가 전혀 신청하지 않았음에도, 병원 인근의 한 신문 대리점이 임의로 내 이름으로 구독 신청을 넣었던 것이다. 나는 그 대리점에 전화를 걸어 따졌다. 그런데 돌아온 반응은 더욱 어이없었다. 상대는 처음엔 얼버무리며 어색한 웃음으로 상황을 넘기려 하더니, 이내 "제가 지역사회 모 단체에서 활동도 하고 있고, 이 주변 의원들은 다들 신문 받아보시거든요. 원장님도 그냥 이참에 같이 하시는 게 좋을 겁니다"라는 말을 꺼냈다.

나는 단호하게 말했다. "그런 거 신경 쓰지 않는다. 본인 판단으로 남의 이름을 도용해서 신청서를 넣은 행위는 명백히 불법이다. 즉시 구독을 취소하지 않으면 경찰에 신고하겠다." 그러자 상대는 급히 태도를 바꾸며 사과했고, 그렇게 이 일은 마무리되었다.

누구와도 만난 적 없고, 어떤 말도 한 적 없는 상태에서 신문이 병원 이름으로 구독되고 있었다는 사실. 그리고 그 당당한 태도. 그저 지역 관행이라는 이름으로 넘기기엔, 너무도 선을 넘은 일이었다. 이처럼 개업 직후 병원은 여러 이해관계의 대상이 되며, 동의 없이 시작되는 '강제 계약'과 '묵시적 동의'에 경계심을 갖는 것이 필수적이다.

나. "어르신들도 도와주세요."
지역 '봉사' 명목의 기부 강요

개원한 병원에는 어김없이 '지역 단체 대표'라는 사람들이 찾아온다. 노인정 회장, 부녀회 간사, 향토문화회 이사, 각종협회 임원 등등. 이들은 대부분 환자가 아니다. 그들은 '우리 동네에 병원이 새로 생겨서 왔다'며 인사를 건넨다. 그리고 조용히 한 장의 종이를 꺼낸다.

"노인정 관리비가 부족해서 그러는데, 매달 10만 원씩만 후원해주시면 감사하겠습니다."

"경로잔치에 협찬 좀 부탁드립니다. 다른 병원도 합니다."

"어르신들 단체 운영비가 부족해서 조금만 보태주시면…"

이 요청은 기부가 아니라 사실상의 압박이다. 그들이 말하는 '다른 병원'은 어디인지 확인할 수 없고, 매달 5만 원이든 10만 원이든 '일단 시작하면 끊기 어려운 고정비용'이 된다.

심지어 어떤 경우에는, 병원에 직접 어르신들이 단체로 몰려와 꽹과리를 치고 들어오기도 한다.

"복 많이 받으세요. 복조리 하나 사가세요."

"참전용사 단체인데, 국가유공자 지원 좀 부탁드려요."

이러한 방식은 분명 법적으로는 '강요'가 아니지만, 정서적으로는 충분히 위협이 된다. 진료를 보는 환자들 앞에서, 목탁을 들고 줄지어 들어오는 스님의 풍경은 병원의 운영 질서를 망가뜨리기에 충분하다. 의사는 이런 상황이 반복될까봐, 또는 주변 이웃들과의 관계를 의식해 '일단 이번 한 번만'이라는 마음으로 지갑을 연다. 그러나 하이에나들은 그것을 '다음 방문의 약속'으로 받아들인다.

다. "○○○ 들어보셨죠?"
다단계의 은밀한 침투

가장 예상 밖의 하이에나 유형은 다단계 판매 조직이다. 그들은 환자나 보호자, 또는 '지인 소개'라는 이름으로 병원을 방문한다. 처음엔 환자처럼 행동한다. 통증이나 불면, 관절통을 호소하며 상담을 받는다. 처음 몇 번은 정상 환자인 것처럼 상담하고, 치료를 받는다. 인간적인 친밀도가 높아졌다고 생각되면 진료가 끝난 뒤, 조심스럽게 이야기를 꺼낸다.

"원장님처럼 신뢰받는 분이 저희 제품을 써보시면, 환자분들께도 도움이 되지 않겠어요?"

"요즘은 병원에서도 많이 하십니다. 병원 내 건강기능식품 판매만으로도 큰 이익을 얻을 수 있어요."

"의사분이 리더가 되시면, 밑에 사람들로 자동으로 조직이 생깁니다."

제품은 애○○, 뉴○○, 허○○, 암○○, 그 외 유사 건강식품 브랜드 등 다양하지만, 구조는 같다. 의사라는 사회적 신분과 신뢰를 이용해 다단계 조직을 만들고, 병원 공간을 이용해 판촉하려는 전략이다.

거절하면 서운한 기색을 내비치고, 다음엔 "간호사분들 중에 관심 있는 분 없으세요?"라고 돌아선다. 이미 병원은 다단계 네트워크의 표적이 된 셈이다.

라. 주사 맞고 보험 팔기
진료실을 파고드는 하이에나의 속삭임

개원하고 환자를 받기 시작하면, 진료실은 곧 새로운 인간관계의 무대가 된다. 의사는 환자의 통증과 불편을 듣고, 치료 방법을 제시하며, 신뢰를 쌓아간다. 그런데 어느 날, 평소와 다름없이 진료를 받고 주사를 맞고 나간 줄 알았던 환자가, 며칠 후 다시 찾아온다. 다시 진료를 받는다. 그리고 어느 순간부터, 이야기가 조금씩 달라진다.

"원장님도 이제 병원도 운영하시고, 미래를 준비하셔야죠."

"요즘은 의사분들도 보험 많이 드세요."

"그냥 드리는 말씀인데, 제가 하는 일이 조금 있어서요…"

이 환자는 단순히 통증을 치료받으러 온 사람이 아니었다. 처음엔 환자인 척했지만, 사실은 보험 설계사였다.

❏ 첫 만남은 철저히 '환자'로 위장된다.

보험 영업을 노리는 하이에나들은 처음부터 본색을 드러내지 않는다. 오히려 일반 환자보다 더 예의 바르고, 적극적이며, 진료에 순응한다. 주사도 잘 맞고, 대기시간도 불평하지 않으며, 의사의 설명에 고개를 끄덕이고 감사를 표한다.

몇 번의 내원이 반복되면, 자연스럽게 "요즘 병원 운영은 어떠세요?", "원장님은 참 친절하시네요" 같은 말을 꺼내며 사적인 대화의 틈을 만든다. 그리고 의사가 방심하는 순간, 본론이 등장한다.

"제가 지금 보험 쪽 일을 좀 하고 있어서요. 혹시 원장님, 기존에 보장 잘 챙기고 계세요?"

"요즘은 의사분들도 실손 외에 따로 들어두시더라고요."

"한 번만 설계 드려볼까요? 원장님께 꼭 맞는 구조로요."

진료실은 의료행위를 위한 공간이지만, 이들에게는 신뢰가 확보된 영업 공간이자 의사의 사회적 지위에 접근할 수 있는 유일한 관문이다. 주사와 함께 '관계'가 주입되고, 그 관계는 진료 외적인 권유로 연결된다.

❑ 신뢰는 진료에서 쌓이고, 보험은 그 신뢰를 노린다.

하이에나들이 진료실에서 보험을 파는 방식이 특히 위험한 이유는, 그것이 의사와 환자 사이의 신뢰를 기반으로 작동하기 때문이다. 의사는 스스로 "이 환자는 오래 다닌 분", "진료에 잘 따르고 예의 있는 분"이라고 여긴다. 그래서 경계심이 느슨해진다.

그런 상황에서 "원장님 걱정돼서요", "이건 원장님 이익이에요"라는 말은 마치 배려처럼 들린다. 하지만 실제로는 보험 수당을 노린 치밀한 단계별 접근이다. 가입만 성사되면 하이에나는 사라진다. 주기적으로 진료를 받던 환자도, 약속처럼 지켜지던 예의도, 관계의 지속성도 모두 끝난다. 그 환자는 처음부터 고객이 아니라, 판매자로서 '의사'라는 타깃에 접근한 것이었다.

❑ 진료실은 상품을 사고파는 곳이 아니다.

진료실은 환자의 병을 듣고, 치료 방침을 정하는 공간이다. 진료는 사람 사이의 신뢰를 바탕으로 한다. 그러나 그 신뢰를 영업 수단으로 삼는 순간, 진료실은 의료기관이 아니라 판매 현장으로 전락하게 된다.

보험설계사가 환자라는 위장된 신분으로 진료실을 넘나드는 일이 반복되면, 의사는 의도치 않게 영업 제안과의 경계가 모호한 공간에 노출된다. 결국, 환자의 말 하나하나를 의심해야 하고, 관계를 열어두는 것이 불안해진다.

❏ 방어는 단호한 태도에서 시작된다.

이런 상황을 피하기 위해선, 의사가 진료실의 주인으로서 분명하고 단호한 태도를 보여야 한다.

"진료 외적인 제안은 받지 않습니다."

"저는 보험 가입 정보에는 관심이 없습니다."

"이미 다 가입했기 때문에, 추가로 가입하지 않을 겁니다."

이러한 단호한 메시지를 미리 정하고, 반복적으로 상황을 통제해야 한다. 그렇지 않으면, 하이에나는 늘 신뢰라는 명함을 들고 찾아올 것이다.

❏ 진료는 당신의 일, 보험은 그들의 일

환자와의 관계는 소중하다. 하지만 그 관계를 영업의 진입로로 악용하는 순간, 진료실은 침해받는다. 보험 설계사는 환자인 척 들어오지만, 결국 진료실을 마케팅 채널로 전환한다. 의사는 처음엔 환자를 진료한 것이었지만, 나중엔 하이에나를 접대하게 된 셈이 된다.

진료실은 상품을 파는 곳이 아니다. 주사 놓은 팔보다, 보험 가입서가 더 무거운 날이 오지 않도록, 그 문턱에서 단호해져야 한다.

가장 먼저 웃으며 다가온 자, 하이에나였다

개원하면 축하 인사보다 먼저 찾아오는 이들이 있다. 바로 '무언가를 팔려는 사람들'이다. 병원이 문을 열었다는 사실이 알려지면, 어느새 주변에는 수많은 '친절한 제안'들이 들끓는다. 특히 그중에서도 의료인과의 접점을 만든 뒤, 정서적 관계를 형성하고 나서야 본색을 드러내는 보험업자들은 가장 교묘하고 위험한 유형이라 할 수 있다.

한 원장은 개원 7개월 차에 접어들 무렵, 약사의 소개로 한 보험설계사를 만나게 됐다. 그는 다짜고짜 자신이 이 지역에서 얼마나 발이 넓은지, 얼마나 많은 환자를 병원으로 유입시킬 수 있는지를 자랑하며 접근했다. 단순한 영업이 아니라 '서로 윈윈할 수 있는 관계'라고 강조했다. 실제로 초기에는 몇 명의 환자를 연결해주기도 했고, 실손보험 청구가 가능한 환자들을 소개하며 원장에게 호감을 쌓아갔다.

신뢰가 어느 정도 생긴 시점에서, 그 보험설계사는 화재보험에 가입할 것을 권유했다. "어차피 병원이라면 꼭 들어야 하는 보험이고, 내가 이 지역에서 인맥이 많으니 잘 보이면 손해 볼 일 없다"고 부추겼다. 원장 역시 개원 초기 안정성 확보가 중요하다고 생각했던 터라, 별 의심 없이 매월 100만 원씩 나가는 저축성 연금보험에 가입하게 되었다.

하지만 가입 이후 상황은 급변했다. 환자 유입은 오히려 뚝 끊겼고, 설계사는 점점 무리한 요구를 하기 시작했다. 급기야는 "교회에 다니지 않으면 더는 도와줄 수 없다"며, 황당한 협박성 발언까지 하게 된다. 병원 운영은 여전히 불안정했고, 매달 빠져나가는 100만 원의 보험료는 점점 감당하기 힘든 수준이 되었다. 결국, 원장은 해지를 결심했지만, 그 순간 보험설계사는 돌변했다. "내가 얼마나 손해를 보는데 지금 해지하냐"며 고성과 함께 감정적으로 몰아붙였다. 원장으로선 이미 7개월 치 보험료를 낸 상황이라, 해지 시 손실도 만만치 않았다.

이 사건은 단순히 보험 하나 잘못 든 실수가 아니다. 전문가로서 자부심을 품고 개원을 했지만, 정작 경계하지 못했던 건 '호의를 가장한 접근'이었다. 가장 친절하게 다가온 이들이 결국 가장 큰 상처를 남긴다. 특히 개원 초기, 인간관계에 목마르고 불안한 상태에서 이런 접근을 받게 되면 판단력이 흐려지기 쉽다. 환자를 유치해주겠다, 지역에서 힘이 세다, 다들 나한테 잘한다는 말에 혹해 무언가를 맺게 되면, 나중에는 그 관계가 족쇄가 되어 돌아온다.

개원 초기에 주변 인맥과 소개를 통해 만나는 사람일수록, 그들의 '정체'와 '이득의 방향'을 반드시 따져야 한다. 단 한 번의 실수가 매달 100만 원씩의 손실이 되고, 정신적인 피로감으로 쌓이기 시작하면 병원 운영 전체에 악영향을 준다. 하이에나는 멀리 있지 않다. 오히려 가장 먼저 웃으며 다가오는 자, 그가 가장 날카로운 이빨을 숨기고 있을 수 있다.

마. 하이에나는 진료가 끝난 뒤에도 들어온다.

하이에나는 병원이 문을 열기 전에도 달려들지만, 문을 연 이후에도 절대 떠나지 않는다. 그들은 당신이 환자를 보기 시작한 순간부터, 다른 방식으로 먹이를 노리기 시작한다. 진료가 아닌 신뢰를, 치료가 아닌 공간을, 이해가 아닌 수익을 노린다.

그러니 병원을 연 의사라면, 이렇게 말할 준비가 되어 있어야 한다.

"아니요, 신문은 구독하지 않습니다."

"기부는 정기적으로 제가 정해서 합니다."

"간호사와 직원은 업무 외 시간에 개인 활동을 하지 않습니다."

"복조리는 저희가 필요하면 알아서 살 겁니다."

하이에나에게는 한 번의 허용이 다음 방문의 초대장이 된다. 문을 열었을지언정, 마음마저 열 필요는 없다. 병원의 주인은 당신이고, 당신의 진료실은 진료만을 위한 공간이 되어야 한다.

하이에나는 진료실 문턱에서 단호히 막아야 한다.

10

의료장비 업자들

의료장비 업자들

의사를 노리는 대표적인 하이에나

의료계에 갓 발을 들인 초보 개원의에게 가장 낯설고 두려운 영역 중 하나가 바로 '의료장비 구입'이다. 의대에서 아무리 수년간 공부하고 병원에서 임상 경험을 쌓아도, 정작 개원할 때 필요한 의료장비, 전산 시스템, 네트워크 환경 구축에 대해선 배운 바가 거의 없다. 이 공백을 비집고 들어오는 자들이 있으니, 바로 의료장비 업자들이다.

이들은 단순히 장비를 파는 존재가 아니다. 정보의 비대칭을 악용하고, 복잡한 절차와 기술적 설명으로 의사의 판단력을 흐리게 하며, 가

격을 교묘하게 부풀리는 데 능숙하다. 병원을 차리겠다는 결심을 한 순간부터, 의사는 이미 이 하이에나들의 사냥 레이더에 포착된 셈이다.

가. 왜 의료장비 업자들은 하이에나가 되는가?

의료장비 업자들이 하이에나가 되는 데는 구조적인 이유가 있다. 우선 의사는 장비에 대해 잘 모른다. 학창 시절에도 배우지 않고, 임상 현장에서도 '사용법'은 익히지만 '구매법'은 배울 기회가 없다. 이 공백은 업자에게 가장 이상적인 먹잇감이다.

둘째, 의사는 시간 여유가 없다. 진료와 수술, 개원 준비로 바쁘고, 장비 하나하나의 사양과 가격을 따지고 들 시간이 없다. 업자들은 이 상황을 활용해 "제가 다 알아서 해드릴게요"라는 달콤한 말로 접근한다.

셋째, 업자들은 '기술'이라는 이름으로 방패를 든다. 네트워크, 호환성, 보안, 인증 같은 어려운 용어를 앞세우며 가격을 정당화하고, 의사가 반론을 제기하지 못하게 만든다. 업자가 말하는 기술적 사양이 과장인지 아닌지 확인할 길이 없기 때문이다.

마지막으로, 컨설팅 업자들과 의료장비 업자들이 서로 연계된 경우도 많다. 개원 컨설팅을 맡긴 경우, 해당 업체가 추천하는 장비업체와만 거래할 수 있게 유도하고, 의사는 선택권을 박탈당한다. 이 과정에서 고가 장비가 포함되는 경우가 많고, 불필요한 장비가 '최신 장비'라는 말로 포장된다. 결국, 그 비용은 전부 개원의가 부담하게 된다.

나. 의사 간 거래를 막는 법, 의료기상이 웃는다.
법이 만든 독점 중개 구조

의료기기 제작업체나 중고 의료기 판매상이 병원을 상대로 과도한 이익을 취할 수 있는 구조는, 의사들 간의 직접 거래를 사실상 금지하는 현행 법령에서 비롯된다.

현행 의료기기법 제16조와 제17조에 따르면, 의료기기를 판매하거나 임대하려면 반드시 의료기기 판매업으로 등록되어 있어야 한다. 즉, 의사라 하더라도 의료기기 판매업자가 아닌 이상, 자신이 보유한 의료기기를 타 병원에 유·무상으로 양도하는 것이 법적으로 금지된다. 의료기관 간 거래는 오직 폐업 등 특수한 상황에서만 예외로 허용될 뿐, 정상 운영 중인 **병원 간 중고 의료기기 직거래는 원칙적으로 불법**이다.

이러한 구조는 중간 유통업자, 즉 의료기기상이나 중고 의료기 판매상이 거래에 필수적으로 끼어들 수밖에 없는 환경을 만든다. 의사는 장비를 팔고 싶어도, 사려고 해도 중개인을 거치지 않고는 거래 자체가 불가능하다. 그리고 이 중개인은 의료기기에 대한 정보 우위와 법적 구조를 이용해 자유롭게 이윤을 붙이거나, 허위·과장된 장비 설명으로 가격을 부풀리기도 한다. 심지어 장비의 품질과 안전성에 대한 검사 비용까지 병원 측에 전가하는 예도 비일비재하다.

결국, 의사들은 중고 의료기기를 사고팔 때마다, 법으로 묶인 불리한 조건 속에서 의료기상에게 과도한 금액을 지급할 수밖에 없는 구조에 놓이게 된다. 직거래가 가능하다면 생략할 수 있는 유통 단계와 비용들이 '법적으로 강제된 중개'라는 이름 아래 정당화되고, 그 틈에서 의료기상들은 안정적인 독점적 수익을 챙긴다. 이처럼 의료기기 거래를 둘러싼 법적 구조는 장비를 사용하는 당사자인 의사가 아니라, 판매 유통업자에게 훨씬 유리하게 설계되어 있다.

'의사 간 거래 금지'라는 명분은 환자 안전과 기기 이력 추적을 위한 제도적 장치라고 설명할 수 있겠지만, 실질적으로는 의료기상이 의사를 상대로 수익을 극대화할 수 있는 독점 구조를 만드는 도구로 작동하고 있다.

다. 가격 비교가 불가능한 구조
장비는 장막 뒤에서 거래된다.

의료장비 시장의 가장 큰 문제는 투명한 가격 비교가 거의 불가능하다는 데 있다. 예를 들어 초음파 장비나 내시경, 심지어 단순한 혈압계나 체중계조차도 '의료용'이라는 이름이 붙는 순간, 가격은 상식을 넘어서기 시작한다. 소비자 전자제품이라면 가격 비교 사이트 몇 개만 보면 끝나는 일도, 의료장비로 넘어가면 대체로 가격이 공개되지 않으며, 업자마다 부르는 가격이 천차만별이다.

이는 "기기 사양이 병원마다 다르다", "세팅이 다르다", "A/S 조건이 포함돼 있다"는 식의 이유로 정당화된다. 하지만 실제로는 업자들 사이에 암묵적인 가격 담합과 유통 마진 구조가 얽혀 있어, 외부인이 접근할 수 없는 밀실 구조가 형성돼 있다. 의사는 결국 업자가 제시하는 견적을 그대로 받아들이거나, 의심은 하되 대안 없이 진행하는 수밖에 없다.

라. EMR과 PACS, 그리고 '서버 눈탱이'

최근 개업하는 병원 대부분이(거의 전부가) EMR(전자의무기록 시스템)과 PACS(의료영상저장전송시스템)를 필수적으로 도입하면서, 이 시장은 장비업자들에게 또 다른 황금 어장이 되었다. EMR이나 PACS 자체는 소프트웨어지만, 그것을 구동하기 위한 서버와 저장 장치, 백업 장비 등 하드웨어를 구성할 때 업자들이 개입한다.

서버 한 대를 구축한다고 했을 때, 일반적인 사무용 서버라면 100~200만 원 선이면 충분히 가능하지만, 의료용이라는 이유로 수백만 원의 웃돈이 붙는다. 업자들은 보안 이슈, 24시간 가동, 고사양 처리, 안정성 등을 강조하며 고가의 장비를 제시한다. 그러나 실상은 일반 조립 PC 정도 되는 사양의 제품을 단순히 '의료용 서버'라는 말로 덧씌워 판매하고, 그 차액을 이익으로 챙기는 구조다.

의사가 서버에 대해 잘 모른다는 점을 이용해, 실속 없는 사양을 과도하게 추천하고, 정작 필요한 백업 솔루션이나 유지관리 노하우는 제대로 전달하지 않는다. 그 결과 몇 년 지나지 않아 시스템이 느려지고 고장이 잦아져 결국 또 다른 장비를 구매하게 된다. '눈탱이'는 단발성 거래가 아니라, 장기적으로 반복되는 출혈로 이어지는 것이다.

마. A/S와 관련된 문제들

의료장비는 고장이 나지 않는다는 환상이 있다. 외관이 번쩍이고, 가격도 비싸므로 당연히 내구성도 좋을 거라 기대하기 쉽다. 하지만 현실은 그 반대다. 의료장비는 생각보다 자주 고장나고, 고장이 나면 수리는 어렵고 교체는 손쉬운 구조로 되어 있다. 그리고 이 구조를 누구보다 잘 아는 이들이 바로 의료장비 업자들이다.

이들은 장비를 파는 순간부터 다시 고장이 나길 기다리는 듯 보인다. 장비가 한 번이라도 문제가 생기면, 그때부터는 A/S 장사의 시작이다.

❏ A/S 기간이 지나면 장비는 '돈 먹는 하마'가 된다.

장비 대부분은 1년 정도의 무상 A/S 기간을 포함한다. 하지만 그 기간이 지나면 상황은 180도 바뀐다. 고장이 나면 수리를 맡길 수는 있지만, 그 비용이 상상을 초월한다. 특히 유지보수 계약을 체결하지 않은 경우엔, 수리 견적 자체가 터무니없게 나온다.

부품 하나 교체하는 데 수십만 원, 수백만 원이 든다는 견적이 날아오고, 부품값이 왜 그런지 물어보면 회사 정책상 정해진 가격이라는 말 외에 어떤 설명도 듣기 어렵다. 결국, 그 가격이 합리적인지 아닌지 확인할 방법조차 없다. 일반 소비자 전자제품처럼 부품 번호를 찾아 인터넷에서 비교하거나, 다른 수리 업체를 통해 고칠 수 있는 구조가 아니기 때문이다.

그리고 결정적인 문제는, 그 부품을 제공하거나 수리할 수 있는 곳이 오직 그 제조업체 하나뿐이라는 점이다. 업자가 아니면 부품도 구할 수 없고, 설사 구한다 해도 설치를 맡길 사람이 없다. 독점적인 유통과 수리 구조는 의사를 완전히 무력하게 만든다.

❏ 내구성은 기대하지 마라: 전자장비지만, '버티는' 장비는 없다.

의사들은 종종 의료장비를 구매하면서 이렇게 생각한다. "그래도 한 10년은 쓰겠지." 하지만 현실은 그렇게 너그럽지 않다. 초음파, 심전도기, 영상 저장 장비 등 대부분의 전자 의료장비는 예상보다 훨씬 짧은 수명으로 고장에 접어든다.

물론 기계라는 것은 언젠가는 고장 나게 마련이다. 하지만 그 고장의 주기가 비정상적으로 빠르고, 빈도도 높으며, 고장이 날 때마다 수리 대신 교체가 먼저 권유된다는 것이 문제다. 삼성전자나 애플처럼 일정 품질 이상의 내구성이 보장된 대기업 제품을 떠올려선 안 된다. 외관이 고급스럽다고 해서 속까지 튼튼하다는 법은 없다.

의료장비 중 상당수는 실질적으로 중소업체가 조립해 납품하는 구조다. 내부 부품도 값싼 수입품이거나 OEM 제조로 이루어진 경우가 많다. 여기에 열악한 환기 환경이나 먼지 많은 진료실 환경, 하루 수십 명의 환자에게 반복적으로 사용하는 조건이 더해지면, 장비는 금세 수명을 다하게 된다.

❏ 고장 난 부위는 일부인데, 교체는 '아쎄이' 단위로

고장이 났을 때 가장 자주 듣는 말은 "이건 아쎄이로 교체해야 합니다"라는 말이다. '아쎄이(assembly)'란 특정 부품 하나만 교체하는 것이 아니라, 그것이 포함된 전체 모듈을 통째로 바꾼다는 의미다. 마치 자동차의 헤드라이트 전구 하나가 나갔는데, 전체 라이트 하우징과 배선까지 모두 교체하라는 식이다.

문제는 부품 단위 수리가 가능한데도, 업자들은 아예 그 가능성을 봉쇄해버린다는 점이다. "부분 수리는 불가능하다", "안정성 문제가 있다"는 식으로 이야기하면서, 어차피 병원은 환자를 앞에 두고 망설일 시간이 없다는 걸 잘 알고 있다. 그래서 거액의 수리비가 발생해도 어쩔 수 없이 수락하게 만든다.

더욱 악질적인 경우는, 그 고장이 단순히 선 하나가 빠지거나 스위치 고장이었음에도, '모듈 고장'으로 몰아가 전체 교체를 유도하는 사례다. 병원은 장비를 빨리 정상화해야 하기에, 진실을 파악할 여유도, 시간도 없다. 이 틈을 타서 업자들은 수리보다 교체가 낫다며 고가의 견적서를 들이민다.

❑ 수리 가능한 장비도 '수리 불가' 판정을 내리는 업자들

의료장비 업자들이 흔히 쓰는 또 다른 수법은, 수리가 가능한 장비에 대해 아예 '수리 불가' 판정을 내리는 것이다. 고장 부위를 알고 있고, 부품도 존재하지만, "이건 수명이 다 됐습니다", "이젠 새 장비를 고려하셔야 할 시점입니다"라는 말로 구매를 유도한다. 그리고 이어지는 말은 항상 같다. "지금 구매하시면 보상판매 해드릴게요."

문제는 그 '보상판매'라는 말조차 사실상 허상이라는 점이다. 낡은 장비에 몇만 원을 매기고, 새 장비는 제값 그대로 부른다. 중고장비를 매입해 다시 수리해 다른 병원에 파는 일도 업계에선 공공연한 비밀이다. 즉, 병원으로서는 여전히 손해인 구조다.

이 모든 문제가 발생하는 핵심은, 의료장비의 수리를 제조사 외에는 누구도 할 수 없다는 점이다. 일반 전자기기처럼 사설 수리센터나 전문가 커뮤니티가 존재하지 않는다. 서비스 매뉴얼도 공개되지 않고, 부품 공급도 차단돼 있다. 결국, 의료기관은 제조업체의 말을 믿고 따라가는 수밖에 없다. 그리고 그 말은 대개 "새로 사라"는 쪽으로 기울어 있다.

❑ 장비는 팔아서 돈을 버는 것이 아니라, 고장나서 돈을 번다.

의료장비 업자들이 장비 판매보다 더 큰 이익을 얻는 시점은, 장비가 팔리고 시간이 흐른 뒤다. A/S가 시작되면, 수리비와 부품비, 교체 권유, 보상판매 등 다양한 방식으로 수익을 창출할 수 있다. 이 구조에서 의사는 장비를 구매한 고객이 아니라, 지속해서 과금할 수 있는 '정기 수익원'으로 전락한다.

장비는 고장 나기 마련이고, 고장 나면 수리해야 한다. 문제는 그 수리가 가능한지 아닌지를 판단하는 주체가 업자라는 점이다. 수리 비용은 그들 마음대로고, 수리 여부도 그들의 판단이다. 그 구조를 깨지 않는 한, 의사는 언제까지나 하이에나의 먹잇감이 될 수밖에 없다.

장비를 구매할 때는 처음 가격만이 아니라, 고장 이후를 대비한 전략도 함께 세워야 한다. 어떤 부품이 얼마나 자주 고장 나는지, 부품 단위 수리가 가능한지, A/S 조건이 무엇인지, 계약서에 세부 항목이 적혀 있는지를 꼼꼼히 확인해야 한다. 주기적으로 소모품을 교환해야 하는 장비는 소모품 가격에 대해 확답을 받아야 한다. 의료장비는 단지 진료 도구가 아니다. 그것은 장기적인 비용, 그리고 병원 경영의 생존을 결정짓는 변수다.

바. 유지보수는 '비밀', 사용법만 알려주는 업자들

장비를 설치할 때, 업자들은 대개 기본적인 사용법만 설명하고 떠난다. 화면을 어떻게 조작하는지, 어떤 버튼을 눌러야 하는지, 촬영은 어떻게 하는지 등 '작동법'은 설명하지만, 장비를 오랫동안 안정적으로 사용하기 위한 '유지보수 방법'에 대해서는 거의 언급하지 않는다. 예를 들어 필터를 주기적으로 청소해야 한다든가, 전원을 끄기 전에 어떤 절차를 따라야 한다든가, 과열을 방지하기 위해 몇 시간 이상 연속 사용을 피하라는 등의 안내는 거의 없다.

업자들은 "고장 나면 연락 주세요"라는 말만 남긴 채 사라진다. 하지만 병원으로서 장비가 고장 나는 순간은 곧 진료가 마비되는 순간이다. 그 전에 예방할 수 있는 유지보수 지침이 있었다면 고장 자체를 피할 수 있었을지도 모른다.

더 큰 문제는, 사용설명서나 관리 매뉴얼조차 제공되지 않는 경우가 많다는 점이다. "이건 기술자만 다루는 겁니다", "전문지식이 필요해서 병원에서 손대시면 안 됩니다"라는 말로 의사의 접근을 막는다. 그러면서도 유지보수는 병원 책임이라고 말한다. 결국, 장비는 점점 상태가 나빠지고, 고장이 나면 또다시 거액의 수리비를 청구하는 구조로 이어진다.

이런 행태는 의도적인 정보 차단에 가깝다. 장비가 잘 관리되면 고장이 덜 나고, 고장이 덜 나면 수리비를 받을 일이 줄어든다. 업자로서는 손해인 셈이다. 그래서 사용법만 가르치고, 유지보수는 '전문가 영역'이라며 넘겨버리는 것이다. 이는 결국, 병원과 환자에게 고스란히 피해로 돌아온다. 잘못된 관리로 장비가 고장 나고, 그 비용을 병원이 떠안고, 진료는 중단되며, 환자는 불편을 겪는다.

장비를 팔 때, 그 장비를 오래 쓰는 방법까지 함께 안내하는 것이 업자의 최소한의 도리다. 하지만 의료장비 업계에서는 그 기본적인 윤리조차 지켜지지 않는 경우가 많다. 사용법만 알려주는 건 친절이 아니라, 교묘한 침묵이다. 그리고 그 침묵의 대가는 병원이 치르게 되어 있다.

사. 턴키 방식의 함정
개원 준비의 첫 단추부터 속는다.

'턴키(turn-key)'란 본래 건축업계에서 쓰이는 말로, 시공자가 건물의 모든 과정을 마친 후, 입주자가 열쇠만 돌리면 바로 입주할 수 있도록 완성하는 방식을 의미한다. 이 개념이 의료계에 들어오면, '의료장비 턴키 계약'이라는 이름으로 변형된다.

병원을 개원하는 의사가 장비 하나하나를 고르고 비교하는 대신, 한 업체에 "전체 장비 구성을 맡긴다"는 방식이다. 초음파, X-ray, 진료용 베드, EMR, PACS, 체온계, 혈압계 등 모든 것을 한 곳에서 구매하는 셈이다. 업자로서는 이상적인 계약이다. 항목별로 수익을 극대화할 수 있고, 각각의 장비 가격에 대해 일일이 원장에게 허가받을 필요도 없다.

업자들은 턴키 계약을 맺으면서 "전체 다 구매하시면 할인도 들어가고 저렴합니다"라는 말로 유혹한다. 그러나 실상은 그 '할인분' 역시 업자의 몫이다. 단품 가격이 얼마인지, 실제 할인율이 얼마인지 알 수 없으므로, 할인이라는 말은 허상이다.

또한, 장비마다 성능이나 브랜드가 천차만별인데도, 업자들은 "이건 다른 병원들도 다 씁니다", "이게 표준입니다"라는 말로 일괄적인 장비 구성을 밀어붙인다. 나중에 알고 보면, 중요한 장비는 저가형이고, 불필요한 장비만 고사양인 경우도 있다. 이런 식의 턴키 계약은 병원의 효율성과 재무건전성을 해친다.

아. 컨설팅 업자들은 왜 비싼 장비를 권할까?
인지 부조화와 리베이트의 구조

병원을 처음 개원하거나 기존 병원을 리모델링하려는 의사들이 가장 많이 의존하는 대상이 바로 '개원 컨설팅 업자'다. 인테리어, 장비, 동선, 광고, 인허가까지 전반적인 준비를 대행해주기 때문에 개원의로선 든든한 조력자처럼 느껴진다. 하지만 그들이 권하는 장비의 목록을 찬찬히 들여다보면 이상한 점이 발견된다. 너무 비싸다. 그것도 꼭 필요한 것들만 비싼 게 아니라, 굳이 없어도 되는 장비, 혹은 저렴한 대안이 있는 장비까지 죄다 '고급 외산 장비'로 채워져 있다.

대표적인 사례가 바로 충격파 치료기다. 현재 정형외과 개원 컨설팅 시장에서는 독일제 고가 충격파 장비 도입이 거의 '기본 옵션'처럼 취급되고 있다. 단순히 독일제여서가 아니다. 장비 한 대에 3천만 원이 넘는 고가 제품들이 컨설팅 리스트에 올라오고, 포커스 타입은 1억에 달한다. 국산 제품은 아예 비교 대상에도 포함되지 않는 경우가 많다.

컨설팅 업자들은 이렇게 말한다. "요즘 환자들 안목이 높아졌습니다. 독일제 고가 장비가 있어야 신뢰를 줍니다." 또는 "개원 초기 마케팅에서 '외산 장비'라는 점이 환자 유치에 도움이 됩니다."

말만 들으면 그럴듯하다. 고가 장비는 브랜드 파워가 있고, 장비를 강조한 마케팅은 환자에게도 어필할 수 있다. 하지만 그 이면을 들여다보면 전혀 다른 이야기가 숨어 있다.

❑ 장비가 비쌀수록 업자들의 이익이 커진다.

비싼 장비를 구매할수록 이익이 커지는 쪽은 의사가 아니라 장비업체다. 그리고 그 이익의 일부는 컨설팅 업자에게 '수수료' 혹은 '리베이트'라는 형태로 흘러간다. 예컨대 국산 충격파 장비는 1~2천만 원 내외에서 충분히 구매할 수 있지만, 외산 고가 장비는 3천만 원에서 1억원까지도 간다. 이 차액 중 일부가 컨설팅 업자의 수익으로 돌아간다.

컨설팅 업자로서는 장비의 품질이나 병원 운영 효율보다도, 얼마짜리 장비를 의사가 선택하느냐가 더 중요한 과제가 된다. 그래서 어떤 경우에는 실제로 장비의 기능적 차이, 유지관리 용이성, A/S 조건 등에 대한 비교는 거의 하지 않은 채, 오로지 브랜드와 가격을 근거로 설득을 시도한다. "다른 병원도 다 이거 씁니다", "환자들이 어떤 장비인지 다 압니다" 같은 문구는 그 설득의 주된 레퍼토리다.

실제로 국산 충격파 장비와 외산 장비 사이의 기능적 차이는 생각보다 크지 않다. 기본적으로 동일한 원리에 기반한 장비들이며, 출력 수치나 프로브의 품질에서도 국산 제품이 크게 뒤처지지 않는다. 물론 독일산 1억 원짜리 장비가 2천만 원짜리 국산 장비보다 성능 면에서 더 우수한 건 사실이다. 하지만 가격이 5배라고 해서 매출이 5배 늘어나거나, 치료 효과가 5배 좋아지는 일은 불가능하다. 문제는, 의사가 장비를 선택하는 순간에는 이런 현실적인 비교보다는 '고급스러운 외산'

이라는 이미지가 훨씬 더 크게 작용한다는 점이다.

컨설팅 업자들이 자주 내세우는 말 중 하나는 "이 장비가 있어야 환자들이 믿고 옵니다"이다. 하지만 이는 절반의 진실일 뿐이다. 장비의 브랜드나 가격은 마케팅에서 어느 정도 역할을 할 수 있지만, 결국 환자가 병원을 선택하는 기준은 의료진의 실력, 진료의 정직성, 회복의 체감, 접근성 등 훨씬 다양한 요소에 기반한다.

실제로 어떤 병원은 값비싼 장비 없이도 환자에게 만족을 주며 입소문을 타고 성장한다. 반면, 외산 장비로 도배한 병원임에도 불구하고 환자가 지속해서 이탈하는 곳도 있다. 장비는 보조 수단일 뿐이지, 진료의 본질을 대신할 수는 없다.

문제는 그 보조 수단이 '환자를 위한 도구'가 아니라, '업자의 수익 구조를 위한 수단'으로 변질되고 있다는 점이다. 병원은 장비를 구매하며 미래를 기대하지만, 컨설팅 업자와 장비업자는 현재의 수익만을 고려한다. 그 차이가 병원 경영의 왜곡을 불러오고, 결국 환자에게까지 영향을 미친다.

❑ 비싼 장비를 고집하는 의사들의 심리: 인지 부조화의 마법

이쯤 되면 이런 질문이 생긴다. "그럼 왜 의사들은 그렇게 비싼 장비를 덥석 구매하는 걸까?" 단지 업자의 말만 믿고 거액을 쓰는 걸까? 여기엔 단순한 정보 부족만이 아니라, 사람의 심리 구조 자체가 개입되어 있다. 바로 '인지 부조화 이론(cognitive dissonance)'이다.

인지 부조화란, 인간이 두 개 이상의 모순된 인지를 동시에 가질 때 심리적 불편함을 느끼고, 그 불편함을 줄이기 위해 자기합리화를 시도하는 심리 메커니즘이다. 쉽게 말해, 큰돈을 쓰고 나서 "그거 괜한 소비였던 것 같은데…"라는 생각이 들면 마음이 불편해지므로, 오히려 "이 장비는 정말 좋은 선택이었다"라고 믿고 싶어지는 것이다.

의사들은 고가의 외산 장비를 구입한 이후, 그 돈이 아깝다는 생각이 들지 않도록 장비의 성능을 과도하게 신뢰하게 되는 경향이 있다. 환자가 통증 호소를 덜 하거나 치료 반응이 없더라도, "그래도 장비는 최고급이니까, 내 판단이 맞았을 거야"라고 믿고 싶어진다. 환자가 효과를 못 느낀다 해도, 문제는 환자나 질환 특성에 있다고 생각하지, 장비 선택이 잘못되었을 가능성은 인정하지 않는다.

이는 인간이라면 누구나 겪는 심리적 방어기제다. 하지만 이 인지 부조화는 의료라는 영역에서 장비 사용을 과신하게 만들고, 새로운 판단의 유연성을 떨어뜨린다는 점에서 문제가 된다. 특히 이 장비 선택이 단순한 개인 소비가 아니라 병원 경영 전반과 진료 결과에 영향을 미친다는 점에서 그 후유증은 꽤 크다.

장비를 고르는 일은 단순히 사양과 가격을 비교하는 일처럼 보이지만, 실제로는 정보의 비대칭과 인간 심리, 업계의 구조적인 이익 관계가 복잡하게 얽힌 결정이다. 컨설팅 업자들은 의사가 이 구조를 잘 모른다는 점을 이용해, "좋은 병원은 좋은 장비로 시작한다"는 말로 고가 장비 선택을 유도한다. 그리고 그렇게 팔린 장비를 통해 자신들의 몫을 챙긴다.

의사는 처음엔 남들보다 앞선 선택을 했다고 믿고 싶어 하고, 시간이 지나면 "이 장비 아니었으면 더 힘들었을 거야"라고 자기합리화를 반복한다. 인지 부조화는 그렇게, 비합리적인 소비를 정당화하고, 다음

비합리적인 소비로 이어진다.

장비 선택은 기술적 문제이기 이전에, 심리적 문제이고 구조적 문제다. 이 세 가지를 모두 꿰뚫어 보지 못하면, 의사는 고가 장비를 사면서 자신이 주도권을 쥐고 있다고 믿겠지만, 실제로는 누군가 짜둔 각본 속에서 조용히 수익 구조의 하나로 편입되고 있는 셈이다.

병원에 필요한 장비는 '비싼 장비'가 아니라, '쓸모 있는 장비'다. 그리고 가장 쓸모 있는 선택은, 스스로 판단한 것이다.

자. 부르는 게 값이다.
의료장비 시장의 비밀스러운 가격

의료장비를 구매하는 과정은 단순히 '가격 비교 후 최적의 선택'이라는 상식적인 소비 구조와는 거리가 멀다. 특히 특정 제품이 시장을 사실상 독점하고 있는 경우, 구매자는 가격 협상의 주체가 아닌, 정보를 통제당하는 피동적인 입장에 놓이게 된다.

문제는 이들 제품이 보편적으로 사용되는 필수 장비일 때 발생한다. 예를 들어, 통증클리닉에서 사용하는 C-arm 장비나 미용 의원에서 사용하는 리프팅 장비처럼, '대안이 없다'고 여겨지는 기종은 시장 내에서 거의 한두 업체만이 공급권을 갖고 있다. 이런 상황에서는 장비업체 내부에서 '가격 단합'이 일어난다. 이 단합은 법적인 담합처럼 명시적이지는 않지만, 현실적으로는 같은 방식으로 작동한다.

처음에 어느 업체에 문의하느냐에 따라 가격이 달라진다. 본사에 직접 연락했을 때의 가격, 지역 대리점에 연락했을 때의 가격, 특정 영업사원을 통해 소개받았을 때의 가격이 모두 제각각이다. 문제는 이 가격 차이가 공식적인 '할인정책'에 따른 게 아니라, 전적으로 업체의 판단과 영업 전략에 따른다는 점이다. 그래서 '정해진 가격'이라는 개념이 사실상 없다. 말 그대로 '부르는 게 값'이다.

특정 장비의 경우엔 아예 정가표를 갖고 있어서 할인 자체를 원천봉쇄한다. 본사나 대리점에 전화를 해보면 정가는 이미 할인된 가격이라며 더는 내려주지 않는다고 한다. 심지어 인기 의료장비의 경우 정가표의 금액보다 더 비싼 가격을 제안하는 예도 있다. 막상 다른 병원에서 같은 장비를 더 싸게 샀다는 이야기를 듣고, 다른 대리점에 문의하면 "귀하께서는 이미 전에 견적을 요청하셨기 때문에 할인은 불가능하다"고 답한다. 내부에서 정보를 공유하고, 어떤 고객이 어디에 문의했는지를 실시간으로 추적하는 셈이다.

이 때문에 장비 구입 시에 어디에 먼저 전화를 걸었느냐가 장비값을 결정해버리는 우스꽝스러운 일이 벌어진다. 예를 들어 한 원장이 장비 구매를 위해 A 대리점에 연락했다가 비싼 견적을 받고 고민하던 중, 친한 동료 의사에게서 "B 대리점은 훨씬 싸게 해준다"는 얘기를 듣고 연락해도, 이미 A에 문의했다는 기록이 떠서 B에서도 할인을 거부하는 것이다.

그 결과, 같은 장비를 구매하는데 병원마다 수백만 원에서 많게는 천만 원 가까운 차이가 발생한다. 어떤 경우엔 '정가'보다 더 비싼 가격을 제시받고도, 상대적으로 정보가 부족하거나 긴급한 상황이라 그냥 구매하는 때도 있다.

결국, 의료장비 시장에서는 '제조사'와 '판매업자'들이 정보를 장악한 채, 구매자 간의 정보교류는 막고, 자사 내에서는 정보를 공유하면서 가격을 고정하는 구조가 성립된다. 이는 겉으로 보기에 정가 판매처럼 보이지만, 실제로는 '부르는 게 값'인 매우 불투명한 시장이다. 그리고 그 피해는 고스란히 장비를 구매한 의료인에게 돌아간다.

차. 의료장비는 단순한 기계가 아니다, 의사를 시험하는 장벽이다.

병원을 여는 순간부터 의사는 진료뿐 아니라 경영자, 구매자, 협상가의 역할까지 떠안는다. 하지만 그중에서도 가장 어려운 영역이 장비 구매다. 이 시장은 가격 정보가 폐쇄적이고, 기술적 설명이 어렵고, 소비자 보호 장치는 미비하다. 바로 이 지점에서 의료장비 업자들은 하이에나처럼 접근해 의사의 무지와 불안을 먹이 삼는다.

따라서 의료장비를 구매할 때는, 장비 자체보다 장비를 둘러싼 구조를 먼저 이해하는 것이 중요하다. 정보를 모으고, 단품 견적을 요청하고, 다른 병원 사례를 조사하고, 유지보수 조건을 문서로 명확히 받아두는 것. 이는 번거롭지만, 장기적으로 병원의 생존을 좌우하는 결정이다.

진료실 안에서는 환자의 생명을 구해야 하지만, 진료실 밖에서는 병원을 지키기 위해 하이에나와의 전쟁을 치러야 한다. 그 전쟁에서 지지 않기 위해, 의사는 반드시 장비 시장의 언어와 논리를 배워야 한다. 하이에나는 약한 자를 노리기 때문이다.

친절은 설치까지, 그 후는 협박이었다.
PACS 업체의 횡포

한 검진내과 의사는 PACS 설치 당시만 해도 매우 친절하게 응대하던 업체 관계자가, 무상 A/S 기간이 끝나고 나자 돌변했다고 털어놓는다. 유지보수 계약을 하지 않았다는 이유로 원격 접속 한 번에 50만 원 이상을 요구하며, 이를 피하려면 월 유지보수 계약을 체결하든지 다른 PACS를 새로 설치하라고 사실상 협박에 가까운 말을 들었다고 한다.

해당 업체는 월 유지비로 약 15만 원을 요구하며, 그것도 몇 년 단위 약정을 조건으로 내세운다. 하지만 실상 유지보수라고 해봐야 눈에 띄는 서비스는 전혀 없고, 인터넷 기반의 프로그램을 그대로 사용하는 구조다. 병원 네트워크를 그대로 이용하면서도 별다른 서비스 없이 돈만 요구하는 방식에 대해 그는 '기생충 같다'는 표현까지 썼다.

더 심각한 것은 시스템상 반복적으로 발생하는 오류가 실제로는 버그인데, 이를 알고도 내버려 두고 있다는 점이다. 이 점은 해당 업체와 무관한 다른 엔지니어를 통해 전해 들었다고 한다.

또 다른 사용자는 같은 업체에 대해, 초기에 프로그램 개수 기준으로 구매했는데 나중에 컴퓨터를 교체하자 갑자기 계약을 다시 맺어야 한다며 말을 바꾸는 일을 겪었다고 한다. 프로그램 카피 수를 기준으로 계약해놓고는 갑자기 컴퓨터가 바뀌면 새로 계약해야 한다는 식으로 운영 방식이 엉망이었다는 것이다.

이와 같은 사례는 해당 업체의 구조적 문제를 보여주는 단면이며, 한두 명의 피해가 아닌 여러 개원의가 유사한 경험을 공유하고 있다. 이와 유사한 방식으로 의료인을 상대로 일방적인 계약을 요구하고, 기술적 지원을 무기로 협박에 가까운 영업을 벌이는 업체들에 대한 경계는 꼭 필요하다.

개업을 준비하는 이들에게는 이러한 경험담을 중요한 경고로 받아들여야 한다. PACS 설치 시 유지보수 계약의 조건, 프로그램 사용권의 기준, 원격지원의 비용 등에 대해 반드시 명확하게 확인하고, 사후에도 계약서에 명시된 권리와 의무를 근거로 대응할 수 있는 준비가 필요하다.

11

마케팅 회사와
홈페이지 제작업체

마케팅 회사와 홈페이지 제작업체

홍보와 브랜드를 미끼 삼는 하이에나들

병원을 개원하거나 리모델링하면서 많은 의사가 자연스럽게 마주하게 되는 이들이 있다. 바로 마케팅 회사와 홈페이지 제작업체다. 이들은 "요즘은 진료만 잘한다고 병원이 되는 게 아니다"라는 말로 다가오며, 개원의가 익숙하지 않은 온라인 영역을 자신들의 전문 영역이라 포장하고, 은근한 공포를 심어주며 서비스 계약을 이끌어낸다.

처음엔 도와주는 사람처럼 보인다. 환자 유치에 효과적인 전략을 제공하고, 세련된 홈페이지를 만들어주고, 병원의 이미지를 끌어올릴 수 있을 것처럼 이야기한다. 하지만 계약을 맺고 일정이 지나고 나면, 이들의 실체는 서서히 드러난다. 이들이 제공하는 서비스의 실질적인 '내용'은 기대와는 크게 다르며, 제공하는 정보와 결과는 허술하고, 비용은 터무니없이 비싸다.

결국, 의사는 환자와의 싸움 이전에, 병원 밖에서 하이에나처럼 덤벼드는 '협력업체'들과의 싸움부터 시작해야 한다.

가. 마케팅 회사의 실상
글 하나 붙여놓고 수백만 원 청구

대다수 마케팅 회사가 제공하는 콘텐츠는 충격적일 정도로 빈약하다. 블로그 운영을 대행한다는 계약을 맺었지만, 실제로는 글 대부분이 복사-붙여넣기로 작성되어 있다. 기본 틀은 이미 다른 병원에 쓴 글과 동일하고, 병원 이름만 살짝 바꾸거나 시술명 몇 개를 바꿔 쓴 수준이다.

그러면서도 '키워드 분석', '노출 알고리즘 최적화', '사용자 행동 기반 콘텐츠 전략' 같은 말로 포장해 병원을 기만한다. 의사는 글의 수준을 기술적으로 판단하기 어려우므로, 겉보기에는 무난해 보이는 그 콘텐츠에 속아 수백만 원의 대금을 낸다.

또한, 이들은 네이버 블로그나 네이버 플레이스의 순위를 올려준다고 약속한다. 물론 검색 알고리즘에 기반한 몇 가지 트릭이 있는 건 사실이지만, 대부분은 자동화된 봇을 이용하거나 체험단 알바를 활용하는 식의 '단기성 꼼수'다. 일정 기간 이후엔 순위가 급격히 떨어지고, 다시 순위를 올리려면 더 큰 비용을 요구한다. 이런 구조는 병원을 지속적으로 업체에 종속되도록 만든다.

또 다른 문제는 마케팅 결과에 대한 피드백이 거의 없다는 점이다. 계약서엔 콘텐츠 제작, SNS 운영, 키워드 광고 등의 항목이 적혀 있지만, 정작 어떤 기준으로 콘텐츠가 만들어졌는지, 어떤 반응을 얻었는지에 대한 통계는 명확하지 않다. 통계 자료를 요청하면 엑셀 몇 줄을 내놓거나, 구글 애널리틱스 수치를 복사해 보여주며 "노출 수가 늘고 있다"고 말한다. 하지만 그 수치가 실제 환자 유입으로 연결되는지는 알 수 없다.

나. 규모가 있다면 직원을, 규모가 작다면 스스로 하라.

만약 병원이 일정 규모 이상이고 지속적인 마케팅이 필요한 상황이라면, 외주 업체를 통하는 것보다 차라리 내부 직원을 채용하는 편이 훨씬 낫다. 월 300만 원의 외주 비용을 마케팅 업체에 주는 것보다, 병원의 비전과 특성을 잘 이해하고 소통할 수 있는 전담 직원을 고용해 운영하는 편이 훨씬 효율적이고 정직하다.

반대로, 병원이 소규모이거나 개원 초기 단계라면 직접 하는 것이 훨씬 효과적일 수 있다. 블로그 개설, 네이버 플레이스 등록, SNS 활용 정도는 큰 시간 투자 없이도 익힐 수 있고, 한두 달 정도만 시간을 들이면 기본적인 구조를 갖출 수 있다. 요즘은 유튜브나 포털에서 '의료 마케팅 기초' 관련 자료도 풍부하다. 무엇보다 직접 해보면, 외주 업체가 얼마나 단순한 수준의 일을 '전문적'이라 포장하는지 실감하게 된다.

다. 홈페이지 제작업체의 뻥튀기
워드프레스로 만들고 수천만 원 받는다.

홈페이지 제작업체 역시 마케팅 회사 못지않은 하이에나다. "병원의 얼굴은 홈페이지입니다"라는 말로 접근해, 필수 불가결한 존재처럼 자신을 포장한다. 맞는 말이다. 환자가 병원에 방문하기 전, 가장 먼저 보는 것이 홈페이지다. 그래서 의사들은 이 말에 쉽게 동요한다.

문제는, 그들이 제공하는 홈페이지의 실체다. 실제로는 워드프레스 같은 오픈소스 툴을 기반으로, 템플릿을 살짝 수정하는 수준에서 홈페이지를 만든다. 기본적으로 구조는 이미 완성된 템플릿을 적용하고, 병원명과 색상, 몇몇 사진만 바꾸는 식이다. 이런 작업은 기본적인 툴 사용법만 익히면, 하루 이틀 내에도 충분히 구현할 수 있다. 그런데 이들은 이런 홈페이지 제작에 수천만 원의 견적을 내민다.

이들이 가격을 부풀리는 이유는 단순하다. 홈페이지의 본질보다 '디자인', '브랜딩', '유지관리'라는 명분으로 마진을 키우기 때문이다. 그리고 대부분 의사가 홈페이지 제작 경험이 없으므로, 어떤 작업이 얼마의 가치가 있는지 판단하지 못하고 그대로 수락하게 된다.

라. 사진 촬영, 콘텐츠 작성도 추가 비용 명목으로 청구

홈페이지 제작 과정에서 빠지지 않는 항목이 있다. 바로 사진 자료 요청과 콘텐츠 작성이다. 제작업체는 병원에 "원장님 사진, 병원 내부 사진, 시술 설명 자료를 주셔야 합니다"라고 요구한다. 여기서 사진이 충분하지 않거나, 글을 직접 쓰기 어렵다고 하면, "전문 촬영팀을 보내 드리겠습니다", "콘텐츠 작성을 대행해드리겠습니다"라는 제안을 하며 별도의 수백만 원 비용을 추가로 받는다.

이 사진 촬영은 전문가가 촬영하는 것처럼 포장되지만, 실제로는 일반 카메라 장비를 이용한 간단한 촬영에 불과하고, 후반 편집도 제한적이다. 콘텐츠 작성도 마케팅 업체에서 하는 것과 다르지 않다. 같은 틀에 병원 이름만 바꿔 붙인 문장을 복사해서 붙여넣는 수준이다. 결국, 병원은 중복된 자료, 모호한 권리, 비효율적인 운영 구조만 안고서 수천만 원의 돈을 지불하게 된다.

마. 직접 하거나, 신뢰할 수 있는 저비용 업체를 찾는 것

홈페이지 제작이 어렵다고 생각하는 의사들이 많지만, 실상은 그렇지 않다. 워드프레스, 윅스, 노션 기반의 홈페이지 제작 툴은 굉장히 직관적이며, 유튜브에 올라온 튜토리얼만 따라도 하루 이틀 내에 기본 틀을 잡을 수 있다. 좀 더 세련된 디자인이 필요하다면, 소규모 프리랜서 디자이너나 신뢰할 수 있는 저비용 웹에이전시를 찾는 것이 훨씬 현명하다.

시장에서 활동하는 프리랜서나 소형 스튜디오는 평균 50만 원에서 200만 원 사이에 홈페이지 전체를 제작해준다. 콘텐츠 구성도 직접 도와주고, 유지보수도 투명하게 안내하며, 무엇보다 '눈탱이'를 치지 않는다. 여러 업체와 충분히 상담하고 비교해보면, 합리적인 가격과 실력을 가진 전문가를 충분히 찾을 수 있다. 크몽, 숨고, 위시켓 등의 아웃소싱 플랫폼을 이용하자.

바. 진료실 밖에도 전장이 있다.

의사는 진료실 안에서 환자와 질병을 상대하지만, 진료실 밖에서는 마케팅업자와 홈페이지업자라는 '하이에나들'과 싸워야 한다. 그들은 의사의 정보 부족과 시간 부족, 심리적 불안을 먹이 삼아, 단순한 서비스를 비싸게 포장하고, 불필요한 업무를 필요하다고 설득한다.

하지만 그들이 하는 일의 상당수는 직접 해도 가능하고, 조금만 알아보면 훨씬 저렴한 대안이 있다. 결국, 병원의 성패는 단지 환자 수나 진료 능력에 달린 것이 아니다. 병원을 둘러싼 여러 영역에서, 누가 진짜 내 편인지 가려낼 수 있는 '경계 능력'에 달려 있다.

마케팅과 홈페이지 제작은 병원의 얼굴을 만드는 일이지만, 그 얼굴을 만들겠다고 다가오는 자들이 모두 정직한 조력자는 아니다. 누군가는 하이에나다. 진짜 전문가와 가짜 전문가를 가려내는 일. 그것은 의사로서의 실력만큼이나, 개원의로서 중요한 능력이다.

사. 돈 주고 사는 상, 그리고 그 위험한 유혹

개업하고 나면 몇 달도 지나지 않아 낯선 전화나 이메일이 하나둘씩

들어오기 시작한다. 그중에서 유독 눈에 띄는 건 수상 관련 연락이다. "○○브랜드 대상 수상자로 선정되셨습니다", "소비자 만족도 1위 병원으로 선정되었습니다" 같은 문구는 처음 보는 개원의에게는 제법 설레는 메시지다. 진료 하나하나에 최선을 다하며 버텨온 시간이 짧게나마 보상받는 듯한 느낌이 들기 때문이다.

그런데 막상 자세히 내용을 들여다보면 이 수상이라는 것이 단지 기쁜 소식만은 아니라는 걸 금세 깨닫게 된다. 선정됐다는 상을 받기 위해서는 '상패 제작비'며 '시상식 운영비', '보도자료 배포비' 등을 내야 한다고 한다. 금액은 적게는 70만 원에서 많게는 200만 원을 넘기기도 한다. 이름은 그럴듯한데 기관은 생소하고, 수상 절차나 심사 기준도 설명이 모호하다. 더 알아보면, 이 상을 받은 병·의원이 몇십 군데씩 있다는 사실도 드러난다. 이름만 바꿔 여러 분야로 확장해 판매하고, 각 병원에 같은 내용을 복사하듯 전달하며 수상자로 '선정'했다는 연락을 돌리는 식이다.

이런 상을 받는다는 것이 단순히 어이없는 일로 끝나는 게 아니라, 의료광고법 위반으로 이어질 수 있다는 사실은 더 심각한 문제다. 의료법 제56조에 따르면, 병원이 광고에서 허위 또는 과장된 표현을 사용하거나, 환자를 현혹할 수 있는 비 객관적인 내용을 싣는 것은 명백한 불법이다. 수상 경력도 마찬가지다. 보건복지부의 의료광고 가이드라인에서는 명확하게 기준을 제시하고 있다. 상을 광고에 사용할 수 있으려면, 해당 상이 정부나 지자체 등 공공기관 주관이어야 하며, 심사 기준이 공개되어 있고, 수상자 수도 제한적이며, 무엇보다도 금전적 대가 없이 수상한 경력이어야 한다. 이런 기준을 충족하지 못한 민간 기획사의 상은 광고에 사용하면 불법이다.

실제로 문제가 된 사례도 여럿 있다. 2021년, 서울의 한 치과가 홈페이지에 '소비자 만족도 1위'라는 문구를 게재했다가 보건소의 단속에 걸렸다. 해당 상은 민간 홍보사가 기획해 돈을 받고 판매한 것이었고, 치과는 과태료 처분을 받았다. 다른 병원은 블로그에 기획 상장을 게시했다가 업무정지 15일의 행정처분을 받은 예도 있었다.

그런데도 여전히 많은 병원이 이 상장을 홈페이지에 올린다. 자랑스럽게 상패 사진을 게시하고, 블로그 첫 화면에 수상 사실을 강조한다. 이는 마치 "나는 돈을 주고 상을 샀으며, 마케팅에 돈을 펑펑 쓰는 병원입니다"라고 선언하는 것이나 다름없다. 환자 입장에서 보자면 오히려 신뢰를 떨어뜨리는 요소가 될 수도 있다. 인터넷에 조금만 검색해보면 같은 해 같은 상을 받은 병원이 수십 군데라는 걸 알 수 있고, 정작 상을 수여한 기관은 어떤 곳인지, 심사 기준은 무엇인지에 대해서는 아무런 정보도 없다. 환자는 바보가 아니다. 병원의 실력을 포장하려는 광고와 진정한 신뢰 사이의 간극을 민감하게 감지한다.

이런 수상 상장은 단순한 마케팅 실패를 넘어 의료기관의 법적 리스크까지 초래할 수 있다. 적발될 경우, 처음에는 시정명령이나 경고 조치가 내려오지만 반복되면 업무정지 처분, 나아가 의료법 위반으로 형사처벌까지 가능하다. 행정처분은 경고나 벌금으로 끝날 수도 있지만, 영업정지까지도 가능하다. 이는 병원으로선 정말 치명적인 손실이다. 심한 경우 환자 수가 급감하는 결과로 이어지기도 한다. 돈을 주고 위험을 산다니 이건 정말 불필요한 행위이다.

병원이 진짜로 자랑해야 할 건 상장이 아니다. 그 병원을 찾아오는 환자가 다음번에도 다시 올 의향이 있다는 것, 치료 결과에 만족해 주변에 소개하고 싶다는 마음, 몇 년이 지나도 그 의사를 신뢰하고 찾아온다는 사실이야말로 진짜 수상이자 명예다. 돈을 주고 만든 상은 결국 허상이다. 자랑거리가 아니라, 신뢰를 허무는 도구가 될 뿐이다.

진짜 상은 밖에서 만들어주는 게 아니라, 진료실 안에서 하루하루 쌓아가는 것이다.

독점 광고 특약의 배신
'마트 광고 사기' 사건

2020년, 서울의 한 중소형 전철역 인근에 마취통증의학과가 조그맣게 문을 열었다. 겨우 개업 준비를 마치고 진료를 시작하려던 찰나, 코로나가 시작되면서 병원 운영은 첫날부터 위기를 맞았다. 환자도 적고 상권도 활발하지 않은 상황에서 하루하루 버티는 것만으로도 벅찼다. 그런데 진짜 문제는 외부에서 시작됐다.

병원 문을 열고 보니 온갖 업자들이 들이닥쳤다. 전화, 방문, 문서 등 방법도 제각각이었다. 마치 피냄새를 맡은 하이에나처럼, 개업 소식이 퍼지자마자 영업업체들이 달려들었다. 이들 중 대부분은 광고업자들이었다. 그들이 내세우는 말은 한결같았다.

"저기 병원은 벌써 광고 시작하셨다네요. 여긴 안 하시겠어요?"

"이 자리는 하나 남았는데요. 오늘 결정 안 하시면 저기 병원에 제안 드리겠습니다."

대화라고 할 수도 없었다. 상대가 느끼는 부담이나 상황을 고려하지 않은 채 오로지 "지금 계약하라"는 식의 몰아붙이기였다. 개업한 의료인이 겪는 불안감을 악용한 방식이었다. 한마디로 '심리 조작형 영업'이었다.

당시 병원 근처에 재활의학과도 함께 개업했다. 불과 200미터 거리였다. 주변 경쟁 구도도 의식하지 않을 수 없었고, "광고라도 해야 존재를 알릴 수 있다"는 생각에 마음이 흔들릴 수밖에 없었다. 이런 상황에서 마침 마트 내부 디지털 광고를 담당한다는 업체가 접근해왔다. 자사는 마트 내부 광고를 독점하고 있으며, 특별히 계약서에 "동종 업종 광고는 절대 받지 않겠다"는 특약을 명시해주겠다고 제안했다.

계약서에는 실제로 담당자의 자필로 다음과 같은 문구가 적혀 있었다. [정형외과, 재활의학과, 신경외과, 마취통증의학과 광고는 받지 않겠습니다.]

처음엔 믿음이 갔다. 독점이라더니 실제로 마트 측에 확인해보니, 해당 업체가 광고 송출을 단독으로 담당하고 있다는 점도 사실이었다. 그렇게 계약이 체결됐고, 병원의 광고는 마트 내부 TV에 정상적으로 송출되기 시작했다. 몇 개월간 별다른 문제는 없었다. 그런데 어느 날, 우연히 마트를 방문한 병원 원장은 믿을 수 없는 장면을 마주했다. 바로 자신의 광고 영상 뒤에, 그 재활의학과 광고가 송출되고 있었던 것이다.

즉시 계약서에 특약을 명시해줬던 담당자에게 전화를 걸었다. 그러나 돌아온 대답은 황당했다. 자신은 이미 회사를 퇴사한 상태이며, 이 일에 더는 책임질 수 없다는 것이었다. 그러면서 계약 당시에 명시된 자필 특약을 다시 확인해보던 원장은, 계약서 맨 아래 적힌 한 줄을 발견하게 된다.

"본 거래 약관 이외의 어떠한 이면계약이나 구두 약속, 본 계약서 외의 별첨 내용은 무효입니다."

모든 상황이 납득이 되었다. 그들이 제시한 자필 특약은, 사실상 계약서에 포함된 것이 아닌 '별첨'으로 간주될 수 있었고, 이는 계약서 본문 하단에 명시된 면책조항에 따라 무효처리될 가능성이 컸다. 한마디로 '명시해주는 척하고, 실제로는 아무런 효력 없는 약속을 던진 것'이었다. 결국, 모든 것은 처음부터 짜여진 판이었다.

병원의 피해는 단순한 광고 비용의 문제가 아니었다. 계약 당시, 원장은 업자들의 협박성 화법에 스트레스를 받아 몇 주를 끙끙 앓았다. "지금 안 하면 기회를 놓친다"는 말에 불안감은 극에 달했고, 결국 판단은 왜곡되었다. 업자들이 의사의 심리를 이용해 쥐락펴락하던 그 현장은, 단순한 영업이 아니라 조작이었다.

이 사건 이후 병원은 해당 광고업체를 소비자보호원에 제소하고, 변호사와 상담해 민사 소송 절차도 준비했다. 환불이나 위약금이 목적은 아니었다. 그보다도 이 광고업체가 얼마나 무책임하고 교묘하게 계약을 왜곡했는지, 공식적으로 기록을 남기고 책임을 묻는 것이 진짜 목적이었다.

이 사건은 의료기관을 대상으로 하는 광고 업계의 비윤리적 관행을 잘 보여주는 사례다. 불안과 공포를 자극해 계약을 유도하고, 눈속임 문구로 책임을 회피하며, 약속은 아무렇지 않게 파기한다. 특히나 개원 초기 병원이 겪는 혼란과 조급함을 정교하게 노리는 방식은 '하이에나'라는 표현이 과장이 아님을 실감하게 한다.

이후 병원 측은 교훈을 얻었다. 계약서에 어떤 특약이 들어가든, 반드시 본문 조항 안에 포함되어야 하며, '별첨', '구두약속', '자필 추가'는 믿어서는 안 된다는 점을 절감했다. 또한, 광고업자들의 연락은 접수직원에게 일임하고, 원장은 진료 외의 외부 응대는 일절 하지 않기로 방침을 바꾸었다. 접수에서 "마케팅 담당자입니다. 원장님 연결은 어렵습니다"라고 정리하자, 불필요한 영업은 현저히 줄어들었다.

12

절세와 노후 준비라는 미끼

절세와 노후 준비라는 미끼

절세나 수익을 가장한 수탈의 방법

학회장에 앉아 있는 수백 명의 의사 앞에 한 남자가 올라선다. "요즘 같은 세금을 많이 가져가는 시대에 필요한 건 절세 전략입니다. 의사 선생님들만을 위한 자산관리 솔루션이 있습니다." 그의 말은 매끄럽고 설득력 있다. 곧이어 나오는 키워드는 '변액연금보험', '종합소득세 절세', '상속세 대비' 같은 말들이다. 마침 점심시간이라 제공된 도시락을 먹으며 듣는 강의지만, 이 시간은 결코 무료로 주어진 시간이 아니다. 이른바 '런치온 세션(luncheon session)'이라는 이름으로 학회에 끼어든 금융회사들의 마케팅 자리다. 그리고 이 자리는 하이에나들이 의사들에게 접근하는 가장 익숙한 방식 중 하나다.

가. 학회를 마케팅 창구로 활용하는 보험 업계

런치온 세션은 단순한 강의가 아니다. 그것은 철저히 설계된 영업의 장이다. 강의자는 대부분 보험사 소속의 설계사이거나, 제휴된 자산관리사다. 그들은 통계 자료와 그래프, 복잡한 수익률 시뮬레이션을 동원해 의사들에게 이렇게 말한다. "변액연금보험은 세금도 줄여주고, 투자 수익도 올려줍니다. 자녀에게 물려주기에도 최적입니다."

표면적으로는 그럴듯한 말이다. 하지만 그 이면에 감춰진 것은 이 상품이 가진 비용 구조의 불균형, 그리고 의사의 심리적 약점을 겨냥한 설계다.

나. 사업비로 빠져나가는 돈, 무려 10~12%

변액연금보험은 일반적인 연금상품과 달리 운용 방식이 펀드형이다. 일정 수익률을 기대할 수 있다는 장점이 있지만, 그만큼 사업비가 많이 빠져나간다. 이 사업비는 보험사에 따라 다르지만, 통상적으로 매월 납입 금액의 10~12% 수준이 첫 몇 년간 고정으로 차감된다. 예를 들어 한 달에 100만 원을 냈다면, 처음 1년간은 매월 약 10만 원이 사업비로 빠져나가는 셈이다. 연간 120만 원, 10년간 1,200만 원이 단순한 수수료로 사라지는 구조다. 문제는 이 사업비가 선취 방식이라는 점이다. 즉, 가입 후 초기 몇 년간은 수익이 아무리 높아도, 사업비를 고려하면 손실이 나는 구조다.

예를 들어 1,000만 원을 넣었다고 치자. 여기에 10%의 사업비가 빠지면 실제 운용되는 금액은 900만 원이다. 이후 1년간 수익률이 10%라고 가정하자. 900만 원의 10%인 90만 원이 불어나 총자산은 990만 원이 된다. 즉, 애초에 납입한 1,000만 원보다 10만 원이 줄어든 셈이다.

"10% 수익이 났다"는 말이 사실은 사업비를 뗀 뒤의 잔액 기준이라는 점을 의사들은 잘 인식하지 못한 채, 수익이 난 줄로만 착각한다. 이는 판매자에게 유리한 설명 방식이다. 금액 기준이 아니라 비율 기준으로 설명하면, 현실보다 훨씬 좋아 보인다.

변액연금보험을 추천하는 자칭 자산관리사에게 "이 상품의 사업비는 얼마나 되나요?"라고 물어보자. 그들은 아마 정확한 수치를 말하지 않거나, "처음 몇 년만 조금 빠져요", "보험상품은 다 그래요", "나중엔 수익으로 다 커버돼요" 같은 식으로 얼버무릴 것이다. 또는 "수익이 잘나기 때문에 사업비는 걱정할 필요 없다"고 말하거나, "10년 이상 유지하면 손해 보는 구조가 아니에요"라는 식으로 대답한다.

그러나 실제 계약서를 열어보면, 사업비는 분명히 명시되어 있다. 약관의 깊숙한 부분에 작게 적혀 있다. 자산관리사라고 자칭하는 이들이 이런 사실을 몰랐다면 무지이고, 알고도 설명하지 않았다면 기만이다.

게다가 이들은 수익률만 강조하면서 "연 5~10% 정도는 충분히 가능하다"는 식의 장밋빛 전망을 제시한다. 하지만 정작 그 수익률은 사업비 차감 전 기준인지, 차감 후 실질 수익률인지에 대해서는 명확히 말하지 않는다. 고객에게는 사업비를 고려하지 않은 실질 수익률이 그 정도 될 거라고 착각하게 만든다.

진짜 자산관리는 상품 설명 이전에, 구조적 비용과 위험을 정확히 설명하는 데서 출발해야 한다. 하지만 변액연금보험을 생각 없이 권하는 이들 중 다수는 '판매 수당'이 자산관리의 중심이다. 수익률보다 먼저 묻고 따져야 할 건, 바로 사업비가 몇 퍼센트인지, 언제 얼마나 빠지는 구조인지, 그로 인해 실질 수익이 어떻게 영향을 받는지다. 이를 명확히 설명하지 않는 자는 '관리사'가 아니라 '판매인'일 뿐이다.

다. 절세라는 말의 함정

런치온 세션에서 가장 자주 나오는 단어는 '절세'다. 의사들은 종합소득세율이 높다. 소득이 많은 만큼 세금도 많이 내고, 매년 5월이 되면 몇천만 원에서 억 단위의 세금을 고지서로 마주한다. 이 불안을 이용해 브로커들은 말한다. "연금보험은 과세이연 효과가 있고, 일정 조건을 충족하면 비과세도 됩니다."

사실과 다르지는 않다. 일정한 조건으로는 변액연금보험의 수익에 대해 이자소득세가 면제되거나 이연될 수 있다. 하지만 그 절세 효과는 그들이 주장하는 것만큼 크지 않다. 절세는 분명히 되지만, 그것을 위해 지불해야 하는 사업비와 유지비용이 오히려 훨씬 클 수 있다.

게다가 세금은 다양한 방식으로 합리적으로 줄일 수 있다. 기부금 지출, 임대사업자 등록, 연금저축계좌, 개인형 IRP(퇴직연금) 등 수수료

없이 절세 효과를 얻을 방법이 있는데도, 브로커들은 굳이 변액연금보험이라는 고비용 상품만을 강조한다. 왜냐하면, 거기서만 자신들의 수익이 나오기 때문이다.

라. 의사들의 심리를 정확히 겨냥한 말들

브로커들이 가장 잘 아는 건, 의사들이 바쁘고, 금융엔 익숙하지 않으며, 돈은 많지만, 시간은 없다는 사실이다. 그래서 그들은 의사 전용 상품이라고 말하고, "다른 의사 선생님들도 다 가입하셨다"는 말로 안도감을 준다. 그리고 "절세와 노후, 상속까지 한 번에 대비할 수 있는 유일한 상품"이라며 변액연금보험을 권한다.

의사로서는 불안하다. 뭔가 가입하지 않으면 손해 보는 것 같고, 가입하면 뭔가 든든해질 것 같다. 그래서 결정한다. 그런데 문제는 그다음부터다. 한 번 가입하면 중도 해지하기가 매우 어렵다. 해약 시점에는 수수료, 해지공제, 불이익 조항이 있어 수백만 원을 손해 보고서라도 해지해야 한다.

이때부터는 인지 부조화가 작동한다. "내가 바보처럼 가입한 걸까?"라는 생각이 들면 불편하다. 그래서 자신을 합리화한다. "10년, 20년 뒤엔 분명히 도움이 될 거야."

바로 이것이 하이에나들이 가장 선호하는 구조다. 큰돈이 들어가면, 사람은 그 결정을 스스로 정당화하기 시작한다. 한 번 물린 이상 빠져나오지 못하게 되는 것이다.

마. '하이에나 상품'에 속지 않기 위한 최소한의 질문

변액연금보험은 특정한 사람에게는 맞는 상품일 수도 있다. 하지만 그것이 모든 의사에게 무조건 유리한 상품인 것은 아니다.

실제 운용 구조, 수수료 체계, 납입 기간, 중도 해약 시 불이익, 그리고 동일한 절세 효과를 다른 수단으로도 얻을 수 있는지 반드시 검토해야 한다. 특히 다음 질문은 반드시 던져야 한다.

✔ 이 상품은 정말 필요한가, 아니면 누군가의 수익을 위한 구조인가?

✔ 수익률은 어디서부터 계산된 것인가? 내 납입 원금 전체인가, 아니면 사업비를 제하고 남은 금액인가?

✔ 다른 대안(연금저축, IRP, 세무 설계)은 충분히 비교해보았는가?

✔ 내가 지금 느끼는 불안은 진짜 금융 위험 때문인가, 아니면 '불안'을 자극당한 마케팅 때문인가?

의사는 환자의 생명을 책임지는 전문가지만, 금융 영역에서는 소비자의 자리에 놓인다. 의료의 전문가인 동시에, 하이에나를 분별할 수 있는 소비자로서의 감각도 함께 키워야 한다. 그러지 않으면, 진료실 안에서 아무리 성공해도, 진료실 밖에서는 계속해서 뜯기게 될 것이다.

바. 사내근로복지기금, 병원에 필요한가?

'사내근로복지기금'이라는 말은 겉으로 보기엔 근로자를 위한 복지 제도처럼 들린다. 게다가 업자들은 여기에 '절세'라는 말까지 덧붙여 병원장들의 관심을 끈다. 세금도 줄이고 직원 복지도 챙길 수 있다면 일거양득처럼 보이기 때문이다. 하지만 이 제도는 애초에 의원급 의료 기관에는 어울리지 않는 구조이며, 무리하게 도입할 경우 오히려 불필 요한 비용과 리스크만 떠안게 되는 경우가 많다.

최근 의료계에서는 이런 제도를 '좋은 기회'라며 소개하는 외부 컨설 팅 업자들이 눈에 띄게 늘었다. 특히 병·의원 운영자 중 세무에 익숙하 지 않은 원장들을 대상으로 집요하게 접근한다. 전화를 걸어 업자들은 "다른 원장님들도 이미 다 했다", "지금 안 하면 세금 폭탄 맞는다"는 식으로 불안을 자극하고, 빠르게 계약을 맺도록 유도한다. 하지만 그 이면에는 기금 설립과 운영을 대행하며 챙기는 지속적인 수수료 수익 구조, 나아가 일부는 기금 자산을 자신들이 연계한 투자 상품에 유도해 자기 수익을 극대화하는 구조가 숨어 있다. 말 그대로 '하이에나처럼 병원 자금을 노리는 행태'라 해도 과하지 않다.

사내근로복지기금은 근로복지기본법에 따라 근로자의 복지를 위해 사업주가 일정 금액을 출연하여 조성하는 기금이다. 사용 용도는 직원 자녀의 학자금, 주택 자금, 생활자금 대여 등으로 제한되며, 법인세법 상 출연금은 손비로 인정되어 법인세 절감 효과가 있다. 이 점을 업자 들은 매우 강조한다. 하지만 이론상 절세가 가능하다는 말이 곧바로 "내게 유리하다"는 의미는 아니다.

212

가장 큰 문제는 출연한 금액을 다시 돌려받을 수 없다는 것이다. 출연과 동시에 법적으로 병원장이나 병원의 자산이 아닌 독립된 기금이 되어버린다. 병원이 어려워지더라도 해당 금액을 다시 회수하는 것은 불가능하며, 오직 제한된 용도로만 집행할 수 있다. 업자들은 마치 돈이 그대로 남아 있고 언제든 쓸 수 있는 것처럼 설명하지만, 실상은 한 번 나간 돈은 법적으로 되찾을 수 없는 구조다.

또한, 이 기금을 실제로 활용해야 할 때 단순히 직원에게 '돈으로 지급'할 수 없다. 급여나 상여처럼 사용하는 것은 명백한 위법이며, 정해진 절차에 따라 학자금이나 생활자금 대여 같은 형식으로 집행해야 한다. 병원의 현실을 생각해보자. 몇 명 되지 않는 직원 중 과연 이런 기금을 실제로 활용할 사람이 얼마나 될까? 거의 없다. 결국, 기금은 사용되지 않은 채 수년간 은행 계좌에 잠자게 되거나, 잘못 집행돼 세무 리스크만 키우는 결과가 되기 쉽다.

기금의 운용 자체도 의원급 의료기관에는 큰 부담이다. 기금은 법적으로 독립된 조직처럼 운영되어야 하므로 이사회 구성, 정관 작성, 기금 운영 계획 수립, 회계 보고 등의 의무가 뒤따른다. 병원 내에 그런 전문 인력이 없는 경우, 결국 외부 컨설팅 회사에 지속해서 비용을 지급해야만 한다. 이렇게 되면 기금은 절세는커녕 매년 '외부업자에게 고정비를 지불해야 하는 골칫거리'가 되어버린다.

그렇다면 업자들은 왜 이토록 적극적으로 이 제도를 권할까? 그 이유는 간단하다. 이 제도는 한 번 계약이 성사되면, 그 이후로도 설립 수수료, 관리 수수료, 운영 수수료 등 다양한 방식으로 돈이 들어오는 구조이기 때문이다. 게다가 병원장으로서는 복잡한 구조를 잘 알 수 없으므로, 모든 운영을 맡기게 되는 경우가 많다. 일부 업자들은 기금 내 자산을 자신들이 연결한 특정 금융상품에 넣도록 유도하여 이중 수익을 챙기는 일도 있다.

의원급 의료기관은 보통 직원 수가 10명 내외로 적고, 복지 수요도 한정적이다. 사내근로복지기금을 통해 실질적인 직원 복지 혜택을 줄 여력도 없고, 그런 복지를 요구하는 분위기 자체도 거의 없다. 기금 자체가 규모의 경제를 전제로 설계된 구조이기 때문에, 의원급에서는 기금이 생겨도 쓰지도 못하고, 절세 효과도 제한적인 '고립된 자금'이 되기에 십상이다.

그런데도 업자들은 "병·의원만을 위한 최적화된 절세 방안이다", "올해 안에 해야 혜택을 본다", "다들 하는데 안 하면 손해 본다"는 식으로 병원장을 흔든다. 이 말은 곧, '지금 계약해야 우리가 돈을 번다'는 신호이기도 하다.

결론적으로, 사내근로복지기금은 병원 운영에 있어서 실익이 거의 없는 제도이며, 특히 의원급 의료기관에는 적합하지 않다. 오히려 운영의 복잡성과 비용 부담, 자산 통제권 상실이라는 리스크만 커진다. 사탕발림 같은 '절세'라는 말에 혹해서 무리하게 기금을 도입했다가, 수년간 손도 못 대는 돈만 묶여 있는 사례는 이미 적지 않다.

사내근로복지기금은 대기업 복지 시스템이지, 의원급 병원에 맞는 도구가 아니다. 업자들의 말에 혹하지 말고, 실제 내 병원에 필요한 복지가 무엇인지부터 돌아보는 것이 우선이다. 하이에나처럼 기회를 노리는 이들보다, 병원장의 시야가 더 멀고 냉정해야 한다.

사. '돌려받는 세금' 뒤에 숨겨진 덫
경정청구 환급 마케팅의 진실

최근 몇 년 사이, 소셜미디어와 핸드폰 어플을 통해 널리 퍼지고 있는 한 가지 유행이 있다. 바로 "경정청구를 통해 세금을 환급받을 수 있다"는 내용이다. 의료인, 약사, 변호사 등 고소득 전문직 종사자들이 주요 대상이다. "이미 수백만 원을 돌려받았다", "합법적인 절세 방법이다", "국세청이 환급까지 해줬다"는 말은 그럴듯하게 들린다. 그러나 이 안에는 잘 짜인 사기 수법이 숨어 있다. 표면적으로는 국가가 인정한 제도를 활용하는 것처럼 보이지만, 실제로는 납세자를 함정에 빠뜨리는 고전적인 수법이다.

경정청구란, 납세자가 이미 낸 세금이 과도하다고 판단될 때, 일정 기간 내에 국세청에 이를 정정해달라고 요청하는 절차다. 세금신고일로부터 5년 이내에 가능하며, 국세청은 해당 청구를 심사한 뒤 환급 여부를 결정한다. 이는 납세자 권익 보호를 위한 제도지만, 아이러니하게도 지금은 이를 악용하는 마케팅이 성행하고 있다.

사기 수법은 대개 다음과 같은 패턴을 따른다. 처음에는 세무사 또는 관련 전문 인력으로 속인 브로커가 접근한다. "절세가 가능하다", "환급 사례가 많다", "성공하면 수수료만 받겠다"는 말로 심리적 장벽을 무너뜨린다. 일단 대상이 관심을 보이면, 과거의 인건비, 임대료, 차량비, 감가상각비 등을 조정하거나 새로 만들어낸다. 이미 지급하지 않았던 가족 급여를 소급하여 기재하거나, 본인이 낸 적 없는 임대료를 새롭게 비용으로 포함하기도 한다. 일시적으로는 이런 자료들이 그럴싸하게 보인다. 그래서 자료만 보고 국세청이 환급을 해주기도 한다. 그러나 여기에는 중요한 오해가 깔려 있다. 국세청의 환급은 곧 '합법'이라는 의미가 아니다.

경정청구를 통해 환급된 뒤, 수개월 혹은 수년이 지나 국세청의 사후 검토나 세무조사가 이뤄지면 사태는 달라진다. 그동안의 환급 내역이 잘못됐다고 판단되면, 원금은 물론 가산세와 이자를 포함한 금액이 고스란히 추징된다. 그 순간에는 처음 접근했던 브로커는 연락이 끊긴 상태다. 법적으로는 납세자 본인의 책임이기 때문에, "업체가 하자고 해서 했다"는 말은 아무런 방패가 되지 않는다.

실제 피해 사례도 적지 않다. 서울 강남에서 개인 의원을 운영하던 A의사는 한 브로커의 권유로 경정청구를 진행했고, 1,800만 원가량의 세금을 환급받았다. 그러나 1년 반 뒤, 국세청의 세무조사 결과 허위 소급 급여와 임대료가 드러나면서 약 3,000만 원의 세금을 추징당했다. 이 중 절반 이상은 가산세였다. A의사는 인터뷰에서 "세금 돌려받고 좋아했을 땐 몰랐다. 사기라고 생각도 못 했다"고 말했다.

이런 경정청구 마케팅의 무서운 점은 '시간차 사기'라는 데 있다. 환급이 이뤄진 뒤 당장은 문제가 없는 듯 보이기 때문에, 주변 사람들에게 "나도 했다"는 식으로 자연스럽게 홍보가 이뤄진다. 결국, 또 다른 피해자를 양산하는 구조다. 업체는 '경정청구를 도와줬을 뿐'이라며 책임을 회피하고, 납세자는 나중에야 뒤통수를 맞은 기분으로 법적 처벌과 세금 추징을 감당하게 된다.

국세청은 이미 수차례 공식적으로 이 문제에 대해 경고한 바 있다. 경정청구는 단지 환급 가능성을 판단하는 절차이지, 청구 내용이 정당하다는 것을 즉시 인정하는 것이 아니다. 특히 인건비나 비용의 소급 적용은 매우 엄격한 증빙 요건이 필요한데, 이를 사후에 조작하거나 임의로 작성할 경우 명백한 조세포탈로 간주된다.

결론적으로, 세금을 돌려받았다는 말만 믿고 경정청구를 진행하는 것은 매우 위험한 선택이다. 진정한 절세는 평소의 투명한 회계와 정직한 자료 관리에서 시작되며, 거짓 자료로 일시적 환급을 노리는 방식은 결국 더 큰 빚과 법적 책임으로 되돌아올 뿐이다. 한 번 들어온 환급금에 기뻐하는 사이, 이미 덫은 발목을 조이고 있다는 사실을 잊어서는 안 된다.

아. 미술이라는 덫
그림 뒤에 숨은 고수익 사기의 그림자

"매달 1%의 수익이 보장됩니다. 작품은 갤러리 측이 보관하고, 전시 수익까지 돌려드려요. 1년 후에는 원금 그대로 돌려받으실 수 있습니다."

이런 말로 시작된 한 통의 소개 전화는, 몇 달 뒤 병원을 접을 수도 있다는 불안으로 이어졌다. 전화를 받은 이는 마흔을 갓 넘긴 내과의사였다. 동료 의사의 소개로 알게 된 갤러리 투자 상품에 대한 설명은 매우 정제되어 있었고, '문화 예술을 통한 절세 재테크'라는 말은 무척 근사하게 들렸다. 작품은 실제 작가의 실물 작품이고, 감정도 받았으며, 매입 계약서도 확실하다고 했다. 게다가 미술품은 양도소득세 면세 혜택이 있어, 고소득 직업군이 투자하기에 '최적의 수단'이라는 설명이 덧붙었다.

의사와 같은 전문직이 미술품 투자에 끌리는 이유는 그럴듯한 이유가 많다. 고정적인 고소득, 한정적인 시간, 그리고 절세에 대한 민감성은 그들을 아트테크라는 이름의 덫으로 자연스럽게 이끈다. 미술품은 고상한 이미지도 더해준다. "병원에 걸어둘 겸 한두 점 사볼까?"라는 생각으로 시작한 투자가, 나중에는 "지인도 했고, 최소금액이 3천만 원이라면 제대로 된 투자일 것"이라는 확신으로 커진다. 실제로 한 투자자는 "주변에 4~5억 원을 넣은 사람도 수두룩했다"고 회고한다.

그러나 그 그림 뒤에는 진짜 '작가의 서명'이 아닌, 투자자를 물색하던 '사기꾼의 손길'이 숨어 있었다.

□ '작품'이 아닌 '투자'를 팔았던 그들

문제가 된 것은 수도권 청담동 일대에서 수년간 미술품 투자 상품을 운영하던 한 중견 갤러리였다. 이들은 국내외 작가의 회화, 판화, 조각 등의 소유권을 '분할'해 판매했다. 예컨대 한 작품을 수천만 원 단위로 나누어 투자자를 모집한 뒤, 갤러리 측이 이를 1년간 전시·임대하고 그 수익을 투자자에게 돌려주는 구조였다. 여기에 매월 0.8~1%의 '저작권료'라는 이름의 수익이 따라붙었고, 만기 시에는 갤러리가 원금을 보장하며 다시 작품을 매입하겠다는 조항이 있었다.

이른바 아트테크 상품이었다. 그러나 실상은 신규 투자자의 자금으로 기존 투자자에게 수익을 돌려주는 전형적인 폰지 사기 구조였다. 회계 장부상 수익은 없었고, 작품은 감정가 대비 지나치게 부풀려 판매되었으며, 갤러리의 체납 세금은 수십억 원에 달했다.

사건이 수면 위로 드러난 것은 2025년 5월. 해당 갤러리는 이자 지급을 중단했고, 홈페이지는 폐쇄됐다. 대표는 세무조사로 인해 잠시 지급이 지연된다고 해명했지만, 실제로는 이미 수백억 원의 부채를 감당할 수 없는 상황이었다. 경찰은 서울 시내 갤러리 본사와 대표 자택을 압수 수색을 하며 본격적인 수사에 착수했고, 피해 접수는 300건을 넘어섰다.

한 피해자는 말한다.

"진입 장벽이 높아야 믿을 수 있을 거로 생각했어요. 최소 투자금 3천만 원이라니까 더 신뢰가 갔어요. 이 정도면 의사나 변호사 같은 사람들이 많이 투자했을 거로 생각했죠."

그 '신뢰'는 결과적으로 사기의 핵심 수단이었다.

❏ 고수익을 향한 믿음, 그리고 붕괴

이 갤러리만의 문제가 아니었다. 불과 몇 달 전에도 서울 강남의 또 다른 미술투자 업체가 900억 원에 달하는 투자금 유치 사기로 검찰에 넘겨졌다. 그들은 "작품 임대를 통한 수익 배분", "저작권료 지급", "원금 보장"을 내세워 1천 명 이상에게서 거액을 받아냈다. 다른 지방의 갤러리 대표는 아예 징역 23년을 선고받았고, 그 밖에도 전국적으로 '○○아트', '△△갤러리'라는 이름의 업체들이 유사수신 행위로 수사를 받고 있다.

피해 구조는 비슷하다.

- ✔ '원금 보장 + 고정 수익'이라는 문구
- ✔ 보험설계사나 투자전문가라는 타이틀을 단 중간자의 권유
- ✔ '작품'이 아닌 '수익률'에 대한 홍보
- ✔ 감정가를 근거로 한 판매가 조작
- ✔ 수익금 미지급 후 연락 두절

모든 것은 그림을 팔기 위한 사업이 아닌, 돈을 빌려 돌려막기 위한 구조였다.

❏ 문화와 투자 사이, 법은 아직 미약하다.

문제는 이러한 구조가 '불법인지조차 모른 채' 진행된다는 점이다. 미술품은 금융상품이 아니므로 금융감독원의 규제를 받지 않는다. 유사수신 규제법에 걸릴 수는 있지만, 피해가 본격화되기 전까지 수면 아래

숨어 있기 쉽다. 심지어 미술품을 공동소유하는 '조각 투자'조차 제도권 금융 안에서 아직 완전히 정리된 영역이 아니다.

의사들은 신뢰 기반의 고소득 전문직이다. 의료가 전문성과 도덕성을 기반으로 하는 만큼, 투자 역시 '신뢰'라는 코드에 약한 편이다. 그런 이들을 겨냥해 접근하는 사기꾼들은 단지 수익을 강조하는 것이 아니라, '품격 있는 투자', '절세 효과', '지인도 투자한 곳'이라는 메시지를 던진다.

그림은 정적인 이미지다. 움직이지 않기에 안정적으로 보인다. 그러나 그 이미지 뒤에서, 많은 이들의 자산은 조용히 사라지고 있었다. 그리고 그중에는 분명, 진료실에 성실히 앉아 있던 누군가의 이름도 포함되어 있다.

자. 예술 뒤에 숨은 덫
미술품 렌트와 페이백의 함정

일부 미술 렌탈 업체나 갤러리에서는 렌트 계약을 맺은 뒤 일정 금액을 돌려주는, 이른바 '페이백' 형태의 거래를 제안하는 예도 있다. 병원이나 개인사업자가 작품을 대여하면서 전시 목적이라는 명목으로 세금계산서를 발급받고, 그 대금을 전액 지출한 것으로 처리한 뒤, 실제로는 일부 금액을 다시 돌려받는 방식이다. 표면적으로는 정상적인 거래처럼 보이지만, 세법상으로는 명백한 위법 행위다.

세금계산서를 발행하고 비용 처리를 하면서 실질적으로는 그만큼의 지출이 없었다면, 이는 허위 세금계산서를 수취한 것으로 간주된다. 세무당국은 이러한 행위를 '실질과세의 원칙'을 위반한 것으로 보고, 부가가치세법과 조세범처벌법에 따라 가산세를 부과하거나 형사처벌까지도 할 수 있다. 특히 페이백은 가공경비를 조장하는 행위로 분류되며, 국세청은 이를 조세포탈의 시도로 판단하고 세무조사의 주요 표적으로 삼는다.

더불어 이런 구조가 법인의 대표나 개인사업자에게 직접 현금 또는 계좌이체 등의 형태로 되돌아온 경우, 이는 단순한 세법 위반을 넘어서 '횡령'이나 '배임' 혐의로도 이어질 수 있다. 병원이 법인 형태일 경우, 법인 자산이 대표 개인에게 사적으로 귀속되는 구조는 법적 책임의 소지가 크다. 실제로 이러한 형태의 페이백은 내부 고발이나 세무조사로 인해 드러나는 경우가 적지 않다.

국세청 조사 사례 중에는, 미술품 렌트를 명목으로 수천만 원어치의 그림을 계약하고, 실제로는 그 절반 이상을 현금으로 되돌려받은 병원이 있었다. 이 병원은 그림을 복도나 진료실에 전시하지도 않고 창고에 내버려 두었는데, 세무조사 결과가 나오자 과다경비 처리 및 허위 세금계산서 수취로 수억 원의 추징을 당했다. 몇몇 경우에는 미술 작품이 병원장이 운영하는 개인 공간이나 자택에 걸려 있었던 사실까지 드러나 형사고발로 이어지기도 했다.

이러한 위험을 감수하지 않고도 충분히 정당한 방식으로 절세할 방법은 존재한다. 사업장의 인테리어 개선, 환자 만족도 향상, 직원 복지 등을 목적으로 미술품을 렌트하고, 이를 실제로 병원 복도나 공용 공간에 전시한 뒤, 세금계산서 등 정식 증빙을 갖추어 경비 처리하면 된다. 이 경우에도 작품의 수량이나 렌트 비용이 병원의 규모와 매출보다 과도하지 않고, 사업상 필요성이 명확히 드러난다면 세무상 문제없이 비용 인정이 가능하다.

결국, 합법적인 절세와 탈세 사이에는 분명한 경계가 존재하며, 그 경계를 넘는 순간 예상보다 훨씬 큰 리스크가 따라온다. 특히 의료기관처럼 사회적 책임이 강조되는 사업장에서는 '예술'이라는 명분 뒤에 숨겨진 페이백 거래가 발각될 경우, 단순한 세무 문제를 넘어선 신뢰도 하락과 법적 처벌이라는 치명적인 결과를 초래할 수 있다.

차. 허위 장애인 고용과 세금 감면, 그 위험한 유혹

개원 준비를 하다 보면 "장애인 고용 표준사업장으로 등록하면 세금 100% 감면된다"는 제안을 받는 일이 있다. 심지어 "직원은 우리가 알아서 가짜로 세팅해주고, 소득공제 혜택은 병원이 받게 해주겠다"는 식으로 접근하는 업자도 있다. 보통 세팅비 명목으로 수천만 원을 요구하며, 3년간 소득세 전액 감면이 가능하다고 강조한다.

실제로 장애인을 일정 기준 이상 고용하면 세금 감면을 받을 수 있는 제도는 존재한다. 법적으로 정식 등록된 표준사업장이면 법인세 또는 소득세가 3년간 100% 감면되고, 이후 2년간은 50% 감면 혜택을 받을 수 있다. 이 제도 자체는 국가가 장애인 고용을 장려하기 위한 순기능적인 장치다.

하지만 업자가 제안하는 방식은 명백한 불법이다. 장애인을 실제로 고용하지 않고, 허위로 4대 보험을 가입시키거나 급여만 지급된 것처럼 꾸미는 것은 조세포탈, 보조금 부정수급, 공문서위조 등의 범죄에 해당

한다. 가짜 근로계약서를 만들어 세무서나 고용노동부에 제출했다면, 그 자체로 형사처벌 대상이 된다.

이런 사기성 제안에 넘어가면 감면받은 세금은 추징당하고, 이자와 과징금까지 함께 물어야 한다. 그뿐만 아니라 의사가 직접 관여했다면 범죄 공범으로 입건될 수도 있다. 실제로 과거 몇 차례, 비슷한 수법으로 장애인 장려금과 세금 감면을 동시에 노렸다가 적발된 사례가 있었다. 그때도 업자만 처벌받은 게 아니라, 해당 병원의 대표도 공범으로 기소되었다.

세무 감면이라는 유혹이 아무리 달콤해 보여도, 허위 고용이라는 전제가 깔려 있다면 이는 '절세'가 아니라 '탈세'다. 병원이 세금 몇 푼 아끼겠다고 거짓 서류를 꾸미는 순간, 병원이 아니라 범죄 조직이 되는 것이다.

"세무조사 걸리면 우리가 다 책임진다"는 말은 업자의 변명일 뿐이다. 세무조사와 고용노동부 감사는 그보다 훨씬 냉정하게 움직인다. 감면받은 돈은 국가가 환수하고, 그 대가는 병원과 대표가 떠안는다.

합법적인 제도는 충분히 활용하되, 편법의 유혹에는 확실히 선을 그어야 한다. 제도는 모르고 넘어가면 손해를 본다. 하지만 알고도 어긴다면, 그건 손해가 아니라 범죄다.

카. '의사 연구소'라는 허상, 그리고 세무조사의 칼날

한 의사가 커뮤니티에 이렇게 털어놓는다.

"수수료 포함해서 수억 날렸어요. 개원 초에 하이에나들한테 당했습니다."

처음엔 다들 했던 거라며 추천을 받았고, 모종의 업체를 통해 '연구소'를 설립했다. 병원 수입 일부를 연구소로 돌리면 세금 부담이 줄어든다는 논리였다. 마치 고수들의 절세 비법처럼 포장된 구조였다.

하지만 현실은 달랐다. 몇 년 뒤 세무조사가 나왔고, 연구소 운영에 들어갔던 비용은 전혀 인정되지 않았다. 직원도 없고, 실적도 없고, 사업 목적도 불분명했다. 결국, 모든 비용이 사적인 지출로 간주되면서 소득 탈루로 잡혔다. 세금, 가산세, 연체이자까지 한꺼번에 내야 했다. 업체에 지급한 수수료는 돌려받을 길도 없었다.

이 사례는 비단 그 개인만의 일이 아니다. 2021년 한 언론 보도에 따르면, 전국적으로 의사·한의사들이 '연구소' 형태로 세금 감면을 시도했다가 적발된 사례가 급증했다. 국세청은 특히 '페이퍼 연구소' 형태에 대해 실체 조사에 들어가면서, 서류만 갖춘 법인은 대거 부인 처리했다. 대표가 의사 본인이고, 연구 인력도 없이, 실질적인 연구실적 없이 병원 수입을 일부 이체해 운영되는 구조였다면 탈세로 본 것이다.

업자들은 이 구조를 절세 상품처럼 팔았다. 수백만 원에서 수천만 원짜리 '패키지'로 팔았고, 정작 책임은 지지 않았다. 세무조사가 나오면 업체는 연락이 끊기고, 대표는 "요즘 돈이 없어 대리운전하고 있다"며 금전적 책임 회피에 바빴다.

문제는 이런 구조가 지금도 버젓이 유통되고 있다는 점이다. 온라인 커뮤니티에선 무책임한 팁이 공유된다. 위험성에 대해 경고하면 "잘만 하면 안 걸린다", "적당히만 하라"는 식으로 얼버무린다.

절세는 합법 안에서만 유효하다. 그 선을 넘는 순간, 그건 탈세고 범죄다. 그리고 그 책임은, 컨설팅을 맡긴 업체가 아니라, 인감도장을 찍은 병원 대표가 진다.

세무조사의 칼날은 껍질만 본다. 겉보기엔 포장지였던 연구소는, 실제론 세금 회피를 위한 껍데기였고, 당연히 베어진다. 하이에나는 늘 그럴듯한 명분을 판다. "다들 해요", "걸리면 우리가 책임져요."

하지만 조사 나왔을 땐 아무도 없다. 계좌엔 잔고가 없고, 수수료는 이미 건너갔고, 국세청은 냉정하다. '연구소'는, 결국 아무도 책임지지 않는 구조 위에 세운 모래탑이었다.

13

제약회사는 대표적 하이에나

제약회사는 대표적 하이에나

의사를 옭아매는 정교한 덫

가. "도와드릴게요"라는 미끼, 개업 초기의 그림자 계약

개업 초반, 제약회사 영업사원은 인테리어·장비·홍보 등 개업 준비를 지원하겠다는 제안을 한다. 미팅 장소 세팅, 명찰, 심지어 종이컵 하나까지···. 이처럼 작은 '도움'이 반복되면서 병원이 제약사의 '채무자'가 된다.

하지만 시간이 흐르면 이 호의적인 관계는 심리적 부담으로 전환된다. 영업사원은 "도움받은 만큼 처방해달라"는 암묵적 압박을 가하게 된다. 세상에 공짜는 없다. 받은 만큼은 돌려줘야 체하지 않는다.

나. 경제적 이익 제공의 함정

'지출보고서'로 드러나는 거래의 실체

2018년, 한국은 미국 '선샤인 액트'를 모델로 K-선샤인 액트, 즉 경제적 이익 지출보고서 제도를 도입했다. 제약회사·의료기기 공급자는 의료인에게 제공한 견본품, 학술대회·임상시험 지원, 제품설명회, 시판 후 조사, 대금결제 할인 등 모든 허용된 경제적 이익 제공 내역을 작성하여, 회계연도 종료 후 3개월 이내에 보건복지부에 제출하고 5년간 보관해야 한다. 2025년 2월에는 2023년 회계연도 자료가 건강보험심사평가원을 통해 공개되었다. 이 보고서는 식약처, 복지부는 물론, 감사기관과 언론, 환자단체 등이 열람할 수 있다.

■ 의료기기 유통 및 판매질서 유지에 관한 규칙 [별지 서식] <개정 2023. 8. 11.>

경제적 이익등의 제공 내역에 관한 지출보고서

(앞쪽)

1. 견본품 제공

① 번호	의료기관 정보		의료기기 정보						⑩ 제공일자
	② 기관명칭	③ 요양기관기호	④ 품목명	⑤ 모델명	⑥ 허가·인증 또는 신고 번호	제공 수			
						⑦ 포장단위	⑧ 제공수량	⑨ 계(⑦×⑧)	

2. 학술대회 지원

① 번호	학술대회 정보				⑥ 지원금액
	② 주최기관	③ 대회명칭	④ 대회장소	⑤ 대회일시	

3. 임상시험 지원

경제적 이익등의 제공 내역에 관한 지출보고서 양식

이로써 국민 누구나 특정 제약사가 어느 병원, 어느 의사에게, 어떤 명목으로 얼마를 지출했는지 열람할 수 있게 됐다. 그러나 의사·제약업계에서는 "제대로 된 상호 의사 없이 한끼 식사·학술 대화만으로도 자료에 이름이 올라 오해를 낳을 수 있다"고 우려한다. 실질적으로 밥 한끼 얻어먹고 지출보고서 리스트에 올라 제약회사의 지원을 받는 의사 이미지를 가져가는 건 오히려 손해다. 그러므로 애초에 식사비를 지원받지 않는 것이 더 나은 선택이다.

또 다른 문제는 이 보고서가 제약사의 일방적 기록에 의해 작성된다는 점이다. 즉, 의사의 동의나 서명이 없이도, 제약사 측은 "A병원 B의사에게 20만 원 상당의 식사를 제공했다", "강연료 30만 원을 지급했다" 등의 내용을 자율적으로 입력할 수 있다.

이 과정에서 실수로든 고의로든, 제공되지 않은 경제적 이익이 제공된 것처럼 기록되는 경우가 종종 발생한다. 의사가 아무 대응 없이 넘어갈 경우, 해당 보고서는 "제공받은 사실을 인정했다"는 묵시적 승인으로 간주될 수 있다. 향후 리베이트 조사나 행정처분이 있을 경우, 이 보고서는 불리한 정황증거로 작용할 수 있고, 의료기관에 불이익으로 이어질 수도 있다.

따라서 지출보고서에서 허위 기재가 발견되면, 즉시 사실관계를 확인하고 제약사에 정정 요청 및 항의 공문을 발송한 뒤, 사안에 따라 민사소송, 형사고소, 국민신문고 민원 제기 등 단계적 조치를 취해야 한다. 무엇보다 받지도 않은 이익을 '받은 것으로 적힌 의사'라는 낙인이 찍히지 않도록, 기록의 오류를 방관하지 않는 것이 무엇보다 중요하다.

다. 만나주는 것만으로도 '지원받은 것'이 된다.

단순 미팅이라도 제약사 영업사원은 '정산용 회의자료'를 남긴다. 영업사원을 만나 대화를 나누는 순간부터, 그 만남은 '기록'의 형태로 남는다. 진료실의 문을 열어주는 순간, 그 대화의 내용은 본인의 의도와 무관하게 보고서에 포함될 가능성이 생긴다. 이 보고서가 실제로 있었던 사실과 다르게 작성되더라도, 한 번 만나주기만 하면 그것이 외부에선 사실로 간주될 수 있다는 점이다.

일부 제약회사 영업사원은 본인이 사 먹은 음료를 "병원에 제공했다"고 거짓 기재한 사례도 있다. 본인은 기억도 못 하는 일이지만, 제약회사 내부 시스템에는 '지원을 받은 의사'로 남게 된다. 만남을 피했다면 애초에 기록될 일도 없었겠지만, 일단 한 번 만난 이후에는 어떤 보고서를 어떻게 쓰든 제약회사 입장에선 "지원이 오갔다"는 근거로 활용할 수 있게 된다.

그러므로 제약회사 직원과는 아예 만나지 않는 것이 가장 좋고, 만나야 한다면 공적인 자리나 직원이 상주하는 진료실에서 대화하는 것을 추천할 수 있다.

라. "왜 통계를 줬습니까?"
아무도 알려주지 않는 죄의 구조

과거 영업사원들은 자신의 실적 보고를 위해 병원의 약 처방통계를 복사해달라는 요청을 하기도 했다. 당시엔 그저 "인사상 이유로 필요하

231

다"는 말에 통계를 제공한 의사들이 적지 않았다. 하지만 이후 검찰 수사에서는 이런 통계가 리베이트 제공 정황의 증거로 채택되었다. 처방 통계가 존재하면 "왜 이런 민감한 자료를 제공했는가"가 추궁 대상이 되었고, 심지어 금품이 오간 흔적이 없음에도 불구하고 유죄 판결이 내려진 사례도 있다.

이런 상황에서 "나는 돈을 받지 않았기 때문에 문제없다"는 방어는 법적으로 전혀 통하지 않는다. 오히려, 돈도 받지 않았는데 왜 통계를 줬느냐는 질문에 제대로 답변하지 못하면 '의도성이 있었다'는 해석이 가능해진다. 그 논리는 상식적으로는 어이없게 들리지만, 현실의 판례는 그렇게 되어 있다.

이런 구조적 위험 속에서 자신을 지킬 방법은 명확하다.

✔ 영업사원을 만나지 않는 것

✔ 절대 어떤 통계도 복사하거나 사진을 찍게 하지 않는 것

✔ 개인 연락처도 제공하지 않는 것

실제로, 의사 이름이 제약사 내부 문서에 한 번 기록되면 해당 의사는 이후 수년 동안 그 제약사의 '관리 대상'으로 남게 된다. 심지어 그 의사가 전혀 의도하지 않았더라도, 해당 제약사의 마케팅 전략이나 인센티브 평가에 이용될 수 있다. 단 한 번의 만남이 수년간의 부담으로 이어질 수 있는 셈이다.

의사라는 직업은 신뢰 위에 세워진다. 환자와 사회가 기대하는 의사의 모습은, 제약회사와의 관계에서도 흔들려서는 안 된다. 영업사원과

나눈 가벼운 인사, 짧은 대화 하나가 법적 해석과 사회적 인식에선 무겁게 작용할 수 있다.

스스로를 보호하고, 의사라는 직함의 무게를 지키기 위해서는 단호하고도 일관된 원칙이 필요하다. 그 원칙은 "만나지 않는다", "보내지 않는다", "남기지 않는다"는 세 가지다. 그 누구도 당신의 이름을 허락 없이 보고서에 올릴 수 없게 하려면, 애초에 문을 열지 않는 것이 가장 안전하다.

마. 제약사 영업사원을 대하는 바른 방법

❏ 자료만 두고 가라고 한다.

카탈로그, 약효·부작용 자료 등 공식 자료 외에 접촉하지 않는 태도를 유지해야 한다. 자료를 보고 약을 주문하려고 하거나 궁금한 사항이 생기면 그때 제약회사 담당자에게 연락하는 것이 좋다.

❏ 개인 연락처 금지

카카오톡 메시지, 통화 내용도 기록의 단서가 되어 법적·제도적 증거가 될 수 있다. 개인 SNS나 연락처는 절대 공유하지 않는다.

❏ 물리적 거리 + 심리적 경계

필요하다면 직원이 비공개로 대응하게 하고, 본인은 대응을 최소화해 흔적을 남기지 않는다. 공개적인 자리 외에는 만남을 피한다. 영업사원과 대화할 때도 사적인 이야기는 생략한다.

바. CSO를 통한 거래, 왜 비싸고 위험한가?

CSO, 즉 Contract Sales Organization은 말 그대로 제약사의 영업을 외주 형태로 대신하는 조직이다. 통상 제약사와 병원, 의원 사이에서 중간 도매상 혹은 유통대행 역할을 한다. 흔히 업계에서는 이들을 '도매상'이라 부르기도 하며, 본질에서는 의약품을 공급하는 유통 창구지만, 그 역할은 단순 유통에 그치지 않는다. 이들이 실질적으로 수행하는 업무는 약품 공급 외에도, 제품 홍보, 처방 유도, 통계 수집 등 제약사 영업사원이 하던 일을 그대로 떠맡는 경우가 많다.

특히 중소제약사로서는 자체 영업조직을 운영하는 비용이 부담되기 때문에, CSO에 의존하는 비율이 높다. 한 사람이 전국을 돌며 수십 개 병원을 커버하고, 실적을 만들어야 하는 상황에서 고정 인건비보다 외주 수수료를 지급하는 것이 경제적으로 유리하기 때문이다.

문제는 바로 이 수수료 구조에 있다. 일반적인 CSO 수수료, 즉 개런티는 30~40% 수준이며, 제약사 자회사에서 분사된 CSO의 경우, 45~60%에 달하는 높은 마진 구조를 가진다. 이처럼 이윤이 과도하게 붙는 이유는 단순 영업활동을 넘어선, 금전적 유도를 포함하는 구조 때문이다. 실제로 국세청은 CSO에 과도한 수수료를 지급한 뒤, 그 돈이 다시 의료기관에 리베이트로 돌아간 정황을 여러 차례 적발한 바 있다. 단순 유통이 아닌 리베이트의 우회 통로로 기능하고 있는 셈이다.

더욱이 CSO를 통해 병원에 공급되는 약은 급여약과 비급여약으로 나뉘는데, 급여약은 수가(건강보험에서 인정하는 약가)가 정해져 있어서 의사가 공급받는 가격은 고정이다. 반면, 비급여약은 제약사의 공급 가격 + CSO의 유통 마진이 합산되어, 최종 공급가가 인터넷 약국이나 온라인 도매보다 훨씬 비싸질 수 있다.

실제로 병·의원에서 사용하는 주사제나 수액, 일반 비급여 처방약의 경우, 온라인 약품 쇼핑몰에서 주문하면 하루 만에 배송되며, 가격도 투명하게 공개되어 있다. 이런 상황에서 굳이 CSO를 통해 더 비싼 돈을 주고 약을 공급받아야 할 이유는 사실상 없다. 유일한 차이는 '인간관계'인데, 그 관계가 결국 나중에 리베이트와 보고서로 이어질 수 있다는 점에서 큰 리스크로 작용한다.

정부 역시 이 구조에 대해 깊은 관심을 보인다. 국세청, 공정거래위원회, 식약처 등은 CSO를 통한 리베이트 제공 정황을 우선 감시 대상으로 삼고 있고, 최근 몇 년간 진행된 의약품 리베이트 수사 대부분이 CSO 유통을 경유한 구조를 겨냥하고 있다.

따라서 CSO는 단순한 유통 파트너가 아니다. 과도한 수수료, 불투명한 정산 구조, 비공식 통계 수집, 리베이트 유도까지 포함된 이 시스템은 단 한 번의 거래로도 의사의 이름을 리스트에 올릴 수 있고, 향후 수사 대상이 되었을 때 법적 책임까지 연결될 수 있다. 의사의 입장에서 보면, 편하고 익숙한 유통망처럼 보이지만, 사실상 가장 위험한 루트인 셈이다.

온라인 쇼핑몰에서 저렴하고 빠르게 구할 수 있는 약을 굳이 비싸고 복잡한 경로로 받을 이유는 없다. 리베이트라는 '관계 비용'을 요구하지 않는 경로가 있음에도 불구하고, CSO를 선택하는 순간 이미 어느 정도 위험에 발을 들여놓는 것이다.

결론은 명확하다. CSO를 통한 유통은 비싸고, 위험하며, 법적 리스크가 크다. 리베이트를 받지 않았더라도, 거래 내역만으로도 충분히 의심받고 조사 대상이 될 수 있다. 의사가 자신을 지키고 싶다면, CSO와 거래하지 않는 것이 가장 확실한 방법이다.

14

프랜차이즈 병원의 민낯

프랜차이즈 병원의 민낯

의사를 소모품으로 삼는 하이에나 구조

한때 '이제는 병·의원도 프랜차이즈 시대'라는 말이 회자될 정도로, 의료계에서도 동일한 브랜드명과 마케팅을 공유하는 네트워크 병·의원이 급속도로 확산하였다. 문제는 이러한 MSO들이 가맹사업법의 보호체계 밖에서 사실상 '프랜차이즈'처럼 운영되면서도 아무런 제도적 통제를 받지 않는다는 점이다. 이름은 '경영지원'이지만, 실제로는 지점 개설부터 광고, 수익 배분, 임대 계약까지 병원의 모든 운영권을 장악한 채, 의료인을 단순한 명의 제공자이자 채무자로 전락시키는 구조가 널리 퍼지고 있다.

신규 네트워크 의원의 개설은 언뜻 보기엔 성장과 확장의 징표처럼 보인다. 그러나 그 이면에는 본사 수익을 위해 의사들을 무분별하게 끌어들이는 구조가 숨어 있다. 본질은 간단하다. 본사가 수익을 내려면 새로운 지점이 개설되어야 하고, 그 지점은 매출을 내야 하며, 그 매출의 일정 비율은 본사에 상납 되어야 한다. 그런데 여기서 중요한 건, 지점이 흑자를 내느냐는 본사에는 별로 중요하지 않다는 사실이다.

지점이 적자를 보든 말든 본사는 '매출 기반 수수료'를 챙긴다. 매출은 있지만, 수익은 없는 병원이 절반을 넘는 이 기묘한 구조에서, 본사는 손해를 볼 일이 없다. 지점 원장은 하루 12시간 이상 환자를 보고, 직원 문제와 민원, 세무까지 책임져야 하지만, 본사는 '상표권', '광고', '마케팅' 명목으로 매출의 10%를 떼간다. 이 10%는 병원의 순이익 구조상 절반 가까운 금액일 때도 있고, 거기에 광고비, 인테리어 감가상각, 장비 리스 수수료까지 포함되면 원장은 남는 게 없다.

가. 눈앞의 당근, 그리고 숨겨진 족쇄

신규 개원 의사들은 흔히 이렇게 유혹당한다.

"월 4억 매출 나오는 자리다."

"광고는 본사에서 다 해준다."

"실장, 직원 교육까지 우리가 책임진다."

"첫 3년은 개설형 페이닥 형태로 월급처럼 안정적 수입을 보장하겠다."

처음엔 달콤하다. 통장에 들어오는 돈도 많고, 어깨가 으쓱해진다. 그러나 이 수익은 '진짜' 수익이 아니다. 세금 혜택, 감가상각, 초기 매출 뻥튀기로 잠시 부풀려진 숫자일 뿐이다. 1~2년이 지나면 광고 효과는 떨어지고, 인건비는 오르고, 리스 비용은 그대로다. 이 시점에서 탈퇴를 고민하면 본사가 꺼내 드는 건 '탈퇴 위약금'이다.

"최근 3개월 평균 매출의 두 배를 내고 나가라."

"계약서에 다 쓰여 있지 않았냐."

탈퇴는 자유롭다고 했던 말은 서류상 이야기일 뿐, 실제로는 괴롭힘, 내용증명, 소송, 보복 출점, 명의도용, 정신적 스트레스까지 감수해야 하는 지옥의 입구다.

나. 왜 본사는 무조건 이기는 게임을 하는가?

프랜차이즈 본사의 수익 구조는 지점의 흥망과 무관하다. 광고비를 지점에서 따로 받고, 장비 리스를 알선하며, 인테리어는 특정 업체를 지정한다. 이 과정에서 리베이트나 마진을 숨기는 것도 예사다. 게다가 최근 몇몇 본사는 병원의 직접 경영에까지 개입하고 있다.

대표 사례로, 실장 면접에 본사 인력이 직접 나와 참여하고, 직원 인센티브 기준을 본사가 정한다. 원장들은 실질적으로 경영권이 없는 '명의대여자'나 다름없다. 그런데 이 구조는 의료법상 명백한 1인 1개소 위반이다. 본사는 'MSO 계약'이란 이름으로 마케팅 대행을 한다지만, 실상은 병원의 수익과 인사, 운영까지 통제한다. 이는 법적으로도 탈법적이며, 실무상으로는 지점 원장을 철저히 소모품으로 만드는 장치다.

다. 가족 회사가 된 본사, 구멍 난 배를 서로 퍼먹는 중

많은 프랜차이즈 본사들은 '대표의 가족 회사'로 운영된다. 대표의 아내, 처형, 장인, 매형까지 MSO에 이름을 올려놓고 고연봉을 받는다. 실제 병원 경영 경험도, 의료 지식도 없지만, 가족이란 이유로 내부 권력 구조의 핵심을 차지한다. 이들은 지점의 서비스 질을 '감시'한다는 명목으로 병원을 갑자기 방문해 직원을 다그치거나, 지점 운영에 직접 개입하기도 한다.

문제는 이런 구조가 점점 본사의 효율을 갉아먹는다는 점이다. 자질 없는 인력에게 연봉을 몰아주기 위해 지점 광고비나 지원 비용이 줄어들고, 지점은 갈수록 피폐해진다. 그러면서도 본사는 계속 지점을 늘리려 한다. 왜? 기존 지점에서 줄어든 수익을 새로운 지점에서 보충하기 위해서다. 말 그대로 '돌려막기'다.

라. '강남 본점 캐시카우'의 함정

일부 브랜드는 대표가 강남 한복판에 직접 병원을 소유하고 있다. 그러면 지점은 그 병원의 '브랜드 장식물'이 된다. 지점들이 본사에 상납하는 돈으로 강남 병원은 화려하게 광고하고, 수억 원대 매출을 올린다.

이 구조가 오래 유지될 수 있을까? 대부분은 지역 지점은 점차 매출이 감소하고, 본사는 강남 본점 하나로 버틴다. 그러다 결국 어느 순간 지점들이 연쇄적으로 무너진다. 대표는 이미 병원 하나는 건졌고, 지점 원장들만 빚더미에 올라앉는다. 병원을 직접 소유한 대표와 계약한 지점 원장은, 결코 '같은 배'를 탄 게 아니다.

마. '합법'이라는 가면을 쓴 사무장 구조

병원 프랜차이즈는 대부분 공정거래위원회의 '가맹사업법'에도 포함되지 않는다. 이유는 간단하다. 의료법상 1인 1개소 규정으로 인해 명백한 가맹사업이 불가능하기 때문이다. 대신 '경영지원', '마케팅 대행'이라는 탈을 쓰고, 병원의 경영을 좌지우지한다.

그런데도 이 구조가 유지되는 이유는, 피해자가 법적으로 싸워서 이길 수 있는 구조가 아니기 때문이다. 계약서에는 온갖 복잡한 조항이 있고, 본사 법무팀은 방어에 능숙하다. 게다가 형사처벌이 아니라 민사소송이기 때문에 오랜 시간과 비용이 필요하다. 결국, 지점 원장들은 조용히 눈물을 삼키고 탈퇴하거나, 끌려다니다가 신용불량자가 된다.

바. 프랜차이즈 의원이 무너뜨리는 것은 '개별 의사'만이 아니다.

이 구조는 단순히 개인의 피해로 끝나지 않는다. 의료계 전체의 가격 구조와 질서를 무너뜨린다. 프랜차이즈 의원들은 대규모 자본을 들여 대형 병원을 열고, 덤핑 시술을 남발한다. 그 덕분에 의료 서비스는 '가격 경쟁'에 빠지고, 정당한 진료와 설명은 뒷전이 된다. 시술은 기계화되고, 상담실장들의 언변만이 병원의 경쟁력이 되어간다.

심지어 일부 유튜브, SNS 채널에서는 프랜차이즈 대표가 명품과 외제차를 자랑하며 '쉽게 돈 벌 수 있다'는 환상을 팔고 있다. 이 모습은 일반 국민에게 왜곡된 의사 이미지를 심고, 정부에게는 의료자율성에 대한 공격의 빌미를 제공한다.

사. 의사 착취 시스템에 경고를 보내야 할 때

프랜차이즈 의원의 문제는 '네트워크'라는 형식이 아니다. 그 구조가 의사를 자율적인 전문직으로 존중하지 않고, 소모 가능한 영업 수단으로 취급한다는 데 있다. 스스로 개원할 준비가 되지 않았다는 이유로, 또는 초기 리스크를 줄이겠다는 이유로, 많은 젊은 의사들이 이런 구조에 발을 들인다. 하지만 그 끝에는 희망이 아닌 소진과 상처, 빚더미가 기다리고 있다.

병원은 공장도 아니고, 병원장은 기계 부속이 아니다. 자신이 서명한 계약서가 자신을 어디로 끌고 갈지를 반드시 따져보고, 서두르지 말아야 한다. 결국, 가장 지혜로운 개원 방식은, 스스로 모든 구조를 이해하고 선택하는 것이다. 선택할 수 없는 계약은 계약이 아니라 족쇄다. 하이에나들은 그 족쇄에 사인하도록 유도할 뿐이다.

아. 진료지원회사, MSO에 대하여
착취 시스템의 또 다른 얼굴

앞에서 잠깐 나온 진료지원회사, 흔히 말하는 MSO(Management Service Organization)는 최근 병·의원 프랜차이즈 구조에서 빠지지 않고 등장하는 이름이다. 특히 의료법이 정한 '1인 1개소' 원칙과 의사의 개설·운영 권한에 대한 엄격한 제한을 우회하기 위한 목적으로, 이 MSO는 점점 더 노골적인 형태로 진화하고 있다. 명목상으로는 '비의료 영역 지원'이라는 그럴듯한 이름을 내세우지만, 실제로는 의사를 병원 경영에서 배제하고 수익의 상당 부분을 흡수해 가는 구조가 만연해 있다.

애초에 MSO는 병원이 진료 외적인 행정이나 마케팅, 회계 같은 부분을 아웃소싱할 수 있도록 도와주는 외부 대행 회사라는 개념에서 출발했다. 미국이나 일본 같은 나라에서는 일정한 법적 틀 안에서 합법적으로 활용되기도 한다. 그러나 우리나라에서는 문제가 좀 다르다. 한국 의료법은 병원의 개설과 운영을 오직 의료인만 할 수 있도록 규정하고 있고, 어떤 형태로든 수익을 비의료인과 공유하는 것은 '사무장 병원'으로 간주되어 명백히 불법이다.

그런데도 MSO는 정면승부를 피하는 방식으로 의료계를 파고들고 있다. 진료는 원장이 하고, 그 외의 모든 부분은 MSO가 맡는다는 형태지만, 실제로는 병원의 매출 일부를 일정 비율로 상납받는 구조가 대부분이다. 표면적으로는 '광고 대행비', '상표 사용료'라고 적혀 있지만, 실상은 수익 분배다. 매출 10%를 떼어가는 MSO는, 병원이 흑자를 내든 적자를 보든 상관없이 고정된 수익을 챙긴다. 순익과 별개로 돈이 들어오는 구조. 이보다 더 완벽한 착취는 없다.

게다가 많은 MSO는 광고와 마케팅만 맡는 것이 아니라, 병원의 운영 전반에까지 개입한다. 실장이나 상담직원의 채용과 인사에 본사 직원이 직접 나서거나, 병원의 일 매출과 고객 수를 일일이 보고받고 개입하는 예도 흔하다. 심지어 병원의 통장이나 POS 시스템까지 MSO가 관리하는 사례도 있다. 겉으로는 자율적으로 보이지만, 실질적인 경영권은 MSO가 쥐고 있다.

이 구조가 위법한지 아닌지에 대한 논쟁은 이미 오래전에 끝났다. ○○치과 사태가 대표적인 예다. ○○치과는 '명의만 빌린 원장'을 세워 병원을 운영하면서, 본사에서 수익의 일정 비율을 떼어가는 구조를 유지했다. 이 구조는 대법원에서 명백한 의료법 위반으로 판결났고, ○○ 치과는 사무장 병원 운영으로 처벌받았다. 이 판례 이후에도 비슷한 구조는 사라지지 않았다. 오히려 더 교묘해졌을 뿐이다.

최근에는 MSO 구조가 '개설형 페이닥터'를 유치하는 데 적극 활용되고 있다. 개원의 경험이 없는 젊은 의사를 대상으로 "자리 세팅은 다 해줄 테니 월급처럼 수입을 보장하겠다"는 제안이 대표적이다. 겉보기엔 안정적이지만, 실제로는 병원 명의와 대출, 리스 계약 모두가 의사 개인 이름으로 이뤄진다. 초기 몇 년간 세금 혜택과 매출 뻥튀기로 높은 수익이 보장되지만, 시간이 지나면 그 부담은 오롯이 의사 개인에게 돌아간다. 수익은 줄고 고정비는 늘어나지만, 본사는 그대로 수익을 챙기고, 적자가 나면 "그만두라"고 말하면 그만이다. 이후에는 또 다른 신규 의사를 찾아 같은 구조를 반복한다. 일종의 의사 갈아 넣기다.

이런 구조에서 MSO가 챙기는 건 수수료만이 아니다. 인테리어와 장비 리스까지도 특정 업체와 독점 계약을 맺고, 지점에게는 턱없이 높은 가격을 강요한다. 실제로는 거기서 리베이트와 수수료를 받는 경우가 많다. 지점이 적자를 보든 말든 본사는 장비 리스, 인테리어 마진, 광고비 등 모든 수익 통로를 장악한 채 고정 수익을 챙긴다.

잊지 말아야 할 점이 있다. 사무장 병원은 '의사가 사장이 아닌 병원'이고, MSO가 운영의 주체가 되는 순간 그 병원은 사무장 병원과 다를 바 없다.

진료지원회사는 도구일 뿐이다. 그 도구가 당신의 경영을 돕는 방향으로 작동할 수도 있지만, 반대로 당신을 옭아매고 수익을 빨아들이는 족쇄가 될 수도 있다. 대부분의 MSO 계약은 후자 쪽에 가깝다.

의사라는 자격증은 한 사람의 전문성과 생존을 보장하기 위한 최소한의 기반이다. 그 기반이 프랜차이즈 계약서 한 장으로 흔들릴 수 있다는 걸, 이제는 진지하게 고민해야 할 시점이다. 당신이 운영하는 병원은 정말 당신의 병원인가?

MSO라는 이름의 그림자가 진료실을 잠식하고 있다면, 이제는 그 구조 자체를 들여다보고, 스스로의 이름을 지켜야 한다.

자. 진료지원회사라는 이름의 착취
○○ 네트워크 사건

MSO와 관련된 대표적인 사건이 바로 '○○ 네트워크' 사태다. 해당 내용은 의사와 직접 관련은 없지만, 널리 알려질 정도로 큰일이었고 유사한 형태로 의사들도 당할 수 있으므로 책에 신기로 하였다.

진료지원회사인 △△은 '○○'이라는 브랜드를 내세워 전국적으로 약 40여 개 지점을 개설했다. 개설 대상은 대부분 사회에 갓 나온 청년 한의사들이었고, 이들에게 개원 기회를 제공하는 대가로 수억 원대의 대출을 유도했다. 그 과정에서 본사는 신용보증기금을 상대로 보증서를 받기 위해, 대출 심사 과정에서 무엇을 어떻게 말해야 할지까지 사전교육을 했다는 사실이 검찰 수사에서 드러났다. 결국, 본사는 259억 원 규모의 보증서를 부당하게 확보했고, 그 비용은 고스란히 개설한 한의사들의 빚으로 전가되었다.

피해자들의 증언에 따르면 이 과정은 매우 정교하고 체계적으로 설계되어 있었다. 개별 한의사들은 본사가 주도하는 컨설팅 계약을 체결했고, 대출금은 개설비용 명목으로 전액 본사 계좌로 입금되었다. 본사는 해당 자금을 가지고 입지를 정하고 인테리어를 일괄적으로 진행했으며, 병원 운영에 필요한 약제 및 물품까지 모두 본사가 지정한 제품만 사용하도록 강제했다. 광고비 역시 지출 내역이 공개되지 않은 상태에서 매출의 16.5%를 고정적으로 본사에 지급해야 했다.

이쯤 되면 그 구조는 전형적인 가맹사업, 즉 프랜차이즈 모델과 크게 다르지 않다. 그러나 정부는 의료법을 우선 적용하며, 이와 같은 네트워크 병·의원을 가맹사업법 적용 대상이 아니라고 판단해 왔다. 실제로 피해를 당한 한의사들이 공정거래위원회에 '가맹사업법 위반'이라고 호소했지만, 공정위는 이를 받아들이지 않고 사건을 각하했다. "가맹사업본부로 보기 어렵고, 가맹사업법 적용 요건을 충족하지 못한다"는 것이 그 이유였다.

결국, 법의 사각지대에서 본사는 모든 리스크 없이 수익을 극대화하는 반면, 피해는 고스란히 청년 한의사들이 떠안게 되었다. 초기에 수억 원을 대출받아 개원했지만, 매출은 기대에 미치지 못했고, 고정적으로 나가는 수수료와 본사의 횡포는 버텨내기 어려운 수준이었다. 폐업하거나 빚더미에 올라앉은 지점도 있었고, 심지어 대출 과정에서 거짓 진술을 유도 받은 일부 한의사는 '사기 공범'이 될 위기까지 겪었다.

이 사건은 단지 특정 회사의 일탈로 볼 수 있는 문제가 아니다. ○○이라는 이름을 다른 브랜드로 바꾸기만 하면, 현재 많은 네트워크 병·의원이 유사한 방식으로 운영되고 있다. 한의원 말고 병·의원도 마찬가지다. 이 구조의 핵심은 의사를 채무자로 만들고, 본사는 그 빚을 담보로 안정적인 이익을 얻는 것이다. 지점이 망해도 본사는 손해를 보지 않으며, 오히려 새로운 개설자를 찾아 같은 구조를 반복한다.

최근에서야 공정위는 국회 정무위원회를 통해 "네트워크 병·의원도 가맹사업 요건을 충족할 경우, 가맹사업법으로 규율할 수 있다"고 언급하며 태도 변화를 보이기 시작했다. 하지만 여전히 구체적인 기준은 모호하고, 피해자 구제는 요원한 상태다.

그 사이에도 누군가는 또다시 '브랜드와 마케팅'을 믿고 계약서에 서명하고 있다. 문제는 구조다. 진료지원이라는 명분 뒤에 감춰진 착취 구조, 의료법의 회색지대를 이용한 프랜차이즈 경영, 그리고 이를 방조하고 있는 제도의 빈틈. 이 사건은, 의료 프랜차이즈의 민낯이 어떻게 젊은 의료인들을 벼랑 끝으로 몰아넣고 있는지를 여실히 보여주는 사례다. 이제는 누군가의 실패담이 아니라, 이 구조 자체에 대한 사회적 해부와 제도적 정비가 필요한 시점이다.

15

헤드헌터, 누구를 위한 중재자인가?

헤드헌터, 누구를 위한 중개자인가?

선생님, 좋은 자리가 하나 있는데요.

의사 구직 시장의 풍경이 변하고 있다. 과거에는 병원들이 지인 소개나 의사 인맥을 통해 조용히 봉직의를 구하곤 했지만, 점차 온라인 플랫폼과 인력 중개업체, 즉 이른바 '의사 전문 헤드헌터'들이 시장에 깊숙이 파고들기 시작했다. 겉으로는 전문성을 내세우며 고급 인력을 병원과 연결해주는 '합리적 중개자'를 자처하지만, 실제로는 의사를 상대로 장난을 치거나 기만하는 경우가 적지 않다.

의사들 사이에서는 이미 오래전부터 회자되고 있는 말이 있다.

"헤드헌터는 절대 상종하지 마라. 그들 대부분은 하이에나다."

이 말은 단순한 불신에서 비롯된 감정적 표현이 아니다. 오히려 실제 사례를 들여다보면, 이 조언이 왜 반복해서 나오는지 쉽게 이해할 수 있다.

가. 자신만 소개할 수 있는 자리라며 통제하는 행태

한 봉직의는 직접 구직 사이트에서 조건이 괜찮아 보이는 병원을 찾고 있었는데, 마침 해당 병원의 공고가 의료인 구직 플랫폼에 올라왔다. 그런데 병원에 지원하기도 전에 한 헤드헌터로부터 연락이 왔다. 상대는 병원 A를 자신이 관리하는 병원인 양 소개하며, 마치 자신을 통해서만 면접이 가능한 것처럼 이야기했다.

"원장님이 저한테만 의뢰한 자리예요. 지금 지원하시면 가장 먼저 면접 보실 수 있습니다."

의심은 있었지만, 혹시나 하는 마음에 면접 일정을 잡았고, 조건도 나쁘지 않아 보였다. 그런데 정작 면접에 가보니 들었던 내용과 달랐다. 약속된 페이보다 200만 원이나 낮았고, 원래 없다고 했던 주말 당직도 존재했다. 항의하자 "지원자가 많아서 병원 측에서 조건을 낮췄다"거나 "당직은 본인이 해결해 주겠다"는 말만 반복했다.

심지어 병원의 위치까지도 부풀려져 있었다. 'KTX역 근처'라고 들었지만, 해당 역은 KTX가 서지 않는 곳이었고, 근무 조건도 완전히 달랐다.

나. "거긴 제가 꽂는 사람만 갑니다."
병원을 자기 영업 구역처럼 취급하는 이들

그 봉직의는 결국 해당 자리를 거절하고, 새롭게 구직사이트에 올라온 병원 B에 지원하기로 마음을 먹었다. 그런데 이때 다시 헤드헌터로부터 연락이 왔다.

"혹시 병원 B에 지원하신 거예요? 그 자리는 제가 담당하는 병원입니다. 선생님은 못 들어가세요."

이 말은 병원을 '물건'처럼 독점하려는 발상에 가깝다. 그는 병원과 직접 연락하지 않았고, 단지 공고를 보고 지원했을 뿐이었다. 하지만 헤드헌터는 자신이 해당 병원에 먼저 연락했다는 이유로 의사의 직접 지원을 통제하려 했다. 결국, 의사는 해당 헤드헌터의 연락을 차단했지만, 이후 다른 지원자들 역시 같은 방식으로 통제당한 경험을 공유하며, 헤드헌터를 아예 상대하지 않는 것이 최선이라는 교훈을 남겼다.

다. 조건은 허상, 계약 직전의 뒤바뀐 말들

헤드헌터들이 처음 제시하는 조건은 대부분 실제보다 많이 부풀려져 있다. '1.5 + 인센티브'라고 적힌 자리를 면접 보러 가면 "기본은 1.2 고, 매출 얼마 넘기면 300 추가 지급" 같은 식의 조건이 뒤따른다. '세후 기준'이라 했지만 실제로는 '세전 기준'인 경우도 흔하다.

이렇게 실제 조건이 바뀌었다고 항의하면, "원장이 갑자기 바뀠다", "지원자가 많아졌다"는 핑계를 댄다. 그러나 그 조건은 애초에 존재하지 않았던 허상인 경우가 대부분이다. 헤드헌터는 '계약 성사'에만 관심이 있고, 의사의 경력, 직업 안정성, 삶의 질 같은 본질적인 부분에는 관심이 없다.

라. 왜 헤드헌터를 통하면 블랙 자리가 많을까?

이 질문은 결국 구조의 문제로 이어진다. 의사 공급이 넘쳐나는 상황에서, 병원들이 굳이 수수료를 주고 헤드헌터를 통할 이유는 없다. 정상적이고 매력적인 자리는 대부분 지인 소개나 인맥, 혹은 직접 플랫폼 공고로 구인된다.

구직사이트에 수차례 올라가도 사람이 지원하지 않는 자리, 혹은 여러 의사가 다녀갔지만, 조건이나 환경 때문에 나가버린 자리, 그리고 사무장 병원처럼 복잡한 구조적 문제를 안고 있는 자리가 결국 헤드헌터에게 흘러 들어가는 마지막 시장이 된다.

그런데도 헤드헌터들은 초봉을 높여서 광고를 내거나, 병원의 좋은 면만을 강조하면서 의사를 설득한다. 실제로는 그 초봉이 병원 측의 마진을 계산한 후 역으로 맞춰진 페이일 수도 있고, 심지어 헤드헌터 수수료를 감안해 계약 시점에서 급여가 조정되는 일도 있다.

마. 수수료는 병원이 내지만, 피해는 의사가 받는다.

의사에게 헤드헌터 수수료를 직접 요구하는 경우는 드물다. 대부분은 병원 측에서 지급한다. 문제는 이 수수료가 결국 의사의 몫에서 조정된다는 점이다. 예컨대, 병원이 직접 구인하면 1.6을 줄 수 있지만, 헤드헌터를 끼면 1.5로 낮춰서 계약하게 된다. 병원은 수수료만큼 인건비를 절감하려 하고, 헤드헌터는 이를 이미 알고 있으면서도 숨긴다.

또한, 일부 헤드헌터는 계약이 성사되기만 하면 책임이 없으므로, 허위 정보 제공, 계약 직전의 조건 수정, 근무지 왜곡 등 온갖 불성실한 행위가 발생하더라도 뒤처리를 하지 않는다. 문제는 그 후폭풍을 모두 의사가 감당하게 된다는 점이다.

바. 헤드헌터는 '중개자'가 아니라 '지배자'가 된다.

의사 구직 시장에서 헤드헌터가 위험한 이유는 단순히 정보를 매개하는 것을 넘어, 정보를 지배하려고 들기 때문이다. 병원과 의사의 접점을 막고, 통제하고, 자신의 허락 없이 움직이면 불이익을 주려 한다. "이 병원은 내꺼다", "내가 소개하지 않으면 못 들어간다"는 식의 태도는 명백한 갑질이며, 시장 왜곡 행위다.

의사를 상품처럼 취급하는 이들 앞에서, 의사의 전문성은 존중되지 않는다. 병원 역시 헤드헌터에게 전적으로 위임한 채, 구직자의 진정성과 전문성을 보려 하지 않는다. 결국, 이 구조 속에서 진짜 피해자는 의사 개인이며, 그것도 구직에 취약한 초년 의사일수록 피해는 극심하다.

사. 의사는 정보를 팔아야지, 정보에 팔려선 안 된다.

좋은 병원은 헤드헌터를 통하지 않는다. 정상적인 병원은 깐깐한 계약서를 작성하며, 병원 대표와 직접 면담을 통해 의사의 역량과 조건을 조율하려 한다. 반면, 헤드헌터를 통해야만 알 수 있는 자리는 대부분 이유가 있어서 사람이 안 오는 자리다.

의사는 정보를 활용해야 한다. 하지만 정보를 먼저 쥔 이들에게 팔려서는 안 된다. 그들이 병원을 소개해주고, 조건을 말해준다고 해서 그것이 특권이나 독점이 되어서는 안 된다. '정보의 중개자'가 '정보의 소유자'처럼 행동할 때, 그 순간부터 시장은 기울고, 의사는 소비재로 전락한다.

의사의 노동은 상품이 아니다. 그리고 그 상품이 되지 않기 위해서는, 처음부터 말이 통하지 않는 사람과는 말을 섞지 않는 것, 그것이 이 시장에서 살아남기 위한 가장 단단한 전략이다.

당신이 아직 병원과 직접 계약할 힘이 없다면, 오히려 더 헤드헌터를 피해야 한다. 그들은 당신의 약점을 본다. 그리고 가장 먼저, 그것부터 판다.

16

의사를 노리는 환자들

의사를 노리는 환자들

치료 이후에 시작되는 진짜 게임

진료실의 문은 두 번 열린다. 처음은 치료를 받기 위해 들어올 때, 그리고 두 번째는 문제를 제기하기 위해 돌아올 때다. 환자 대다수는 당연히 전자에 해당하지만, 의료 현장에선 점차 후자에 해당하는 환자들의 비율이 늘어나고 있다. 그리고 이들이 취하는 방식은 점점 더 정교하고 전략적이다.

가. 부작용을 인질로 삼는 기술
진화하는 하이에나 환자들의 심리전

오늘날 의료 현장에서 점점 더 자주 목격되는 현상이 있다. 진료 후 발생한 사소한 증상이나 불편감을 '의료사고'로 몰아가고, 이를 빌미로 금전적 보상을 요구하는 환자들이 늘어나고 있다는 것이다. 이들은 피해자의 얼굴을 하고 나타나지만, 실상은 의료인의 선의와 방심을 노리는 정교한 계산 아래 움직이는 존재들이다. 그들의 전략은 점점 더 교묘해지고, 진료실은 점점 더 법적 분쟁과 심리적 압박의 전장으로 변하고 있다.

　이들이 가장 자주 사용하는 방식은 '시간적 인과관계'에 근거한 주장을 펼치는 것이다. 예를 들어, 어떤 환자가 주사를 맞고 며칠 뒤 어깨나 발에 통증을 느꼈다고 하자. 의학적으로는 일상생활 중의 잘못된 자세, 기존 질환의 악화, 심지어는 단순한 근육 뭉침일 가능성이 더 크다. 그러나 환자는 그것이 병원 치료 직후 발생했다는 이유만으로 "그 주사 때문에 아프게 됐다"고 단정짓는다. 그렇게 치료와 증상 사이에 인과가 있다고 주장하는 순간, 의사는 무방비 상태가 된다.

　이유는 간단하다. 우리나라 의료 분쟁 구조는 일단 환자가 문제를 제기하고, 그것이 병원 치료 이후 발생한 것이라는 시간적 흐름만 맞는다면, 그다음부터는 의료진이 증거를 들어 반박해야 하는 구조로 전환되기 때문이다. 하지만 의학적으로 '없음을 증명'하는 일은 거의 불가능하다. 환자는 단지 통증을 느낀다고 말하면 되지만, 의사는 그 통증이 '치료 때문이 아니다'라는 것을 객관적 자료로 입증해야 한다. 이러한 비대칭적 구조는 환자의 악의적인 접근에 날개를 달아준다.

더욱 문제는, 부작용이 실제로 발생한 때도 마찬가지의 방식으로 악용될 수 있다는 점이다. 흔히 있을 수 있는 가벼운 멍이나, 주사 후의 일시적인 통증, 감각 이상 같은 증상은 사실 대부분의 치료 과정에서 발생할 수 있는 일반적인 부작용이다. 그러나 이들은 "피부가 괴사할 뻔했다", "신경이 손상되어 반신불수가 될 뻔했다"와 같은 과장된 표현으로 포장되어 돌아온다. 의학적으로는 근거가 부족해도, 감정적으로는 충분히 의사를 압박할 수 있는 수단이 된다.

특히 의료소송에 익숙하지 않거나, 개원을 막 시작한 의사일수록 이러한 상황에 쉽게 휘둘린다. 환자가 위협적으로 나서거나, 감정적으로 호소하면 혼란에 빠지고, 소문이 퍼질까 두려운 나머지 조용히 환불을 제안하거나, 일정 금액의 위로금을 주고 사태를 마무리하려는 경우가 많다. 그러나 이런 선택은 오히려 새로운 문제의 씨앗이 된다.

한 번 보상에 응하면, 그것은 '돈이 되는 방법'으로 기억되고, 환자는 또 다른 병원에서도 같은 방식을 시도하게 된다. 실제로 일부 환자들은 자신이 받은 합의금 사례를 온라인 커뮤니티나 지인에게 공유하며, 마치 경험이 전수되는 기술처럼 활용한다. 그렇게 형성된 악성 정보망 속에서 하이에나 환자들은 점점 더 조직화되고, 진화하며, 전략적으로 움직인다.

이들은 단순히 "치료가 마음에 들지 않는다"는 말로 환불을 요구하는 데서 시작해, 이후에는 "정신적 손해를 입었다"며 위자료 청구로 수

위를 높인다. 더 나아가 병원 앞에서 피켓 시위를 벌이고, 로비에서 고성을 지르며 다른 환자들의 진료까지 방해하는 수단을 서슴지 않는다. 진료실은 환자와 의사의 대화 공간이 아니라, 언제 폭발할지 모르는 긴장감 속에서 운영되는 위험 지대가 되어버린다.

더 충격적인 사실은, 일부 환자들은 아예 '보상을 위한 목적'을 가지고 병원을 찾는다는 점이다. 치료 전부터 불만족을 염두에 두고 접근하거나, 진료 후 증상을 꾸며가며 소견서나 진단서를 요청하고, 이를 바탕으로 보험금을 편취하거나 민형사적 소송을 유도한다. 의료인으로서는 성실히 진료했음에도 불구하고, 사소한 설명 부족이나 서류상의 문구 하나로 모든 책임을 뒤집어쓸 수 있는 상황이 벌어진다.

이들은 의료기관의 구조적 취약점을 집요하게 물고 늘어진다. 예를 들어, 진료기록에 의학적 표현이 아닌 일반적인 용어가 들어갔다는 이유만으로 '오진'이라고 주장하거나, 진단서나 진료기록 사본을 확보한 후 "문구가 다르다"며 허위 진단이라 주장하기도 한다. 이들은 환자의 탈을 쓰고 있지만, 정작 관심은 건강이 아니라 금전이다. 이들의 타깃은 치료가 아니라 '보상'이다.

이런 상황에서 의사가 느끼는 심리적 고통은 상상 이상이다. 단순히 진료를 방해받는 차원을 넘어, 자신이 쌓아온 명예와 신뢰, 그리고 병원 전체 운영이 위협받는 것이다. 한두 명의 하이에나 환자가 병원 시스템을 마비시키고, 수개월 이상 의료진을 고립된 불안과 싸우게 만든다. 실제로 이런 스트레스로 인해 정신과 치료를 받는 의료인이 점점 늘고 있으며, 일부는 개업을 포기하거나 진료 자체를 꺼리게 되는 상황에 이르렀다.

이 모든 위협으로부터 자신을 보호하기 위해, 의료인은 반드시 방어 전략을 갖춰야 한다. 진료 전후에는 반드시 충분한 설명을 하고, 동의 내용을 문서로 만들거나 녹음, 서명 등의 방식으로 남겨두어야 한다. 민감한 사안에 대해서는 반드시 서면으로 합의하고, 가능하다면 의료 전문 변호사의 조언을 받는 것이 좋다. 환불이나 위자료 문제에 휘말릴 경우, 병원 내부에서 자체적으로 처리하려 하지 말고, 객관적인 법적 대응 절차를 통해 접근해야 한다.

특히 반복적으로 병원을 찾으며 민원을 제기하거나, 고의로 진료를 방해하는 환자에 대해서는 적극적인 대응이 필요하다. 업무방해, 명예 훼손, 협박 등에 해당하는 행위라면 단호하게 형사고발도 검토해야 한다. 선의를 앞세워 방관하거나 참고 넘어가는 것이, 오히려 더 큰 피해로 돌아올 수 있다.

진료실은 단지 치료를 위한 공간이 아니라, 이제는 의료인이 자기 자신을 지키기 위한 방어선이다. 환자의 권리를 존중하는 것은 의료인의 의무지만, 거짓과 과잉 요구에 휘둘리는 것은 결코 책임감이 아니다. 하이에나 환자들은 피해자의 얼굴을 쓰고 다가오지만, 그 이면에는 계산된 목적과 전략이 숨어 있다. 진짜 피해자가 되지 않기 위해서는, 의료인 스스로가 강한 자각과 대응의식을 가져야 한다.

이제는 묻지 않을 수 없다. 그 증상은 정말 주사 때문이었을까? 그 통증은 정말 의료 과실의 결과였을까? 그리고, 그 환자는 정말 환자였을까?

골절 진단 누락이라는 덫
가짜 구축 치료와 병원 난입 사건

통증의학과 의원에 한 젊은 남성이 발 통증을 호소하며 내원했다. 보행에 특별한 이상은 없었고, 진료 당시 촬영한 엑스레이에서도 명확한 골절소견은 없었다. 그러나 환자는 계속해서 통증을 호소했고, 이에 의료진은 반깁스를 처방하며 상태를 지켜보자고 설명했다. 미세 골절 가능성도 있으니 통증이 지속하면 CT 촬영을 고려하자고 안내까지 한 상태였다.

이후 환자는 몇 달 동안 병원에 나타나지 않았다. 그런데 상당한 시간이 지난 후, 다시 병원을 찾아왔다. 그는 다른 병원에서 골절 진단을 받았다며, 이 병원에서 초기 진단을 하지 못해 치료가 지연되었고, 그로 인해 발목에 구축이 발생했다고 주장했다. 심지어 다른 병원에서 구축 치료를 위해 한 회에 50만 원씩 치료비를 지급하고 있다며, 이에 대한 책임을 묻고 보상을 요구하기 시작했다.

그의 행동은 여기서 그치지 않았다. 매주 토요일 오후만 되면 병원 로비에 나타나 상담을 요구했고, 진료 일정이 끝나기를 기다렸다가 의료진을 붙잡고 문제를 제기했다. 때로는 진료실에 무단으로 들어오기도 했다. 이런 상황은 병원 전체에 극심한 스트레스를 유발했고, 결국 경찰을 불러 격리 요청을 할 수밖에 없는 상황에까지 이르렀다.

병원은 정식으로 환자에게 내용증명을 발송했다. 그동안의 의료 대응은 충분했으며, 정당한 진료 과정에 문제는 없었다는 점과 더불어, 지속적인 병원 출입과 위협적인 언행이 명백한 업무방해 및 정신적 피해로 이어졌다는 점을 분명히 했다. 그리고 이러한 피해에 대한 자료로 정신과 진료기록도 함께 첨부하였다. 내용증명에는 정당한 근거 없이 보상을 강요할 경우, 법석 내응을 고려할 수밖에 없다는 뜻도 명시되었다.

이 통보를 받은 후, 환자는 돌연 태도를 바꿨다. 자신이 주장한 발목 구축이 과장된 것이며, 치료를 받았다고 말했던 다른 병원의 내역도 사실과 다름을 인정했다. 그리고 자필로 합의서를 작성해 병원에 제출하며 사건은 마무리되었다. 나중에 확인한 바로는 환자가 언급한 다른 병원의 치료 자체가 처음부터 없었던 것으로 드러났다.

이 사건은 진료 과정에서 충분한 설명과 조치를 했음에도, 환자가 허위 진술과 무리한 요구로 의료진을 압박하며 보상을 노린 전형적인 사례다. 민원을 가장한 협박과 거짓 치료 이력, 반복적인 병원 출입과 물리적 위협까지, 의료인의 일상을 파괴하고 병원을 혼란에 빠뜨리는 악성 환자의 민낯을 여실히 보여주는 장면이다.

나. 진료실 너머의 덫
행정 실수를 노리는 환자들의 계산된 접근

진료의 본질은 치료에 있다. 그러나 현실의 병원 운영은 그보다 훨씬 복잡한 시스템 위에 놓여 있다. 진료기록, 청구 코드, 전산 입력, 행정 보고, 보험청구 등 진료 외적인 수많은 절차가 진료 행위만큼이나 중요하게 작동한다. 문제는 이 복잡한 행정 시스템이 환자들에게 새로운 기회로 포착되고 있다는 점이다. 정확히 말하면, 이 행정적 틈을 노려 의사를 협박하거나 금전적 이익을 얻으려는 환자들이 늘어나고 있다는 뜻이다.

대표적인 사례는 청구 코드 입력 오류를 악용하는 방식이다. 바쁜 외래 현장에서는 간혹 의사의 직접 진료가 없었음에도, 전산상 진찰료 코드가 자동으로 입력되는 예도 있다. 또, 신경 차단술을 하고 나서도 입력을 실수하여 엉뚱한 코드가 들어갈 때도 있다. 이는 고의성이 없는 전산 실수이자, 진료를 마친 후 완료 단계에서 시스템이 오류를 완벽하게 차단하지 못하는 구조 때문이다. 그러나 이런 우연한 실수를 확인한 환자들이 곧바로 '허위 청구'라는 프레임을 씌우고 병원을 압박하는 일이 벌어진다.

환자는 "건강보험공단에 민원을 넣겠다"거나, "불법 청구로 신고하면 병원이 처벌받는다"고 주장하면서 협박을 시작한다. 이 과정에서 그들은 자신이 병원의 약점을 정확히 알고 있다는 태도를 보인다. 실제로 환자가 민원을 제기하고, 담당 기관에서 조사를 시작하면 병원은 여러 차례의 소명과 조정, 그리고 행정처분의 위기를 겪게 된다. 단순 실수라 하더라도 서류상으로 '의사 없이 진료비를 청구한 것'으로 판단되면, 심할 경우 '허위 청구'라는 낙인이 찍히고, 영업정지라는 중대한 처벌로 이어질 수 있다.

의사 관점에서 가장 두려운 것은 이 후폭풍이다. 병원이 며칠이라도 영업을 정지당하면 수천만 원의 손해가 발생하고, 무엇보다 기존 환자들에게 '부정청구 병원'이라는 이미지가 남게 된다. 이는 단순한 경제적 손실을 넘어 병원의 신뢰를 훼손하고, 진료 기반 자체를 무너뜨릴 수 있는 파급력을 가진다.

이런 배경에서 환자의 협박은 더욱 위협적으로 작용한다. 의사는 고민에 빠진다. 환자가 정말 신고할지는 알 수 없지만, 한번 신고가 접수되면 시스템은 냉정하게 움직이기 때문이다. 억울함을 호소하더라도 '정책상 원칙'이라는 이름 아래 행정처분은 예정대로 집행된다. 이 과정에서 아무리 오류의 의도성이 없다고 해도, 입증의 책임은 병원에 있으며, 결과적으로는 의사가 모든 불이익을 감수해야 한다.

결국, 의사는 머릿속으로 빠르게 손익계산을 하게 된다. "지금 당장 환자에게 얼마를 주고 조용히 넘기는 편이 나을까?" 아니면 "억울해도 정면돌파를 해야 하나?" 많은 경우, 의사들은 스트레스와 장기화된 행정 소송의 리스크를 피하려고 환자에게 금전적 보상을 제안한다. 이 타협은 일종의 자구책이지만, 그 대가로 병원은 약점이 있다는 사실을 보여주게 된다.

이러한 구조를 알고 있는 일부 환자들은 아예 처음부터 병원을 '검사'하려는 목적을 가지고 진료실에 들어오기도 한다. 여러 병원을 전전하면서 진료비 청구 내역을 수집하고, 오류 가능성이 있는 병원을 발견하면 그때부터 공격에 나서는 것이다. 이들은 자신을 '피해 환자'로 포장하면서도, 실상은 병원의 행정 실수라는 작은 실금(실패의 틈)을 이용해 협상 테이블에 앉으려는 '꾼'들이다.

특히, 자신이 받은 치료에 만족하지 못하거나, 혹은 사소한 문제가 있었던 경우, 이러한 협박은 쉽게 '보복'의 수단으로 사용된다. 치료 결과에는 문제가 없지만, 접수에서 불친절했다거나, 대기시간이 길었다는 이유만으로 '법적 대응'을 운운하며 병원을 흔들어보려는 것이다. 이들에게 병원은 치료받는 공간이 아니라, 허점을 찾아내 이익을 취할 수 있는 '목표물'에 가깝다.

이러한 현실은 의사에게 치명적인 이중고를 안겨준다. 환자의 증상과 질병을 다루는 본연의 업무 외에도, 병원을 지키기 위한 방어 전략까지 동시에 마련해야 하는 상황이기 때문이다. 이제 의사는 단순히 치료의 주체가 아니라, 병원의 대표이자 법적 책임자, 행정의 감시 대상이 되어가고 있다. 그 결과, 진료실의 분위기는 점점 무거워지고, 환자를 대하는 시선은 조심스러움보다 경계심이 앞서는 방향으로 변해간다.

의사를 향한 환자의 협박은 단순한 갈등이 아니라, 구조적으로 허점을 노리는 전략적인 행위다. 그리고 그 시작은 의외로 단순한 전산 입력 실수에서 비롯되기도 한다. 이처럼 작지만, 치명적인 허점들이 의사와 병원의 생존을 위협하고 있다는 사실은, 지금의 의료 시스템이 얼마나 정교한 함정 속에 놓여 있는지를 보여주는 상징적인 장면이기도 하다.

다. 탈의실 밖에서 시작된 함정, 귀중품 분실 보상 요구의 진실

의료기관에서 빈번하게 발생하는 민원 유형 중 하나는 '귀중품 분실 보상 요구'와 관련된 사례다. 환자가 치료나 시술을 받는 과정에서 옷을 벗는 일이 생기는데, 이때 목걸이나 팔찌, 반지, 시계 같은 귀금속을 분실했다며 병원에 책임을 묻는 경우가 종종 발생한다. 대표적으로 내시경 시술이나 물리치료, 도수치료, 주사치료처럼 탈의가 필요한 처치 이후, "치료를 받기 전까지는 분명히 착용하고 있었는데, 끝나고 나니 사라졌다"며 병원 측에 보상을 요구하는 식이다.

이런 상황이 발생했을 때 가장 큰 문제는 사실관계를 명확히 증명하기 어렵다는 점이다. 병원 내 탈의실이나 치료실 내부에는 환자의 프라이버시 보호를 위해 CCTV를 설치할 수 없는 것이 일반적인 현실이다. 하지만 CCTV가 없다는 사실이 도리어 거짓된 주장에 악용될 여지를 남긴다. 귀중품을 실제로 잃어버렸는지, 혹은 병원 내에서 잃어버린 것이 맞는지 입증하기 어려운 구조 속에서, 의료기관은 오히려 '책임을 회피하는 것처럼 보일 수 있는 위치'에 놓이게 된다.

이때 종종 환자 측에서 꺼내 드는 논리가 바로 상법 제152조다. 이 조항은 여관·목욕탕·음식점 등 일정한 장소에서 고객의 물건을 보관

받았으면 분실·도난 시 업주가 그 책임을 부담해야 한다는 내용인데, 이를 병원에도 적용할 수 있다고 주장하는 것이다. 상법 152조는 '물건의 보관'이 중심인 만큼 병원처럼 명확히 보관의무가 없는 장소에는 적용하기 어렵다는 반론도 존재하지만, 문제는 실제 법적 분쟁이 발생했을 경우 병원이 무죄를 스스로 입증해야 하는 부담을 진다는 데 있다. 귀중품을 보관한 적이 없고, 병원 측 과실도 없음을 입증해야 하는데, 치료실 내부에 CCTV가 없고 진술 외 다른 증거가 없다면 병원이 입증에 실패할 가능성도 있다. 그 결과 억울하게도 금품 가액을 물어주는 사례가 발생하게 된다.

이런 상황을 미연에 방지하기 위해서는 병원 차원에서 명확하고 일관된 사전 안내 및 관리 시스템을 마련해두는 것이 필수적이다. 가장 기본적인 원칙은 "병원은 귀중품을 보관하지 않으며, 분실 시 책임지지 않는다"는 방침을 명확히 알리는 것이다. 접수처, 대기실, 탈의실 등에 '귀중품은 반드시 본인이 보관하시기 바랍니다'라는 안내 문구를 시각적으로 눈에 띄게 부착하고, 초진 시 설명서나 동의서 등에 해당 항목을 포함해 환자에게 서명받는 절차를 두는 것도 하나의 방법이다.

또한, 치료를 위해 탈의가 필요한 경우, 간호사나 치료사가 직접 환자에게 "귀중품은 모두 가지고 들어가시거나, 가방에 잘 보관해주세요"라고 구두로 안내하는 습관을 갖는 것이 좋다. 절대로 병원 측에서 대신 귀중품을 받아 맡아주는 일은 없어야 하며, 보호자에게 전달하는 것도 될 수 있으면 지양해야 한다. 단 한 번의 예외가 반복적인 요구로 이어질 수 있기 때문이다.

물론 병원으로서는 모든 공간에 CCTV를 설치할 수는 없다. 하지만 치료실 안에는 설치하지 않더라도, 치료실 출입문 주변에는 고화질 CCTV를 설치하고, 출입 동선이 명확히 보이도록 각도를 조정해두는 것이 중요하다. 이를 통해 누가 언제 출입했고, 무엇을 소지하고 있었는지에 대한 간접적인 증거를 확보할 수 있다. 탈의실 주변 복도나 출입구에도 같은 방식의 CCTV 설치가 효과적이다. 다만 이러한 CCTV 설치는 반드시 개인정보보호법에 저촉되지 않는 범위 내에서 이뤄져야 하므로, 사각지대를 줄이되 사생활을 침해하지 않는 방향으로 기술적 조율이 필요하다.

결국, 귀중품 분실과 관련된 문제는 사후 대응보다 사전 예방이 핵심이다. 병원이 귀중품을 보관하지 않고, 책임지지 않으며, 환자 본인이 철저히 관리해야 한다는 메시지를 일관되게 전달하고, 이를 제도적으로도 뒷받침할 수 있어야만 억울한 피해를 막을 수 있다. 치료에 집중해야 할 공간에서, 돌발적인 보상 요구로 인해 행정적·법적 스트레스를 겪는 일이 반복되지 않도록 병원은 준비돼 있어야 한다. 하이에나는 진료실에만 있는 것이 아니다. 탈의실 복도 한편에서도, 문을 여는 그 순간부터 슬그머니 들어오곤 한다.

엎드려서 찌그러진 가슴보형물?
황당한 허위 클레임

마취통증의학과 의원에서 실제로 발생한 한 사례는 의사들 사이에서 큰 논란을 불러일으켰다. 주사를 맞기 위해 엎드린 환자가 이후 가슴 보형물이 눌려 찌그러졌다고 주장한 것이디. 환자는 자신이 다녀온 성형외과에서 그렇게 설명을 들었다며, 치료 과정에서의 의료 과실을 문제 삼고 보상을 요구했다.

하지만 현장에 있는 의사 대부분은 이러한 주장을 이해하기 어렵다고 입을 모은다. 현재 사용되는 가슴 보형물은 실리콘 겔로 이루어져 있어 내구성과 복원력이 매우 뛰어나며, 일시적으로 체중이 실렸다고 해서 찌그러질 수 있는 구조가 아니기 때문이다. 실제로 과거 성형외과 교육 과정에서 실물 보형물을 다뤄본 경험이 있는 의사들은 보형물이 손으로 눌러 찌그러질 정도라면, 애초에 이식 수술이 가능하지 않다고 단언했다. 어떤 이는 '탱탱볼처럼 튀는 재질'이라고 표현할 정도였다.

비슷한 사례로, 다른 의원에서 엉덩이 보형물을 한 환자가 도수치료를 받으러 온 적이 있었다. 당시 의료진은 만에 하나 있을지 모를 보형물 파열 가능성에 대비해 책임면책 동의서를 받고 치료를 진행했다. 결과적으로 아무런 문제 없이 마무리되었지만, 보형물이 삽입된 부위에 외부 압박이 가해지는 시술이나 치료에는 주의가 필요한 것은 분명하다.

일부 성형외과에서는 수술 직후 일정 기간 엎드리는 자세를 피하도록 안내하는 예도 있다. 실제로 수술 후 30일 이내의 환자에게는 물리치료를 하거나 주사를 맞을 때 앉은 자세를 유지하도록 조언하는 예도 있었지만, 이는 회복 초기 단계에 한정된 주의사항이다. 이미 수술 후 수년이 지난 보형물이라면 체내에서 안정화가 완료된 상태이며, 단순히 엎드렸다는 이유로 변형이 발생할 가능성은 거의 없다.

이처럼 사실상 불가능한 상황을 근거로 의료기관에 책임을 묻는 행위는 의료진을 상대로 한 고의적 분쟁 유도로 해석될 여지가 있다. 실제 사례에서도 환자가 다녀온 성형외과 이름이나 담당 의사를 끝내 밝히지 않은 채 보상만을 요구해, 의도성에 대한 의심을 키웠다.

결국, 이러한 사례는 '의사를 노리는 하이에나들'이 어떻게 의료현장을 압박하는지를 보여주는 전형적인 장면이다. 무리한 주장을 방어하기 위해서는 환자가 고지받은 내용을 확인할 수 있는 사전 동의서 작성이 필요하며, 보상 요구에 대해서는 단호하고 명확한 대응이 요구된다.

17

직원도 의사를 노린다.

직원도 의사를 노린다.

의사라면 당연히 믿고 함께 일할 수 있으리라 생각했던 사람들이, 어느 순간부터 내 신뢰를 이용해 나를 상대로 장사를 시작한다. 동료라고 생각했던 직원, 매일 얼굴을 마주치는 간호사, 성실한 태도를 보여주던 원무팀조차도, 의사의 수익을 계산하고 자신의 몫을 챙기는 데에만 관심을 두기 시작할 때, 진료실은 더 이상 안전한 공간이 아니게 된다.

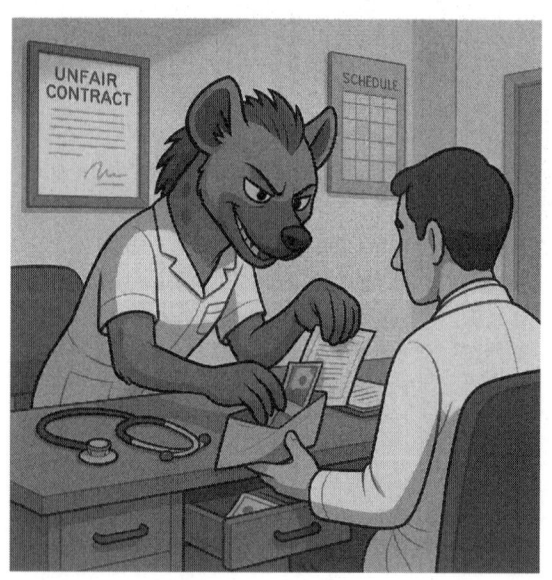

이 책은 외부의 악의만을 다루지 않는다. 병원을 노리는 진짜 하이에나는 때때로 가장 가까운 내부에 있다. 병원을 '자기 장사터'로 생각하는 이들에 의해, 의사는 의료와 경영 사이에서 점점 고립되어간다. 이것은 단순한 불만이나 오해가 아니다. 수많은 개원의가 겪은 실제 사례를 통해, '내부자 리스크'라는 가장 가까운 위험을 낱낱이 파헤쳐본다.

가. 연차수당 꼼수 퇴사
의원을 노리는 '1년+1일' 인건비 착취 구조

병·의원을 운영하다 보면 단순한 근무 태만이나 무단결근보다 훨씬 교묘하고, 법적으로 대응하기 어려운 방식으로 경제적 손실을 유발하는 사례를 자주 마주하게 된다. 그중 대표적인 것이 이른바 '1년+1일 퇴사'를 통한 연차수당 편취 구조다.

현행 근로기준법 제60조에 따르면, 근로자는 1년 이상, 그중 80% 이상을 출근하면 15일의 유급 연차를 보장받는다. 여기에 1년 미만 동안 매달 개근할 경우 지급되는 최대 11일의 연차를 합하면, 최대 26일의 연차 보상금이 퇴직 시 미사용분으로 지급된다. 문제는 이 제도가 원래 취지인 '충분한 휴식을 통한 근로자 보호'가 아니라, 퇴직 보너스처럼 악용되는 현실이다.

실제로 의원급 의료기관에서는 1년만 꽉 채우고 1일을 더 근무한 뒤, 연차를 전혀 사용하지 않고 전액 현금으로 보상받은 채 퇴사하는 직원들을 어렵지 않게 볼 수 있다. 이들은 입사 초부터 연차를 한 번도 쓰지 않고, 퇴사 직전까지도 고용주에게 아무런 말 없이 근무를 이어가다, 딱 1년 1일 차에 퇴사를 통보하며 연차수당을 정산해달라고 요구한다. 평균 연차수당 26일 치, 즉 한 달 치 월급에 해당하는 금액을 아무 일도 하지 않고 챙겨가는 셈이다.

이런 '꼼수 퇴사'는 법적으로 불법은 아니다. 하지만 분명한 편법이며, 소규모 병·의원에서는 단 한 번의 정산으로도 큰 재무 타격을 입을 수 있다. 특히 신뢰를 기반으로 운영되는 소규모 의원에서는 해당 직원이 업무 공백까지 남기고 떠날 경우, 인력 재구성과 환자 응대에 따른 이중 삼중의 피해가 발생한다.

더 큰 문제는 이런 유형의 직원들이 상당히 계획적으로 움직인다는 점이다. 이력서를 보면 이상할 정도로 대부분 병원에서 정확히 1년 남짓만 근무한 이력이 반복된다. 그들은 어디서든 같은 방식으로 연차수당을 받아내고, 새로운 병원으로 이동하는 과정을 반복한다. 이른바 '연차사냥꾼'이라 부를만하다.

병원 경영자로서는 이에 대해 사전에 확인할 수 있는 유일한 방법은 건강보험 자격득실 확인서를 꼼꼼히 열람하는 것이다. 채용 서류에 이력서를 넣는 것이 아니라, 건강보험공단에서 발급받은 공식 근무기록을 확인해야 한다. 이 기록을 보면 어디서, 얼마 동안 근무했는지 확인할 수 있고, 1년 단위 이직 패턴을 명확히 파악할 수 있다.

또한, 법적으로 연차를 줄이거나 제한할 수는 없지만, 사용촉진제도를 활용하면 퇴직 시 연차 보상금 지급 의무를 줄일 수 있다. 사용촉진제도란, 사용자가 미리 정해진 방식으로 연차 사용을 권고하고, 직원이 이를 거부하면 연차가 소멸한 것으로 간주하는 방식이다. 병원에서는 특정 월에 연차 사용 계획을 수립하고, 서면으로 통보하며, 일정 기한 내 사용을 요청할 수 있다. 이를 통해 최소한 전액 현금보상은 피할 수 있다.

현실적으로는 정규직 채용을 할 때도, 1년 이상 장기근속 의사가 있는지에 대한 서면 동의나 채용 전 면접 시 충분한 사전 설명이 병행되어야 하며, 가능하다면 수습 기간 후 계약직 형태(예: 1년 단위)로 전환한 뒤 일정 근무 성과나 재계약 기준을 명확히 해두는 것이 좋다. 법적으로 수습 기간에는 연차 발생이 제한되며, 정식 근무 전 인성과 성실성을 파악할 수 있는 기간이기도 하다.

무엇보다 중요한 건, 병원도 결국 사업장이라는 사실을 인식하고 감정이나 호의가 아닌, 제도와 절차에 기반한 인사관리 체계를 갖추는 것이다. 직원의 권리를 지키는 것도 중요하지만, 의사의 권리 역시 똑같이 보호받아야 한다. 반복적으로 연차수당을 악용하며 병원을 옮겨 다니는 직원은, 보호받아야 할 노동자가 아니라 경영에 손해를 끼치는 구조적 리스크로 간주해야 한다.

의료기관은 인건비 구조가 전체 지출의 절반 이상을 차지하는 특수한 업종이다. 따라서 단 한 명의 인사 실수가 수익의 상당분을 날리는 일로 이어질 수 있다. 이제 병원 경영자도 "직원이 왜 떠났는가"만 고민할 게 아니라, "어떻게 들어왔는가"를 더 면밀히 살펴야 할 시점이다.

나. 노동집약적 의원 경영에서 직원 단체행동이 가져오는 파괴력

의료기관, 특히 의원급 병원은 전형적인 노동집약적 산업 구조를 가진다. 자동화 시스템으로 효율을 극대화하는 제조업이나 IT 기반 플랫폼 비즈니스와 달리, 의원은 실질적으로 모든 생산과 운영을 인간의 손에 의존한다. 진료, 처치, 접수, 수납, 예약 관리, 치료보조 등 병원 내 업무 대부분은 '사람' 없이는 돌아가지 않는다. 이 말은 곧, 어느 순간 노동력이 멈추면 병원 전체가 멈추게 된다는 의미다.

이 구조적 특성을 꿰뚫고 악용하는 사례가 점점 늘고 있다. 일부 직원들은 의원의 이런 취약한 구조를 이용해 금전적 또는 비금전적 요구를 집단으로 관철하려 한다. 예를 들어, 갑자기 전 직원이 함께 상의한 듯 "월급을 일괄적으로 올려달라", "식대를 인상해 달라", "연수강좌 등록비를 병원에서 내줘야 한다", "명절 떡값을 달라"는 식의 요구를 해온다. 이러한 요구의 공통점은 하나다. 법적으로 병원이 반드시 제공해야 하는 항목이 아니라는 점이다.

월급 인상이나 복리후생은 사업주 재량의 영역이다. 하지만 이 직원들은 '논의'가 아닌 '협박'의 형태로 접근한다. 원장이 거절하면 단체로 사직서를 내겠다는 위협을 서슴지 않는다. 이때 의원의 입장은 매우 취약하다. 병원 대부분은 필수 인원이 부족한 상태에서 운영되며, 한 명만 빠져도 진료에 차질이 생기거나 대기시간이 급격히 늘어나고, 환자 불만이 누적되기 시작한다. 이 상황이 지속되면 병원 평판은 물론 매출까지 직격탄을 맞게 된다.

특히 직원 수가 적은 의원일수록 상황은 더 치명적이다. 다섯 명 중

세 명이 나가버리면 진료는 사실상 불가능하다. 접수와 수납은 물론, 치료실 운영까지 중단되며, 원장이 직접 진료 외 업무를 전부 맡아야 하는 아수라장이 된다. 의료 서비스는 사람의 손이 멈추는 순간, 수익 뿐 아니라 신뢰도까지 동반 붕괴하는 사업이기 때문이다.

문제는 단체행동이 한 번 성공하면, 그다음 요구가 반드시 따라온다는 것이다. 처음엔 월급 20만 원 인상에서 시작하지만, 다음엔 주5일 제 요구, 그다음엔 복지포인트나 교육지원비, 외부 연수 등의 끝도 없는 조건들이 추가된다. 그리고 한 번 관철된 조건은 절대로 다시 원상 복귀되지 않는다. 한 번 올라간 급여는 내려갈 수 없고, 한 번 제공한 복지는 끊기면 불만이 폭발한다. 즉, 한 번의 굴복은 곧 '지속적인 휘둘림'의 시작이 된다.

이처럼 협상의 주도권이 원장이 아닌 직원들에게 넘어가는 순간, 병원은 경영 주체가 흔들리게 된다. 설상가상으로 보건직종 종사자들은 일반 업계보다 재취업이 훨씬 쉽다. 병원 간 이동이 자유롭고, 경력 인정도 잘 되며, 채용 시기가 비슷해 구직 시장이 항상 열려 있다. 이러한 환경 속에서 직원들은 "나가도 갈 곳은 있다"는 심리적 여유를 가지고, 자신들의 요구가 받아들여질 때까지 버티거나, 무리한 단체행동으로 원장을 압박한다.

이러한 위협은 단순히 감정의 문제나 인간관계의 균열로 끝나지 않는다. 병원의 존립을 위협하는 구조적 문제다. 원장이 아무리 좋은 진료를 하고 환자에게 신뢰를 얻더라도, 운영이 멈추면 아무 의미가 없다. 의료 서비스는 사람에 의해 작동되며, 그 사람들에 의해 무너질 수도 있는 시스템이라는 것을 잊어서는 안 된다.

이런 상황을 예방하려면, 병원 경영자는 직원 채용부터 근무 관리, 조직 운영 전반에 걸쳐 보다 시스템적인 접근을 해야 한다. 우선 인사 매뉴얼을 명확히 갖추고, 급여 외 요구에 대한 기준선을 분명히 정해두어야 한다. 또한, 직원 개별 면담을 통한 불만 관리, 그리고 집단행동 징후가 보이면 초기 대응을 통해 확산을 차단하는 리더십이 필요하다. 무엇보다 중요한 것은, 병원이라는 공간이 직원들의 감정과 욕구를 일방적으로 받아들이는 '복지 센터'가 아니라, 생존을 걸고 운영되는 사업체라는 현실을 명확히 공유하는 것이다.

한 번 무너지면 다시 세우기 어려운 것이 병원 조직이고, 한 번 권리를 내주면 다시 회수하기 힘든 것이 경영자의 지위다. 병원을 움직이는 것은 사람이며, 그 사람들 사이에서 균형을 지키는 것이야말로 병원 경영의 핵심 전략이다.

다. 해고할 수 없는 병·의원의 고통
근로기준법이 만든 경영자의 덫

의원 경영에서 가장 고질적인 문제 중 하나는 바로 직원 해고가 사실상 불가능에 가깝다는 점이다. 직원의 업무능력이 현저히 떨어지거나, 조직 분위기를 해치는 언행을 반복하더라도, 원장이 마음대로 그 직원을 정리할 수는 없다. 한국의 근로기준법은 구조적으로 사용자의 해고 권한을 극도로 제한하고 있으며, 이는 의료기관처럼 소규모이면서 인건비 비중이 높은 조직일수록 더욱 치명적인 문제로 작용한다.

우선, 근로기준법 제23조는 정당한 이유 없이는 근로자를 해고할 수 없다고 규정한다. 여기서 말하는 '정당한 이유'란 단순한 업무 미숙이나 원장과의 갈등이 아니라, 사회 통념상 더는 고용 관계를 유지할 수 없는 중대한 귀책 사유를 의미한다. 게다가 이 사유가 정말로 정당한 것인지에 대한 입증 책임은 전적으로 사용자에게 있다. 즉, 해고 통보를 하더라도 근로자가 부당하다고 문제를 제기하면, 원장이 그것이 타당한 해고였음을 입증해야 하며, 그렇지 못하면 부당해고로 판정받고 임금 소급 지급 및 복직 명령을 받게 되는 경우도 허다하다.

더욱이, 경영상 이유에 따른 정리해고(근로기준법 제24조)조차도 엄청난 조건을 요구한다. 단순히 병원 수익이 줄어서 해고하겠다고 할 수 없다. '긴박한 경영상의 필요'가 존재해야 하고, 해고 회피 노력을 했다는 점을 입증해야 하며, 해고 기준 또한 합리적이어야 하고, 이 모든 절차를 거쳐서 노동자 대표와 성실히 협의했다는 사실까지 증빙해야 한다. 이 모든 요건을 갖추지 못하면 해고 자체가 무효가 되며, 사용자는 다시 한번 법 앞에 무릎을 꿇게 된다.

30일 전에 서면으로 해고 사유와 시점을 명확히 알리거나, 그렇지 않으면 30일분의 해고예고수당을 지급해야 하는 의무(근로기준법 제26조~27조)도 무겁게 작용한다. 게다가 산전후휴가 중인 직원이나 병가 중인 직원을 해고할 때는 아예 형사처벌까지 받게 되는 상황에 부닥칠 수 있다. 의료기관의 원장들은 본인의 인력에 불만이 있어도, 이 복잡한 법의 망을 피해 합법적으로 해고하는 것이 거의 불가능에 가깝다는 것을 일상적으로 체감하고 있다.

문제는 이 제도를 일부 직원들이 '정당한 권리'라는 이름 아래 악용하고 있다는 점이다. 태업, 지시 불이행, 무단결근 직전까지의 반복 지각, 대놓고 환자와 충돌하는 언행 등 병원 조직의 분위기를 해치는 언행이 있어도, 원장이 이를 바로잡기 위해 징계 절차를 밟으려 하면, 오히려 직장 내 괴롭힘, 감정노동 악용, 산업재해 주장 등으로 반격을 가하는 사례가 종종 존재한다. 법은 근로자를 보호해야 한다는 대원칙에 지나치게 충실하다 보니, 일하지 않으려는 자, 조직을 흔드는 자, 경영자의 리더십에 도전하는 자까지도 동일하게 보호하고 있다.

이러한 법 구조 속에서 유일하게 해법이 있다면 그것은 '처음부터 잘 뽑는 것'이다. 하지만 영세 의원으로서는 이를 실현하기가 현실적으로 어렵다. 구직자 한 명을 만나기 위한 인터뷰 시간조차 제한적이며, 짧은 대화와 이력서 한 장으로 그 사람의 인성, 업무능력, 조직 적합도를 모두 판단하는 것은 거의 불가능에 가깝다. 게다가 면접에서는 말을 예쁘게 잘하는 사람이 실무에서는 무기력한 경우가 허다하다.

그래서 많은 원장이 직원 문제로 노무사의 도움을 받고자 한다. 하지만 여기에는 또 다른 함정이 숨어 있다. 노무사는 원장의 편이 아니다. 그들은 어디까지나 노동법의 적용과 해석에 기반한 조언만을 해줄 뿐, 실제 원장이 겪는 직원 문제, 즉 감정적 충돌, 조직 분위기 파괴, 교묘한 근태 악용 등에 대해 경영적 관점에서 조력하지 않는다. 특히 해고 관련 상담을 하면 돌아오는 답변은 거의 항상 "절차를 지켜라", "사유를 입증하라", "문서로 남겨라" 같은 법률적 문장들이 전부다.

심지어 원장이 고용한 노무사가 오히려 노동청이나 고용노동부에 자료 제출을 요구당했을 때, 노동자를 보호하는 입장에서 상담을 진행하는 듯한 태도를 보이기도 한다. 병원 현장에서 이들을 실제로 이용해본 원장들의 후기에 따르면, "상담료는 꼬박꼬박 받으면서, 직원 문제 해결에는 별 도움이 안 되더라"는 말이 나올 정도다. 원장이 진정으로 원하는 것은 단순한 법률 자문이 아니라, 현장에서 발생하는 실질적 문제를 해소하는 전략과 방안, 즉 살아있는 '운영 노하우'다. 하지만 노무사들은 대부분 법률 가이드라인 수준에 머무른다.

결국, 이 모든 문제는 의료기관 운영이라는 복합적 조직 관리가, 단순한 법 해석으로는 다룰 수 없다는 점에서 비롯된다. 현행 노동법은 대기업 중심으로 짜인 구조이며, 수익 구조가 불안정하고 인사 리스크가 높은 의원 규모에는 오히려 더 치명적으로 작용한다. 불성실한 직원을 내보내지 못하고, 퇴사시키려면 오히려 금전적 보상과 감정적 갈등까지 감내해야 한다면, 이것은 병원 운영이 아니라 인질극에 가까운 경영이다.

병·의원 원장들이 이 불합리한 구조 속에서 살아남기 위해서는, 무엇보다도 조직 내 문서화 시스템과 인사기록이 탄탄히 뒷받침되어야 하며, 채용 초기 단계부터 직무수행계획서, 평가 기준, 업무 가이드라인 등을 도입하는 내부 규율과 기준을 세워야 한다. 해고는 법적으로 어렵지만, 수습평가 미달, 계약 만료에 따른 퇴직, 정기평가 기반 재계약 거절 등의 우회적 구조를 설계하면 어느 정도 현실적 대응이 가능하다.

그러나 가장 강력한 무기는 역시 원장의 판단력과 리더십이다. 무조건 법의 논리로만 대응해서는 조직을 운영할 수 없다. 병원은 인간 중심의 공간이며, 감정과 신뢰가 운영의 중요한 기반이다. 결국, 병·의원을 움직이는 모든 구조는 법의 테두리 안에서 만들어야 하되, 현실과 현장, 사람과 사람 사이의 관계 속에서 작동하는 지혜가 병원의 생존을 좌우한다.

병원 경영에서 직원은 자산이자 리스크다. 특히 의원처럼 소규모로 운영되는 의료기관에서는 한 명의 직원이 전체 분위기와 운영에 결정적인 영향을 끼친다. 환자와의 응대, 진료실 분위기, 원장과의 소통, 동료와의 협업 등 모든 과정에서 한 명의 직원이 독처럼 작용하면 병원 전체가 무너질 수 있다.

문제는, 이처럼 병원 조직을 위협하는 직원들이 연쇄적으로 병원을 옮겨 다니며 피해를 남기는 사례가 생각보다 훨씬 많다는 데 있다. 마치 폭탄 돌리기처럼, 한 의원을 떠나 또 다른 의원으로 옮겨가고, 결국 그 의원 역시 피로감과 손실을 떠안게 된다.

그러나 이런 직원들을 사전에 식별하고 피하기란 매우 어렵다. 한국에서는 근로자에 대한 블랙리스트 작성과 공유가 법적으로 금지되어 있기 때문이다. 근로기준법 제40조는 "누구든지 근로자의 채용과 관련하여 비밀기록을 유지하거나, 이를 제삼자에게 제공하여 근로자의 채용에 부당한 영향을 미쳐서는 안 된다"고 규정하고 있다. 이를 어기면 5년 이하의 징역 또는 5천만 원 이하의 벌금형에 처해질 수 있다. 즉, 이전 병원에서 문제가 많았던 직원을 다른 병원에 경고 차원에서 알려주는 행위조차 범죄로 간주될 수 있다.

결국, 원장들은 실질적으로 문제 직원을 피하기 위한 정보 접근 수단이 봉쇄된 채, 이력서와 면접이라는 극히 제한적인 방식에만 의존한 채 채용 결정을 내릴 수밖에 없는 상황이다. 그런데 문제는 여기서 끝나지 않는다. 이러한 직원들은 이력서에 불리한 병원 이력은 과감히 삭제하고 제출하는 경우가 대부분이다. 구직자로서 자신에게 불리한 경력이나 단기 퇴사 이력은 숨기고 싶어 하는 것이 당연하고, 또 그걸 막을 방법도 없다. 즉, 겉보기에는 깔끔하고 모범적인 이력서지만, 그 뒤에 감춰진 실상은 채용 후 수개월이 지나야 드러나는 경우가 많다.

그렇다면 원장은 어떻게 문제 직원을 식별할 수 있을까? 사실상 유일하고 가장 현실적인 수단은 '건강보험 자격득실 확인서'를 요청해 확인하는 것이다. 건강보험 자격득실 확인서는 해당 근로자가 어느 기관에 언제 입사하고 언제 퇴사했는지를 정확하게 보여준다. 이를 통해 이력서에는 빠진 병원 근무이력을 확인할 수 있고, '1년씩만 일하고 퇴사하는 패턴'이나 '몇 개월만 일하고 반복적으로 직장을 옮긴 이력'을 식별할 수 있다.

예를 들어, 면접에서 "이전 병원에서는 원장님과 잘 맞지 않아서 나왔습니다"라고 말한 사람이 실제로는 최근 3년간 병원을 다섯 번 옮겼고, 모두 6~12개월 이내 퇴사했다는 사실이 자격득실 확인서를 통해 드러날 수 있다. 이 확인서를 통해 구직자의 일관성과 안정성, 경력의 진정성을 파악할 수 있으며, 무엇보다 숨겨진 패턴을 포착할 수 있다.

건강보험공단을 통해 발급 가능한 이 서류는 법적으로 요구할 수 있는 정당한 채용 참고자료이며, 이를 활용한 것이 프라이버시 침해나 차별로 간주되지 않는다. 실제로 대기업은 물론 중견 기업에서도 신입사원 채용 시 반드시 이 자료를 요청하고 검토하는 관행이 일반화되어 있다. 병원도 예외일 수 없다. 이력서만 보고 채용했다가 '조직 파괴자' 를 들이는 것보다, 채용 전에 5분간의 문서 확인으로 병원을 지킬 수 있다면 그건 당연히 해야 할 선택이다.

이와 함께 적극적으로 활용할 수 있는 또 하나의 합법적 수단은 이전 근무지에 직접 연락해 평판 조회를 하는 것이다. 평판 조회는 블랙리스트 작성과 달리, 개별적인 채용 과정에서 구직자의 동의 하에 정당한 목적을 위해 사용하는 것이므로 법적으로 문제가 되지 않는다. 전직장에 전화해 "A씨가 이전 병원에서 근무할 때 근태는 어땠는지", "직무 수행 능력이나 태도는 어땠는지"를 묻는 것은 인사권자의 권리이자 의무에 가까운 행위다.

물론 현실에서는 많은 병원이 "그런 건 말해줄 수 없다"고 회피하는 예도 있지만, 경험상 문제없는 직원은 대부분 좋은 피드백을 남긴다. 반면 말끝을 흐리거나 "뭐…. 그랬죠…"라며 애매한 반응이 나온다면, 주의해야 할 신호다. 평판 조회도 하나의 데이터로 축적해 종합적인 판단에 활용해야 한다.

요컨대, 병원을 병들게 만드는 직원은 단순히 실력 없는 직원이 아니라, 고의로 병원 문화를 파괴하고 조직을 통제하려 드는 유형이다. 이들은 혼자 일하지 않는다. 다른 직원들과의 연대를 통해 원장을 압박하고, 급여 인상이나 복지 요구, 근무 조건 변경 등을 조직적으로 시도한다. 심지어는 단체로 퇴사를 암시하며 협박하는 예도 있다. 이들이 병원 내부에 자리 잡게 되면 원장은 인사권을 상실하고, 병원의 주도권을 직원들에게 내어주는 지경에 이른다.

그러므로 채용은 병원의 생명선이다. 블랙리스트라는 법적 제재의 벽

속에서도 정보에 기반한 채용 전략, 즉 자격득실 확인서 확인, 평판 조회, 수습평가제도, 근무이력 정량 분석 등은 원장이 사용할 수 있는 가장 강력한 방패이자 검이다. 병원의 진료 품질은 원장의 의술로, 병원의 조직 건강은 올바른 채용과 관리로 지켜야 한다. 지금, 이 순간에도 병원을 돌며 새 희생양을 찾는 '인사 리스크'는 존재하고 있다. 원장은 그들을 선별할 눈을 가져야 한다. 시스템 없이 사람만 믿는 경영은, 너무나 쉽게 무너진다.

마. 5인 이상 vs 5인 미만, 직원 해고의 법적 함정
병원장이 알아야 할 현실 매뉴얼

직원 해고 문제는 병·의원을 운영하는 원장들에게 가장 까다롭고 민감한 영역이다. 실제 법적 구조는 '사업장 규모'에 따라 완전히 다르게 작동한다. 특히 병원처럼 인원이 5인 전후로 구성된 조직에서는, 이 기준 하나에 따라 해고의 방식과 리스크가 크게 달라진다.

가장 중요한 기준은 '5인 이상 사업장 여부'다. 5인 미만 병원에서는 수습 기간(3개월 이내)은 사전 예고 없이도 해고할 수 있다. 단지 "내일부터 안 나와도 된다"는 말 한마디면 끝이다. 3개월을 초과했을 때는 한 달 전 통보하거나, 한 달 치 급여를 지급하고 즉시 해고할 수 있다.

하지만 5인 이상 병원부터는 근로기준법이 적용되며, 사정은 완전히 달라진다. 수습 기간이라 하더라도 부당해고 시비에 휘말릴 수 있고, 직원이 문제를 제기하면 복직 명령과 함께 해고일로부터의 임금까지 지급해야 하는 상황도 생긴다. 단순한 말싸움도 직장 내 괴롭힘으로 엮

일 수 있으며, 실장이나 중간관리자를 통한 간접적인 해고 시도 역시 법적 문제가 될 수 있다.

그래서 병원장들이 택하는 현실적 방식은 다음과 같다. 첫째, 수습 기간을 계약직 형태로 명확히 설정하고, 이후 정식 계약을 갱신하는 방식. 2~3개월간 업무능력과 인성을 평가한 뒤, 문제가 있다고 판단되면 계약 종료로 정리한다.

둘째, 1년 단위 계약직으로 채용하고 계약 갱신 없이 종료하는 방식도 있다. 하지만 이 방법은 2년을 넘기면 자동으로 정규직 전환이 되기 때문에, 전면 물갈이나 순환 인사를 염두에 둬야 한다.

셋째, 근로자와의 분쟁에 대비해 병원 자체의 리스크 요인(예: 과도한 업무지시, 불법 촬영 가능 환경 등)을 사전에 차단해야 한다. 요즘은 스마트폰 하나로 모든 상황이 녹취·촬영되는 시대이기 때문에, 조그만 언행이 문제로 확대될 수 있다.

병원장이 인사에 있어 유일하게 갖는 방어선은 '계약서'다. 따라서 수습용 계약서와 정규 계약서를 구분해서 쓰고, 해고 사유와 근거를 명확히 남기는 것이 필수다. 그리고 무엇보다 중요한 건 '처음부터 잘 뽑는 것'이다. 하지만 이 역시 현실적으로 한계가 있으므로, 채용 초기부터 인성과 성향을 빠르게 파악하고 기록을 남겨두는 것이 나중의 분쟁을 피하는 유일한 길이다.

한국 사회에서 사장이 직원을 내보낸다는 것은 단순한 의사결정이 아니라, '법적 전투'에 가까운 일이다. 특히 병원처럼 내외부 민원이 많은 구조에서는, 그 리스크가 배로 커진다. 결국, 인사는 곧 경영이며, 법과 사람 사이에서의 균형 감각이 요구되는 영역이다.

바. 내부정보를 무기로 의사를 위협하는 하이에나들
직원이 병원을 먹는 구조와 그 대응법

병원은 외부에서 보기엔 의사 혼자 운영하는 단순한 조직처럼 보일수 있지만, 실제 의료기관의 운영은 진료를 중심으로 한 극도로 복합적인 시스템 위에 세워진다. 진료뿐만 아니라 간호, 치료, 수납, 청구, 세무, 노무, 약무, 물류, 전산관리까지 전방위적으로 협력해야 돌아가는구조다. 병원은 자본과 리스크는 원장이 전담하지만, 그 내부를 굴리는수많은 행위는 사람의 손에 의해 직접 수행된다.

바로 이 '노동 중심성'을 교묘히 악용하는 하이에나 같은 직원들이있다. 이들은 병원의 내부정보가 실시간으로 노출된 상태에서 업무를수행하며, 점차 병원의 경제 구조와 약점까지 꿰뚫기 시작한다. 특히,청구와 매출 관리를 맡은 직원이 있다면, 병원의 총 매출뿐 아니라 대략적인 원장의 순수익까지 계산할 수 있다. 그 수치는 언제부턴가 직접적인 월급 협상의 기준이 된다.

"원장이 이 정도 버는데 우리는 왜 이 정도밖에 못 받느냐"는 논리가 등장하고, 그 논리는 단순한 불만을 넘어 조직적 협박 수단으로 변모한다. 급여 인상을 요구하면서, 들어주지 않으면 집단 퇴사하겠다는압박이 가해지는 것이다. 실상 원장은 자본과 리스크를 모두 짊어진 사람이며, 병원에 조금이라도 문제가 생기면 본인의 면허와 생계까지 걸려 있는 '올인' 사업자다. 자본주의 원리로 보면 당연히 그만큼 수익을가져가야 한다. 하지만 직원들은 그 맥락을 모른 채, 단순히 "같이 일했는데 왜 너만 돈을 더 버느냐"는 시선으로 판단한다.

매출 노출의 폐해는 여기서 끝나지 않는다. 일부 직원은 청구 매출과 수납 데이터를 종합해 순수익을 예측하고, 본인의 연봉 협상 시 "작년에 순익이 이 정도면 저한테도 이 정도는 주셔야죠"라는 식으로 구체적 수치를 근거로 제시한다. 말 그대로 병원의 내장을 다 들여다보고, 장기 하나 빼가겠다는 협상 방식이다.

문제는 이런 요구가 한번 통하면 끝이 없다는 것이다. 급여 외에도 복지 요구가 이어지며, 식대 지급, 연수강좌 등록비, 주차비, 조기 퇴근, 명절 선물, 생일 케이크까지 모든 병원 내 비용 항목에 원장 지갑이 직접 연결되기 시작한다. 회식 자리에서 원장의 법인카드를 맡긴 병원에서는 수백만 원짜리 술값이 청구되는 경우도 심심치 않게 존재한다. 이들은 원장이 제공하는 것을 당연하게 여기며, 심지어 감시하듯 "다른 병원은 다 해주더라"는 식의 비교까지 늘어놓는다. (이런 이유로 어떤 원장은 "나는 회식을 아예 하지 않는다"고 단호히 말한다.)

더 심각한 문제는 내부정보에 노출된 법적 허점이 직원들의 무기가 되는 순간이다. 병원은 수많은 법적 절차와 규제를 따라야 하는 공간이다. 의료법, 개인정보보호법, 산업안전보건법, 근로기준법, 세법, 전자기록관리규칙 등… 모든 법을 100% 지킨다는 건 이론적으로도 불가능에 가깝다. 원장은 최대한 법을 지키려고 애쓰지만, 행정적으로 빠뜨리는 부분이나, 인력 부족으로 인한 실수가 발생하는 것은 어쩔 수 없는 현실이다.

하이에나 같은 직원들은 이 점을 정확히 파고든다. 병원 내부에서 일하면서 우연히 혹은 의도적으로 알게 된 '법 위반 또는 누락' 지점을 퇴사 시 혹은 협상 시 협박 카드로 활용하는 것이다. "이러다 신고당하면 병원 문 닫을 수도 있어요", "이건 의료법 위반인데, 알고 계셨나요?" 같은 말로 분위기를 슬며시 조성하고, 그 말이 결국 "제가 이번엔 그냥 넘어가겠습니다"는 식으로 흘러간다.

의사로서는 사소한 행정 오류가 곧바로 1~2개월 영업정지로 이어질 수 있으므로, 작은 협박에도 대응하지 않을 수 없다. 직원 한 명이 "제가 알기로는 그게 위법일 수 있어요"라고 말하는 순간, 원장은 즉각 상황을 무마해야 하고, 그 상황은 결국 '직원 입에서 병원 정보가 새는 것을 막기 위해 비용을 더 지불하는 구조'로 이어진다.

사. 내부정보를 이용하는 하이에나를 막기 위한 현실적 대응법

❏ **매출 및 수익 정보 접근을 철저히 제한하라.**
- 수납, 청구 등 업무별 권한을 세분화하고, 진료매출 요약·분석 기능은 원장 계정으로만 접근할 수 있게 설정해야 한다.
- 특히 프로그램상에서 직원 계정별 접근 권한 관리 기능이 있는 경우, 적극적으로 활용해야 한다. 대부분의 전자차트나 청구 프로그램에는 이러한 기능이 존재한다.

❏ **청구와 회계 관리는 원장 직속 혹은 외부에 분산시켜라.**
- 내부 직원이 청구 및 수납 전반을 다루는 구조는 가장 위험하다. 의료행위와 수익 사이의 연결 고리가 그대로 노출되기 때문이다.
- 청구는 외부 위탁을 고려하거나, 내부에서 하더라도 매출 총합은 분리 관리하라.

❏ **정보 접근 범위에 대한 계약서에 명문화하라.**
- '직원은 병원의 수익구조 및 운영 정보에 대해 외부에 누설하거나 무단 열람, 복사, 저장, 유출하지 않는다'는 조항을 근로계약서 또는 별도 보안서약서에 포함해야 한다.
- 단순히 '비밀유지의무'라는 말만으로는 부족하며, 정보 항목별로 구체화해 문서로 만들어야 한다.

❏ **회식 등 원장 부담의 금전 행위는 원칙적으로 하지 않는다.**
- 회식하더라도 카드 사용의 한도를 분명히 하고, 비용 상한을 미리 설정해두는 것이 필수다.
- '회식 = 병원 외 활동'이라는 인식을 직원들이 갖도록 정리하고, 가능하면 식사 후 바로 해산하는 구조가 바람직하다.

❏ **법적 리스크는 직원보다 원장이 먼저 인지하고 사전에 정비하라.**
- 의료기관 컨설팅, 노무사, 회계사 등과 상시로 소통하여 법적 미비 요소를 점검하고, 사소한 위반이 직원의 무기가 되지 않도록 선제 대응을 해둬야 한다.
- 특히 직원 퇴사 전에 '민감 정보 접근 여부'와 '정보 삭제 여부' 등을 확인해야 한다.

❏ **직원에게 절대 병원의 경제적 권한을 위임하지 말 것**
- 세무, 회계, 보험, 노무, 재무 등 병원 외부 업무에 대한 모든 계약과 권한은 원장 본인 또는 변호사, 노무사 등 외부 전문가와의

직접 계약으로 처리하라.

- 병원의 수익 구조를 직원에게 보여주는 순간, 원장의 권위는 무너지기 시작한다.

의사는 의료를 전공한 전문가이지, 법률과 회계, 노무에 모두 정통한 다기능 경영자가 아니다. 하지만 이 시대의 개원의는 어쩔 수 없이 조직 방어의 전략가가 되어야 한다. 하이에나 같은 직원은 '문제가 있는 사람'이 아니라, 정보를 가진 사람이다. 그 정보를 누가, 어디까지, 어떻게 접근할 수 있게 하느냐에 따라 병원의 운명이 갈린다.

병원을 지키는 첫 번째 수단은 바로 정보 차단이다. 그리고 그다음은 계약과 문서화, 마지막은 관계에 대한 명확한 선 긋기다. 병원은 감정으로 운영하는 공간이 아니라, 통제 가능한 시스템 위에 세운 조직이어야 한다. 그렇지 않으면, 당신의 병원은 어느 날 내부에서부터 먹혀 들기 시작할 것이다. 그리고 당신은, 직원이 흔든 순이익 그래프를 보며 무너져가는 병원에서 자신이 왜 망했는지도 모른 채 문을 닫게 될지 모른다.

아. 출산휴가와 육아휴직 제도의 그늘
병원을 노리고 들어온 '전략형 직원'의 함정

6개월 전에 채용한 간호조무사가 임신 사실을 알렸다. 그리고 이어지는 말은 병원을 운영하는 처지에서 충격적이었다. 출산휴가 3개월을 사용한 뒤 곧바로 1년의 육아휴직을 쓰고, 그 후에는 복직하지 않고 퇴사하겠다는 것이다. 계산해 보면 이 직원은 실제로 병원에서 일한 건 6개월이 전부이지만, 법적으로는 총 1년 3개월을 유급 혹은 준유급 상태로 병원에 소속된 것으로 인정된다. 더 나아가 육아휴직까지 포함한 근속기간이 퇴직금 산정에 반영되기 때문에, 2년 3개월 치 퇴직금을 지급해야 하는 상황에 놓이게 된다.

이러한 사례는 그 자체로 불법은 아니다. 오히려 법의 틀 안에서 정당한 권리로 행사된 것이다. 하지만 경영자로서 이 구조는 극단적으로 불합리하다. 직원은 짧은 근무 기간 출산휴가, 육아휴직, 퇴직금까지 모두 챙기고 병원을 떠나고, 병원은 그 공백을 메우기 위해 대체 인력을 구하고, 행정업무를 처리하고, 임금과 퇴직금을 포함한 경제적 손실을 감당해야 한다.

더 큰 문제는 이러한 사례가 '한 번의 우연'이 아니라는 점이다. 일부 직원들은 사실상 이런 방식으로 병원을 노리고 들어온다. 처음부터 출산 계획을 염두에 두고 채용된 이후 일정 기간이 지나면 곧바로 휴가를 신청하고, 그 이후엔 깔끔하게 퇴사한다. 심지어는 면접 때부터 그런 계획을 숨기고 들어오는 예도 있다. 이런 방식으로 당한 원장의 실제 사례가 정말 많다.

법적으로는 정규직으로 채용된 이상 출산휴가와 육아휴직을 사용하는 데 아무런 제약이 없다. 임신 중인 직원을 해고하는 것은 근로기준법상 금지되어 있으며, 위반 시 형사처벌까지 받을 수 있다. 육아휴직 또한 사업주의 허가가 필요하지 않고, 근로자의 일방적인 권리로 보장된다. 고용보험에서 휴직급여를 지급하지만, 현실적으로 대체 인력의 채용과 교육, 병원 운영의 부담은 오롯이 병원장이 감당해야 한다.

게다가 육아휴직 기간은 퇴직금 산정에 포함되며, 출산휴가도 대부분은 근속기간으로 인정된다. 실제로 일한 기간은 6개월인데, 퇴직금은 2년 이상 근무한 것처럼 지급해야 한다. 병원은 일하지 않은 시간에 대해 임금, 퇴직금, 고용유지에 따른 행정비용까지 지불하고, 그 직원은 모든 법적 권리를 행사한 뒤 병원을 떠난다.

이러한 상황은 병원 운영자에게 법적인 사각지대를 악용한 손실로 다가온다. 그리고 그 손실은 단순히 금전적 피해로 끝나지 않는다. 불시에 발생하는 인력 공백은 환자 응대에 혼선을 주고, 기존 직원들의 업무 과중을 유발하며, 원장의 업무 스트레스를 폭발적으로 증가시킨다. 특히 소규모 의원에서는 직원 한 명의 공백이 전체 운영을 흔들 만큼 치명적이다.

더욱 큰 문제는 이 패턴이 반복될 수 있다는 점이다. 이러한 전략형 직원들은 병원을 떠나 또 다른 병원으로 자리를 옮기고, 같은 수법을 반복한다. 면접에서는 자신의 계획을 숨긴 채 진정성 있게 보이지만, 몇 개월 뒤에는 출산휴가나 병가, 혹은 육아휴직을 신청하고 병원에 부담을 지운다. 하나의 병원에서 소진한 권리를 또 다른 병원에서 다시 반복하는 구조가 형성된다.

그렇다면 병원 운영자는 이런 상황을 어떻게 막을 수 있을까? 가장 현실적인 방어책은 정규직이 아닌 1년 단위 계약직 고용이다. 육아휴직은 원칙적으로 '계약 기간 내에서만' 사용할 수 있으며, 계약 기간이 종료되면 육아휴직도 자동으로 종료된다. 즉, 계약 갱신 의사가 없다고 명확히 서면 통보만 하면, 법적 리스크 없이 종료할 수 있다. 그리고 계약 기간 중이라도 육아휴직 신청이 들어올 경우, 남은 계약 기간만큼만 허용할 수 있다.

또한, 채용 시 반드시 수습 계약서를 별도로 작성하고, 수습 종료 시 정식 계약 전환 여부를 평가 기준에 따라 명확히 판단해야 한다. 수습 기간이 단순한 통과의례가 아닌, 실질적인 평가 절차로 작동해야 한다. 면접에서도 "몇 년 정도 일할 계획이신가요?" 같은 질문을 통해, 장기 근속 의사를 탐색하는 것은 차별이 아니다. 직무와 조직 적합도를 평가하는 자연스러운 질문이며, 이를 통해 위험요소를 미리 파악할 수 있다.

이 외에도 고용노동부나 고용보험공단에서는 출산휴가·육아휴직에 따른 대체인력지원금과 각종 고용유지 보조금 제도가 있다. 행정은 번거롭지만, 이를 적극적으로 활용하면 병원이 지는 비용 부담을 어느 정도 상쇄할 수 있다. 또한, 퇴직금 문제와 관련해서는 계약 만료에 대한 통지를 반드시 기한 내에 서면으로 남겨야 퇴직금 지급 의무가 불리하게 작동하지 않는다.

결국, 의사이자 경영자인 원장은 감정이 아닌 제도와 시스템으로 직원 관리에 접근해야 한다. "임신은 여성의 권리이기 때문에 다 받아들여야 한다"는 이상론에만 의존하다 보면, 현실적인 병원 운영은 금세 무너진다. 출산과 육아를 존중하면서도 병원이 지탱할 수 있는 구조를 만들기 위해, 계약 구조, 문서 관리, 채용 전략, 제도 활용이 반드시 병행되어야 한다.

의료인의 희생 위에만 서 있는 제도는 오래가지 못한다. 권리를 보호받기 위해서는 의무도 균형을 이루어야 한다. 전략적으로 권리만을 취하고 책임을 회피하는 구조가 반복된다면, 병원은 점차 회의와 불신의 공간으로 전락할 수밖에 없다. 원장은 법을 정확히 이해하고, 그 안에서 정당하게 병원을 지킬 수 있는 준비를 하여야 한다. 그래야 비로소 병원도, 환자도, 그리고 진짜 좋은 직원들도 보호받을 수 있다.

임신을 무기로 삼은 반격
개원 초 원장이 마주한 위장된 '부당해고' 소송의 전말

개원 초, 의료인의 가장 큰 고민 중 하나는 직원 관리다. 진료실 운영을 함께하는 인력이기에 업무 역량뿐 아니라 태도와 책임감까지 당연히 함께 보아야 하지만, 그 기준이 현실에서 적용되기란 쉽지 않다. 특히 법의 테두리 안에서 책임을 묻고 대응하는 일은, 진료보다 훨씬 더 복잡하고 예민한 문제로 얽히곤 한다.

이 사례의 원장은 개원 초기, 물리치료사 한 명을 채용했다. 하지만 그 직원은 곧 여러 문제를 드러냈다. 병원에서 업무 시간에 공무원 시험용 국사 문제집을 풀거나, 가족과 남편이 병원 내를 드나들며 병원 분위기를 흐리는 일이 반복되었다. 심지어 물리치료실에서 환자 대기 중에도 핸드폰만 보고 환자 호출에 응하지 않는 등, 기본적인 업무 태도에도 심각한 문제가 있었다.

이에 원장은 1개월 후 해고를 통보했고, 그동안 근무하도록 하였다. 놀랍게도 해당 물리치료사는 자신이 스스로 3일만 더 근무하고 나오지 않겠다고 밝혔고, 퇴사일까지 태업 없이 근무해 원장도 마음이 조금 누그러졌다고 한다. 그러나 마지막 날, 모든 상황은 반전되었다. 퇴직 사유서에 '임신 사실을 알리자 해고를 당했다'는 문구가 적혀 있었다.

그로부터 한 달여 뒤, 원장에게 고용노동부의 연락이 왔다. '부당해고'와 '주휴수당 미지급', '연차 수당 미정산' 등에 관한 민원이 접수되었다는 내용이었다. 즉, 이 물리치료사는 자신이 임신을 이유로 부당하게 해고당했다고 주장하며 국가 기관에 문제를 제기한 것이었다.

그러나 원장은 이에 대응할 준비가 되어 있었다. 처음부터 해당 직원과

나는 업무 관련 대화를 모두 녹음해두고 있었다. 녹음 파일에는 다음과 같은 내용이 담겨 있었다. 병원에서 시험 준비용 문제집을 푼 사실을 인정하는 진술, 가족이 병원에 와서 민원을 유발했음을 인정하는 발언, 환자 대기 중 핸드폰만 사용했던 사실에 대한 답변, 집중력 저하와 실수의 원인을 '임신' 때문이라고 직원이 먼저 시인한 내용.

이 자료를 바탕으로 원장은 고용노동부 조사에 직접 출석해 상황을 조목조목 반박했다. 부당해고 여부에 관한 판단에서 승기를 잡았고, 결과적으로 해당 물리치료사의 주장은 대부분 기각되었다. 다만, 시급 근로계약서에 주휴수당을 명시하지 않은 점은 지적받았고, 이에 따라 10만 원가량의 주휴수당만 지급하는 것으로 사건은 마무리되었다.

이 사건의 핵심은 단순히 한 직원의 태만과 무책임을 넘는다. 직원은 마지막 순간, '임신'이라는 법적 보호 장치를 적극적으로 활용해 복직과 보상을 노리는 큰 그림을 그리고 있었다. 부당해고 판정이 날 경우, 근무하지 않은 기간의 임금 보전은 물론이고, 곧바로 출산휴가에 들어가 월급을 받을 수 있고, 복귀 후 해고를 하려면 다시 1개월 이상의 예고 기간이 필요하다. 퇴직금과 실업급여까지 더하면, 짧은 근무로 수천만 원의 금전적 이득을 챙길 수 있는 구조가 완성되는 것이다.

이런 구조적 허점을 방어해낸 건, 원장의 꼼꼼한 대응과 기록 습관이었다. 이 경험은 단순한 '직원 관리 실패담'이 아니다. 진료 외의 모든 상황이 곧 의료인의 리스크가 될 수 있다는 것을 보여주는 경고문이다.

마지막으로 그는 후배 개원의들에게 다음과 같은 조언을 남겼다.

"직원과의 모든 대화는 반드시 녹음해라. 당사자 간 대화는 불법이 아니고, 유일하게 진실을 증명해줄 무기가 된다. 나는 우연히 살아남았지만, 다음 사람은 그렇지 않을 수도 있다."

병원은 진료만으로 돌아가지 않는다. 때로는, 병원 바깥에서 시작된 위기가 진료실을 뒤흔든다. 그 위기에서 살아남기 위해선, 의사가 기록하고 대응하는 습관을 갖는 수밖에 없다.

수습 간호조무사의 부당해고 주장과 병원의 대응 실패

수술방에서 근무하던 간호조무사 A는 업무능력이 현저히 떨어지는 직원이었다. 기본적인 스크럽 절차조차 제대로 수행하지 못했고, 마취 준비 과정에서 조영제를 잘못 투여하는 등 환자 안전에 영향을 줄 수 있는 실수를 반복했다. 결국, 해당 병원의 수술팀에서는 더 이상 A와 함께 일할 수 없다고 판단했고, 병원 측도 A에게 퇴사를 권고했다.

문제는 그다음부터 시작되었다. A는 곧바로 '부당해고'라며 노동청에 신고하겠다고 밝혔고, 이에 놀란 간호부장은 연차 소진 형태로 퇴사를 처리해 버렸다. 하지만 이미 A는 병원 내부에서 자신이 "일머리가 없다"는 평을 들었다는 점, "제대로 가르쳐주지도 않았다"고 주장하며 억울함을 호소하기 시작했다.

해당 간호조무사는 정규직 입사 후 수습 3개월이 계약서에 명시되어 있었고, 이 기간에 병원의 판단에 따라 해고 조치가 가능하다고 병원은 믿고 있었지만, 문제는 절차였다. 해고 사유에 대한 명확한 서면 통보가 없었고, 수습 평가표나 경위서 등 해고의 정당성을 입증할 만한 문서가 남아 있지 않았다.

더 큰 문제는 병원 내부의 대응이 미숙했다는 점이다. 해고 사유가 충분했음에도 불구하고, 이를 경위서, 교육 이력, 평가표 등의 문서로 남기지 않았고, 가르쳐줬다는 말만 반복할 뿐 증빙할 증인이 체계적으로 확보되어 있지 않았다. 병원 직원들은 단톡방에서 그 직원이 저지른 "변기 닦은 걸레로 어디를 닦았다", "국소 마취제 대신 조영제를 투여했다" 등의 위험한 실수들을 공유하며 분노했지만, 공식적인 대응은 없었다.

심지어 "그냥 눈앞에서 사직서를 쓰게 해야지, 생각할 시간 주면 검색한다", "가르쳐줬다고 시말서 쓰게 해야지", "시말서 3회 → 삼진아웃제 도입" 등 다양한 내부 전략들이 논의됐지만, 이미 사태는 커지고 있었다. 뒤늦게 청소 업무로 재배치하거나 시말서를 통한 압박 등을 논의했지만, 이는 오히려 직장 내 괴롭힘으로 역공격당할 여지가 있어 조심스러운 상황이 되었다.

결국, 해당 직원은 "정말 열심히 했고, 아무도 안 가르쳐줬다"는 태도를 고수하며 노동청에 신고했고, 병원은 부당해고 여부를 두고 곤혹스러운 상황에 놓이게 됐다. 문제의 핵심은 단 하나였다. 절차적 정당성을 갖추지 못했다는 것.

인사권을 갖지 않은 실무자도 사전에 대비하라

이 사례에서 중요한 것은, "일을 정말 못한다"는 주관적 판단만으로 수습 기간에 해고를 단행할 경우, 그 해고가 부당해고로 인정될 수 있다는 사실이다. 수습이라 해도 해고의 정당성과 절차적 요건은 반드시 갖추어야 하며, 다음과 같은 점이 준비되어 있어야 한다.

- ✓ 수습 평가표와 서면 피드백
- ✓ 명백한 업무 실수에 대한 경위서 및 보고서
- ✓ 교육 이력과 피교육자의 반응 기록
- ✓ 퇴사 권유 시 서면 통보 및 면담 기록

무엇보다 계약 단계에서부터 '수습 기간 후 계약 종료 가능'한 계약서를 체결하는 것이 방어의 첫걸음이다. 정규직 수습 형태라면, 사실상 해고와 같은 절차를 밟아야 하므로 노동청 신고 시 위험성이 크다.

결국, 이 사례는 병원이 어떤 직원 한 명을 놓고도 절차와 문서화 없이 대응할 경우 얼마나 큰 법적 리스크를 떠안을 수 있는지를 보여주는 경고이다. 문제 있는 직원을 조기에 걸러내는 것도 중요하지만, 제대로 자르기 위해선 제대로 준비되어 있어야 한다.

퇴사 간호조무사의 보복, 그 끝에 남은 손해

A의원은 어느 날 황당한 상황을 마주하게 되었다. 평소에도 태도가 불량했던 간호조무사 직원이 퇴사하면서, 진료 전산 시스템 내 환자 주민등록번호 수백 건을 삭제한 것이다. 확인 결과 피해 건수는 약 500명에 달했

고, 병원은 이로 인해 보험청구 오류, 서류 재작성, 행정처리 누락 등으로 약 1,500만 원 상당의 손해를 입었다.

사건의 전말은 전산 기록과 CCTV를 통해 명확히 드러났다. 컴퓨터 작성 시간과 기록 시간대가 일치했고, 퇴사 전후로 집중적인 삭제 행위가 있었음이 확인되었다. 병원은 즉시 업무방해죄로 형사고소를 진행했고, 법원은 해당 간호조무사에게 벌금 300만 원을 선고했다.

이어 민사 소송도 제기했지만, 실제 인정된 손해배상액은 겨우 200만 원에 그쳤다. 형사적 처벌은 가능했지만, 실질적인 손해에 비해 배상액이 턱없이 부족했다. 게다가 해당 간호조무사 측은 변호인을 선임해 적극적으로 방어에 나섰고, 병원 측은 소송과정에서 추가적인 시간·비용 부담까지 안게 되었다.

원장은 향후 이 직원이 보복성 신고나 허위 고발, 개인정보 유출 등 또 다른 문제를 일으킬 가능성에 대해 우려했고, 이를 막기 위해 해당 직원에게 내용증명을 발송했다.

내용증명에는 '이번 사건 외에도 병원 측이 확보한 다른 불법행위에 대한 증거가 있으며, 추후 보복이나 허위신고 등 원장을 귀찮게 하거나 병원의 평판을 훼손하는 행위가 발생하면 즉시 추가 고소에 착수할 것'이라는 내용을 명시했다. 이후 실제로는 별다른 문제가 발생하지 않았고, 사건은 조용히 종결되었다.

흰 가운 속 이빨

18

흰 가운 속 이빨
동료의 탈을 쓴 포식자들

의사를 가장 교묘하게 속이고 이용하는 사람은 의사 바깥에 있지 않다. 오히려 '같은 의사'라는 이름을 가진 내부자들이 훨씬 더 치밀하고 정교하게 의사를 겨냥한다. 동료 의사라는 이유만으로 경계심을 내려놓게 만들고, 의사만이 알 수 있는 취약한 틈을 정확히 찌르기 때문이다. 이른바 '하이에나형 의사'는 외부에서 포식자를 가장한 악인이 아니라, 같은 흰 가운을 입고 같은 용어를 쓰며, 같은 눈높이에서 다가온다. 그래서 더 치명적이다.

의사를 타깃으로 삼는 데 있어 동료 의사는 누구보다도 유리한 위치에 있다. 의사라는 직업군이 가진 생리와 습성을 잘 알고 있기 때문이다. 병원 시스템의 구조, 보험청구의 원리, 전문의로서 갖는 행정적 부담감, 개원의의 고립감까지, 일반인은 감조차 못 잡는 이 복잡한 현실을 동료 의사는 정확히 꿰뚫고 있다. 따라서 어디를 건드리면 흔들리는지, 어떤 방식으로 접근해야 방어를 뚫을 수 있는지를 너무 잘 안다.

그리고 무엇보다 중요한 것은, 피해자 의사가 '동료는 나를 해치지 않을 거라는 막연한 믿음'을 갖고 있다는 사실이다. 같은 과 출신이거나, 의대 동기거나, 심지어 같은 협회 소속이라는 이유만으로 사람을 쉽게 믿는다. "의사끼리 그러겠어?"라는 생각이 스스로 경계심을 허물게 만들고, 결국에는 그 허술한 틈으로 깊숙이 침투하게 되는 것이다.

의사 사회에 뿌리 깊게 박혀 있는 상명하복 문화도 한몫한다. 의대생 시절부터 전공의 기간까지, '윗사람의 말은 곧 명령'이라는 분위기에 익숙해진 탓에, 선배 의사의 조언이나 제안이 비합리적이거나 이상하더라도 쉽게 반박하지 못하는 경향이 있다. 직접적인 직속 관계가 아니더라도, '경력이 많은 선배', '먼저 개원한 선배'의 말이라면 일단 수긍하고 따르려는 태도가 남아 있는 것이다. 이런 문화는 공동체 의식처럼 보이지만, 사실은 위계질서에 기반한 무비판적 수용에 가깝다.

여기에 더해, 의사들의 학습 방식 또한 이런 함정에 취약한 구조를 만든다. 의대 시절, 의사는 수천 페이지의 교과서를 외우고, 수많은 시험을 통과하며, 압축적이고 효율적인 정보를 추구하는 방식에 익숙해졌다. 그 과정에서 대부분은 '족보'를 중심으로 공부했다. 선배가 남긴 문제집, 요점 정리, 단권화된 핵심 자료는 그 자체로 정답이 되었고, 그것을 따라야만 성적도 나오고 시험도 붙는다는 체험을 반복했다.

그 습관은 시간이 흘러도 남는다. 진료와 경영, 병원 운영처럼 훨씬 복잡하고 다양한 판단이 필요한 상황에서도, 누군가 "이게 우리가 해온 방식이야", "다른 병원들도 다 이렇게 해"라고 말하면 쉽게 설득당한다. 마치 의대 시절의 족보를 받는 것처럼, 그 말을 현실의 지침서로 받아들인다. 그 말이 비합리적이거나, 심지어 불법일지라도 '다들 그렇게 한다면 괜찮겠지'라고 넘어가는 것이다.

이런 여러 이유가 모여, 동료 의사가 의사를 속이거나 이용하는 데 매우 유리한 환경을 만든다. 그것은 단순한 배신이 아니라, 시스템 내부에서 축적된 문화적 허점을 정밀하게 이용하는 일종의 내부공격이다. 타인이 아닌, 같은 길을 걸어온 자가 자신을 해친다는 사실은 충격이지만, 현실은 그보다 더 차갑다. 하이에나는 멀리 있지 않다. 바로 옆에서, 같은 흰 가운을 입고 다가온다. 그리고 그들은 '너도 나처럼 될 수 있어'라는 말로 덫을 놓는다.

가. "같이 개원하자"는 선배의 제안
과연 호의인가, 함정인가?

올해 공보의 근무를 마치고 본격적으로 취업을 준비하던 한 의사가 있었다. 그는 의사 취업 플랫폼에 자신의 정보를 등록해두었는데, 어느 날 갑자기 한 사람이 연락을 해왔다. 연락해온 이는 자신이 여러 차례 개원해본 경험이 있으며, 미용 시술이나 내시경 등 수익성 높은 분야도 할 줄 안다고 소개했다. 그러면서 "이런 기술들을 가르쳐 줄 테니 함께 개원하자"는 제안을 건넸다.

처음 듣기엔 혹할 수도 있는 제안이었다. 미용이나 내시경처럼 '돈 되는 기술'을 배울 기회를 선배가 준다고 하니, 일면 고마운 일처럼 느껴질 수도 있다. 그는 다음 주쯤 알아서 찾아가겠다고 말하며 약속을 잡으려 했지만, 시간이 지나면서 이런 제안이 과연 진심에서 나온 것인지 의심이 들기 시작했다. 가장 의문스러운 점은 바로 이것이다. 정말 돈이 되는 기술을 왜, 그것도 아무 인연 없는 일반의에게 공짜로 가르쳐주려 할까?

이에 대해 의사 커뮤니티 댓글 창에는 현실적인 조언들이 이어졌다. 많은 의사가 공통으로 지적한 부분은, 이런 제안은 결국 '명의만 빌리는 개설 구조'라는 것이다. 즉, 선배 혹은 자금을 가진 누군가가 병원 개설에 필요한 명의를 구하지 못해, 갓 졸업한 젊은 의사에게 명의를 빌리려는 목적이 깔려 있다고 분석한다.

이런 제안은 다음과 같은 방식으로 이뤄지는 경우가 많다.

"내가 자금과 장비, 시스템을 모두 준비해놓을 테니, 너는 명의만 빌려주고 이름만 원장으로 올라가라."

"망해도 책임은 네가 지는 거고, 잘 되면 나는 컨설팅비 혹은 일정 수익을 가져가겠다."

(실제로는 네가 바지 원장이고, 나는 뒷돈 챙기는 구조다.)

실제로 이렇게 명의를 이용당하고, 수익 분배도 제대로 받지 못한 채 법적 책임만 지게 된 사례는 상당히 많다. 한 댓글은 이러한 구조를 정리해 다음과 같이 경고했다.

"개원하자면서 네 명의로 하자는 순간, 손해는 네가 보고 이익은 그 사람이 챙긴다. 이게 사무장 병원이다."

결론은 명확하다. 초짜 의사에게 "같이 개원하자"고 다가오는 제안은 대부분 위험하다. 자금 여력이 부족한 선배가 젊고 경험 없는 후배를 끌어들여 리스크를 전가하는 구조이거나, 반대로 개업자금 여력이 충분하더라도 과잉 청구 등으로 크게 한탕 해 먹고 튈 예정일 가능성이 크다. 명의 제공을 원하면서 겉으론 "같이 하자"고 말하는 이들은, 실상은 법적 책임과 재정적 손실을 모두 후배에게 넘기려는 사무장형 구조를 계획하고 있을 뿐이다.

처음에는 호의처럼 보일 수 있다. 하지만 의료법 위반, 세무조사, 민형사 책임 등 나중에 돌이킬 수 없는 문제로 이어질 수 있다.

"돈 되는 기술을 왜 남에게 가르쳐주겠는가?"라는 본질적인 의문을 항상 품고 있어야 한다.

따라서 이런 제안을 받을 경우, 가장 안전한 대응은 정중히 거절하고 연락을 끊는 것이다. 호의처럼 포장된 제안 뒤에는, 누군가의 '호구'가 되기를 바라는 의도가 숨어있을 수 있다.

나. 공동 지분 제안의 실체
호의인가, 전략인가?

병원에서 부원장으로 근무하던 중, 원장으로부터 '공동 지분 참여' 혹은 '향후 병원 인수 제안'을 받았을 때 많은 봉직의는 흔들린다. 지금까지 열심히 일한 나를 인정해주고, 이제는 진정한 '파트너'로 대우해주는 건 아닐까 하는 기대감이 들기 때문이다. 특히 지방처럼 봉직의 수급이 어려운 곳일수록, 대표원장은 이 카드를 유력한 부원장에게 선물처럼 내민다.

지분투자, 그 말만 들으면 귀가 솔깃해진다. "이 병원 같이 키워보자", "열심히 했으니 너도 이제 주인 대우해줄게"라는 말은 겉으로 보면 고마움의 표현이고 신뢰의 표시 같아 보인다. 실제로 그렇게 말하며 부원장을 끌어들이는 원장들은, 뭔가 진중하고 미래를 함께 설계하려는 사람처럼 보이기도 한다. 그러나 의료 현장, 특히 의원급 병원에서는 이 말이 전혀 다른 의미를 갖는다. 겉으론 따뜻해 보이는 제안이, 알고 보면 하나의 '덫'이자 계산된 포섭이라는 사실을 깨닫기까지는 오랜 시간이 걸리지 않는다.

의료계에서 지분투자는 때때로 동업을 의미하지만, 현실에서는 동업이 아니라 노예 계약에 가깝다. 특히 원장이 먼저 제안하는 지분투자는 대개 자금 회전, 봉직의 확보, 경영 리스크 전가라는 세 가지 목적이 얽혀 있다.

❑ 원장의 속내: 부원장을 '붙잡아 두기' 위한 전략

봉직의라는 존재는 쉽게 채용하기도 어렵지만, 더욱 문제는 쉽게 떠난다는 데 있다. 특히 의원이 일정 규모 이상으로 커지게 되면 원장 혼자서 감당할 수 없어 부원장 채용이 필수가 된다. 그러나 실력 있는 부원장일수록 오래 붙잡아 두기 힘들다. 기술과 환자 응대 경험을 쌓은 뒤엔 독립 개원을 하거나, 조건이 좋은 곳으로 옮기기 마련이다.

여기서 등장하는 카드가 바로 '지분투자'다. "이제 네가 없어선 병원이 안 굴러가", "진심으로 함께하고 싶다", "내 병원이 아니라 우리 병원이 되게 하자"는 말은 감동적으로 들릴 수 있지만, 실은 철저한 계산하에 나오는 말이다. 원장은 자금도 확보하고, 부원장도 잡아두는 일거양득의 효과를 기대한다.

❑ 지분이란 이름의 목줄

대표원장이 부원장에게 지분투자를 권할 때, 대개는 수천만 원에서 수억 원의 금액을 요구한다. 그 돈을 넣게 되면, 부원장은 매출의 일정 비율을 수익금으로 받게 된다는 설명이 따라붙는다. "인센티브 받느니, 지분 명목으로 투자받는 게 나아"라는 말은 원장의 속내를 고스란히 드러낸다.

하지만 이 구조에서 중요한 점은 지분율이 명확히 공개되지 않는 경우가 대부분이며, 계약서조차 형식적으로만 쓰이거나 아예 구두로만 약속이 이뤄지기도 한다는 점이다. 병원 매출이 늘어나도 지분 원장이 경영에 접근할 수 있는 권한은 거의 없고, 실질적 운영권은 여전히 대표원장에게 집중된다.

그렇게 지분을 넣은 부원장은 어느 순간부터 '직원'이 아니라 '투자자'가 되어버린다. 한 달 월급으로 받는 1500만 원 중 일부는 본인이 투자한 돈에서 나온다는 것을 깨닫게 되는 순간, 자괴감과 함께 탈출이 어려운 현실을 마주하게 된다.

❑ 노예 계약의 메커니즘

'지분 원장'이라는 명함을 받아 든 봉직의는 대개 이렇게 말한다.

"나도 이제 병원의 일부를 가졌으니 주인의식을 갖고 일해야겠다."

하지만 현실은 그 반대다. 이전보다 더 많은 진료, 더 강한 책임, 더 줄어든 권한 속에서 진짜 주인처럼 일하지만, 주인 대우는 받지 못한다. 회계자료나 병원 재무제표는 공유되지 않으며, 병원 매각이나 확장 등 중요한 의사결정에서도 배제되기 일쑤다.

투자금 회수는 또 다른 문제다. 병원을 나가고 싶어도 "네가 지분 넣어놨잖아, 투자금은 병원이 수익 나면 돌려줄게"라는 말이 돌아온다. 나가고 싶을 때 나가지 못하는 구조가 바로 여기에 있다. 이렇게 지분은 '주인의 권리'가 아니라 직원을 붙잡아 두는 족쇄로 작용한다.

지분을 투자한다고 해서 병원의 주인이 되는 것이 아니다. 오히려, 권한 없이 책임만 떠안고 있는 부실한 동업자가 될 가능성이 더 크다. 가장 흔한 착각은 "이 병원을 나도 소유하고 있다"는 허상이다. 정작 중요한 결정은 내가 할 수 없고, 수익 분배는 '배려'의 형태로만 이뤄진다면, 지분은 아무 의미가 없다.

지분이 생기면 파트너가 되는 게 아니라, 오히려 '더 충성해야 하는 위치'가 된다. 원장은 이제 "너도 주인인데 왜 이렇게 일하냐?"고 말하며 점점 병원에서 빠져나간다.

하지만 병원 경영의 책임은 여전히 남아 있다. 환자 수 감소, 직원 문제, 민원, 세무 리스크 등 실무적 부담은 지분을 가진 부원장이 모두 지게 되는 구조다. 결국, 지분은 '의무는 있으나 권리는 없는 파트너'로 만드는 장치가 된다.

❏ 지분 구조의 불투명성

공동 지분이라는 말은 그럴듯하지만, 실상은 매우 애매한 경우가 많다. 정확히 몇 퍼센트를 주는지, 지분을 산정한 근거가 무엇인지, 수익은 어떤 방식으로 배분되는지 등 핵심 정보가 명확히 설명되지 않는 경우가 다수다.

일부 병원에서는 '1억 넣고 5% 지분', '3억 넣고 10%'라는 식의 제안이 오지만, 그 '지분'이 정확히 무엇을 의미하는지는 아무도 모른다. 병원 장부를 확인할 수 있는 권한도 없이, 막연히 수익만 기대하고 돈을 넣는 구조다. 결국, 원장은 지분 명목으로 수익을 받았지만, 경영권은 여전히 본인의 손에 쥐고 있다.

투자한 금액에 대한 지분율은 '투자금 ÷ 병원 가치 × 100'으로 계산된다. 그런데 여기서 중요한 것은 병원의 가치를 얼마로 책정하느냐에 따라 지분율이 크게 달라진다는 점이다. 실제로 개업을 해보면 알겠지만, 병원의 전체 가치를 객관적으로 산정하는 일은 생각보다 쉽지 않다. 평가 방식에 따라 얼마든지 높게도, 낮게도 조정이 가능하기 때문이다. 병원장은 무조건 병원 가치를 과대평가할 것이다.

❏ 수익 구조는 원장에게만 유리하게 짜여 있다.

대부분의 공동 지분 제안은 지분을 가진 만큼 수익을 배분해주는 구조가 아니다. 매달 '고정급 + 약간의 인센티브'를 주는 식인데, 지분 참여 전과 큰 차이가 없다. 결국, 투자금 대비 수익률이 터무니없이 낮다.

예를 들어, 5억을 넣고도 한 달에 200만 원 정도 급여가 늘어났다면, 그 수익률은 연 4.8% 수준이다. 그것도 언제든 사라질 수 있는 수익이다. 그 와중에 병원이 망하면? 그 5억은 영영 못 돌려받을 가능성이 크다. 한마디로 고정된 리스크 + 유동적인 보상이다. 일반적인 투자 개념과 정반대다.

❏ 지분 회수 불가, 혹은 회수 거부

대부분의 '공동 지분' 제안에는 투자금 회수 조건이 명확히 없다. 그렇다 보니, 나중에 병원을 나오고 싶을 때도 "이건 투자금이지, 돌려주는 돈 아니다", "매달 급여에 포함된 거다"라는 식으로 빠져나가는 경우가 많다. 또는 "병원이 어려워서 줄 수 없다", "너도 공동 책임자 아니냐"는 말이 따라온다.

실제로 어떤 부원장은 3억을 투자하고도 병원이 매각되는 과정에서 단 한 푼도 못 받고 나왔다. 반면 대표원장은 법인이 아니라 자신의 명의로 된 부동산과 기기, 상표권 등을 보유하고 있어 법적으로 재산을 지킬 수 있었다.

❏ 병원은 잘되는데, 왜 지분을 나눠줄까?

병원이 겉보기에 잘 돌아가고 있음에도 불구하고 대표원장이 갑자기 지분을 나눠주겠다고 제안해온다면, 그 제안은 의심해볼 여지가 크다. 정상적인 경영 감각을 가진 사람이라면, 이미 안정적으로 수익이 나고 있는 병원의 지분을 굳이 타인과 나누려 하지 않는다. 성공한 비즈니스의 이익은 대부분 소수에게 집중되는 것이 자연스러운 흐름이며, 그 이익을 굳이 나누겠다고 나서는 순간, 그 이면에는 분명 다른 목적이나 의도가 숨어 있을 가능성이 크다.

대표원장이 지분을 주겠다는 말을 꺼내는 경우는 대개 몇 가지 유형으로 나뉜다. 첫째, 병원이 실제로는 생각만큼 잘되지 않고 있는 경우다. 외형상으로는 매출이 높아 보일 수 있지만, 고정비용과 리스, 각종 부대비용까지 고려하면 수익률은 급격히 낮아지는 구조일 수 있다. 이럴 때 대표원장은 자금 유입이 필요해지고, 이를 지분투자라는 형태로 부원장에게 요구하게 된다.

둘째는 매출이 나긴 하지만, 인건비와 운영비 부담이 점점 커지고 있는 상황이다. 특히 부원장이 능력 있고 실적이 좋은 경우, 급여 인상을 요구받기 마련인데, 이를 피하거나 장기적으로 인건비를 절감하기 위해 지분이라는 명분으로 보상 구조를 바꾸려는 것이다. 일종의 '월급 대신 투자 수익'이라는 구조로 설계해, 실제로는 급여를 억제하고 책임은 늘리는 효과를 노린다.

셋째는 세무 리스크를 분산시키기 위해 파트너를 필요로 하는 경우다. 병원이 일정 수준 이상의 수익을 내기 시작하면, 원장 개인에게 몰리는 소득세 부담도 커진다. 이때 지분을 명목으로 공동대표를 세우거나, 법인으로 전환한 후 병원 수익을 분산시키는 방식으로 세금을 줄이려는 시도가 종종 벌어진다. 하지만 이 구조에서 '지분을 받은 자'는 법적으로 세금과 책임을 함께 짊어지게 되며, 실제 수익은 제대로 분배받지 못하는 경우가 대부분이다.

마지막으로는 대표원장이 본격적으로 병원에서 손을 떼고 빠져나갈 준비를 하는 경우다. 이때 필요한 것이 바로 '명의를 바꿔줄 사람'이다. 개설자 명의를 넘기기 위해 믿을 만한 봉직의를 골라, 동업이나 지분투자의 형태로 계약을 맺고 서류상 병원의 대표를 바꿔버리는 것이다. 이런 상황에서는 병원의 모든 행정적 책임과 법적 리스크가 부원장에게 이전된다. 원장은 수익은 그대로 챙기면서도 법적으로는 책임을 지지 않는 유리한 위치에 설 수 있게 되는 셈이다.

결국 "지분을 나눠주겠다"는 말은, 진짜로 병원의 이익을 나누고 싶은 마음에서 나오는 말이 아니다. 그보다는 병원의 리스크와 부담을 누군가에게 전가하기 위한 포석인 경우가 많다. 이런 제안을 받았다면, 감정적으로 고마워할 일이 아니라, 반드시 병원의 내실과 진짜 목적을 분석해야 할 시점이다. 지분이라는 말에 숨어 있는 경영적 현실과 책임 구조를 직시하지 못한다면, 결국 투자금만 잃고 병원의 그늘에서 벗어나지 못하는 노예가 될 수도 있다.

❑ '지분'이라는 유혹에 넘어가기 전에

의사 커뮤니티에는 수많은 경험자의 글이 올라오고 있다. 대체로 한 가지 공통된 메시지를 담고 있는데, 그것은 "지분 이야기가 나오는 순간부터, 병원의 속사정과 대표원장의 의도를 반드시 의심하라"는 것이다.

가장 먼저 의심해야 할 것은 병원의 재정 상태다. 정말 잘나가고 있는 병원이라면 굳이 그 이익을 타인과 나눌 이유가 없다. 성공한 사업체일수록 지분을 나누는 일은 극히 드물며, 나눈다고 해도 극히 투명하고 합리적인 조건으로 이뤄진다. 따라서 "같이 가자", "병원 넘겨주겠다"는 말이 나오면, 감동하기보다는 먼저 왜 그런 제안이 나왔는지 냉정하게 따져야 한다.

특히 경계해야 할 부분은 지분율, 경영 참여 권한, 수익 배분 방식, 투자금 회수 조건 등이다. 이런 핵심 사항들이 계약서에 명확하게 명시되지 않았다면, 어떤 이유에서든 그 제안은 거절해야 한다. 말로 한 약속은 언제든 번복되기 마련이고, 법적으로도 보호받기 어렵다. 아무리 신뢰가 쌓인 관계라도, 공증 없는 계약은 무용지물이라는 것이 커뮤니티에서 반복해서 공유되는 교훈이다.

또 하나 기억해야 할 점은 "병원을 넘겨주겠다"는 말의 허구성이다. 병원이 진짜로 잘되고 있다면, 대표원장은 결코 손에서 놓지 않는다. 겉으로는 은퇴를 운운하더라도, 실제로는 계속해서 병원 운영에 관여하거나 수익을 챙기는 구조를 유지하려 할 가능성이 크다. 결국, 병원을 '받는' 상황이 아니라, '떠안는' 위치로 전락할 것이다.

공동 지분이라는 말에는 책임도 함께 따라온다. 이는 곧 병원의 부채, 세무 리스크, 인건비 부담, 환자 민원까지 고스란히 공유하게 된다는 뜻이다. 이득은 일부만 공유되지만, 손실은 전적으로 감당해야 하는 구조가 쉽게 만들어진다. 수익만 보고 지분 참여를 결정하게 되면, 필연적으로 후회하는 날이 온다.

그래서 지분 제안을 받았을 때 반드시 던져야 할 질문들이 있다.
- ✔ 내가 넣는 돈은 병원의 어떤 부분을 소유하게 되는가?
- ✔ 그 돈은 언제, 어떻게 회수할 수 있는가?
- ✔ 수익 배분은 어떤 구조로, 어떤 기준에 따라 이뤄지는가?
- ✔ 나는 병원의 의사결정에 실질적으로 참여할 수 있는가?
- ✔ 대표원장은 정말 병원에서 손을 뗄 의지가 있는가?

이 질문들에 대해 구체적이고 투명한 계약서로 대답할 수 없다면, 그 제안은 파트너십이 아니다. 그것은 통제 수단이며, 대표원장의 재정적 방패로 당신을 내세우려는 시도일 뿐이다. 그리고 그런 구조를 만드는 사람은, 같은 의사의 얼굴을 하고 있으나, 실은 의료계의 하이에나다.

지분투자는 안 하는 게 답이라는 선배 의사들의 조언은 진리에 가깝다. 그렇지만 그런 조언을 무시하고 악의 구렁텅이로 스스로 들어가고자 할 때는 아래의 항목을 고려해야 한다.

항목	내용
지분율 명확화	❖ 몇 %인지 정확히 확인하고 계약서에 명시할 것 ❖ 수익 배분 기준이 '매출' 기준인지 '순이익' 기준인지 구체화해야 함
회계자료 접근권 확보	❖ 수익 계산을 위해 병원 장부나 재무자료에 접근 가능한 권리가 있어야 함
지분 회수 조건과 절차 명시	❖ 언제, 어떻게, 투자금을 돌려받을 수 있는지 명문화
부채 책임 범위 확인	❖ 병원 운영상 발생하는 대출, 리스, 세금에 대해 어떤 책임이 부여되는지 확인
공증 필수	❖ 계약서는 단순 서면이 아닌 공증 받아야 법적 분쟁에서 유리함
'지분 제안 = 위기의 신호'라는 인식	❖ 대표원장이 지분 이야기를 꺼냈다면, 먼저 병원 상황을 의심해야 함 ❖ 과도한 매출 경쟁, 직원 이탈, 세무 문제 등의 조짐이 있을 수 있음

다. 의사에게 '개인사업자 등록'을 요구하는 병원
편법인가, 위법인가?

한 봉직의가 병원에 취업을 앞두고 고용 조건에 관해 설명을 들었다. 그런데 다소 낯선 방식의 제안이 나왔다. 병원은 이 의사를 정규직 직원으로 채용하는 대신, '개인사업자'로 등록하여 일하게 하겠다고 했다. 실수령액은 세후로 매달 통장에 그대로 입금되고, 국민연금과 건강보험, 종합소득세 같은 세금은 전부 병원에서 알아서 처리하겠다고 설명했다. 퇴직금은 원래부터 없는 조건이었고, 이미 2년 전부터 이와 같은 방식으로 일하고 있는 다른 원장도 있다는 말을 덧붙였다.

표면적으로만 보면 번거로운 세금 문제도 없고, 수입도 보장되는 것처럼 들렸다. 하지만 이 구조는 의사를 위한 것이 아니라, 병원의 편의를 위한 것이었다.

'개인사업자 등록'이라는 말은 곧, 병원이 해당 의사를 직원으로 고용하지 않겠다는 의미다. 의사는 병원의 내부 시스템과 공간, 간호 인력, 장비 등을 그대로 사용하지만, 형식상으로는 '외부에서 의료 인력을 제공하는 사업자'가 되는 것이다. 병원은 이를 통해 4대 보험에 대한 사업주 부담, 퇴직금 지급 의무, 고용 관련 법적 책임 등 모든 의무를 회피하게 된다.

의사로서는 큰 문제가 발생할 수밖에 없다. 우선, 소득의 3.3%만 공제한 상태로 월급이 지급되기 때문에, 이듬해 5월에는 개인사업자로서 종합소득세를 직접 신고하고 납부해야 한다. 이때 생각보다 큰 세금이 부과될 수 있고, 제대로 준비하지 않으면 세무서로부터 고지서를 받고 놀라는 일이 생긴다.

또한, 건강보험은 '직장가입자'가 아닌 '지역가입자'로 분류되면서 보험료가 급격히 오를 수 있으며, 국민연금, 고용보험, 산재보험에서도 정규직이 누릴 수 있는 모든 권리와 혜택을 잃게 된다.

더 근본적인 문제는 이 구조가 법적으로도 매우 위험하다는 점이다. 의사가 병원 내에서 정식 고용계약 없이 진료를 수행하는 형태는 의료법 위반 소지가 있다. 실장이든 간호조무사든, 병원 내의 비의료 인력을 '개인사업자'로 등록해 비용 처리하는 꼼수는 일부 병원에서 은밀히 써온 방식이지만, 이를 의사에게까지 적용하는 것은 전형적인 편법이고, 상황에 따라선 불법 개설 혹은 사무장 병원 구조로 오인될 가능성도 있다.

이런 계약을 제안하는 병원은 대개 인건비를 비용 처리하면서도 법적 책임은 지지 않으려는 이중적인 태도를 보인다. 정규직 고용계약서를 작성하지 않고, 실수령액만 보장해주겠다는 식의 접근은 결국 병원만 보호하고, 의사는 모든 위험을 떠안는 구조다.

의사의 신분을 '사업자'로 만들어 놓고 병원 내부에서 진료를 시키는 행위는 본질적으로 의료법상 허용되지 않는 구조다. 결국, 의사가 법적으로나 세무적으로 심각한 리스크를 떠안게 되는 셈이다.

이런 제안을 받았을 때 가장 현명한 선택은 단호히 거절하는 것이다. 그 어떤 말로도 이런 구조는 정당화될 수 없다. 표면적으로 아무리 문제가 없어 보여도, 법적 책임과 세무 부담은 결국 의사 개인에게 돌아온다.

실제로 세금 추징, 보험료 폭탄, 퇴직금 소송, 심지어 불법 개설 연루 등 예상치 못한 위험이 현실화한 사례는 이미 많다. 의사가 의사로서 안전하게 일하기 위해서는 정당한 고용계약과 법적 보호 아래에서 근무하는 것이 기본 전제다. 편법을 따르다 보면, 결국 가장 큰 피해자는 의사 자신이 될 수밖에 없다.

라. 병원 양도양수의 그늘
의사가 뒤통수 맞는 순간들

의료기관의 양도양수는 겉으로 보기엔 깔끔한 사업 거래처럼 보인다. 대표원장이 나이가 들어 은퇴하거나, 새로운 지역으로 이전을 계획하면서 병원을 다른 의사에게 넘기는 과정이다. 이때 대부분 일정한 권리금을 받고, 기존 환자군과 병원 이미지를 그대로 인계하는 조건으로 계약이 체결된다. 하지만 이 양도양수 과정은 한 발만 잘못 디뎌도 금전적,

행정적, 심지어 형사적 책임까지 뒤따를 수 있는 지뢰밭이 되곤 한다.

가장 흔하면서도 치명적인 문제는 양도자(기존 원장)가 병원을 넘긴 직후 인근 지역에 다시 개원하는 경우다. 겉보기에는 단순한 병원 개업이지만, 양수자로서는 환자군을 보장받는 조건으로 권리금을 지급한 상황에서 계약 위반에 해당할 수 있다. 환자들은 여전히 익숙한 기존 원장을 찾아가게 되며, 양수자는 사실상 '껍데기만 인수한 셈'이 된다. 이처럼 사실상의 '환자 유출'을 유도하는 근거리 재개원은 민사소송으로 이어지는 경우도 빈번하다.

실제로 한 피부과 원장이 기존 병원을 양도한 뒤 불과 500m 떨어진 곳에 '이름만 바꾼' 피부과를 재개업해, 환자들이 혼란을 겪고 양수자가 손해를 입은 사건이 뉴스에 보도되기도 했다. 환자들은 기존 진료기록과 친숙한 얼굴을 찾아 새 병원으로 몰려갔고, 양수받은 병원은 개원 초부터 매출 하락과 원망을 동시에 겪었다. 법적으로 병원명과 개설자가 달라 명시적인 위반은 아니라는 애매한 해석도 나왔지만, 의료계에서는 사실상 '계약 위반' 혹은 '도의적 배신'으로 간주되는 행위다.

다음으로 주의해야 할 부분은 양도양수 방식에서 발생하는 법적 책임의 전가 문제다. 대표적으로 '포괄 양수' 방식이 있다. 이는 병원의 상호, 장비, 인력, 환자 정보, 심지어 기존 세금계산서와 진료기록까지 모두 일괄 인계받는 방식이다. 이 경우 병원을 통째로 이어받는 구조이기 때문에, 겉보기에는 효율적이고 간편하다. 그러나 그만큼 위험도 크다. 포괄양수는 말 그대로 '좋은 것도, 나쁜 것도 전부 인수'하는 것이다.

만약 병원에 이전부터 누적된 채무가 있다면, 계약서에 채무인수 제외 조항이 있어도 환자로서는 그 병원이 같은 이름, 같은 장소, 같은 방식으로 진료를 이어가는 것처럼 보이기 때문에 책임을 묻게 된다. 실제로 한국소비자원이 2009년과 2012년 사이 임플란트 진료를 받은 환자가 시술 부작용으로 손해배상을 청구한 사건에서, 병원 명의를 바꾼 후의 새로운 원장에게도 책임을 인정한 사례가 있다. 이는 상법 제42조의 '영업양수인의 채무승계' 조항을 근거로 한 결정이었다.

특히 치과, 미용 의원 등에서 흔한 문제는 '선결제' 환자들의 처리 문제다. 포괄 양수를 하거나 심지어 폐업 후 재개원 방식으로 양도를 받더라도, 환자로서는 병원이 그대로 있는 것처럼 보인다. 선불로 수백만 원을 지급한 환자가 기존 양도자에게 환급을 받지 못하면, 양수한 병원으로 찾아와 항의하고, 설명을 요구하며, 치료를 이어달라고 요구하는 일이 잦다. 법적으로 책임이 없다고 해도, 수백 명의 환자에게 일일이 설명하고 상황을 수습하는 것은 의료적 업무 외에 감정노동과 행정 피로를 극도로 증가시키는 요인이 된다.

심각한 경우, 양도자가 아예 해외로 이주하거나 연락을 끊어버리면, '사기죄 공범'으로 몰리는 경우도 생긴다. 환자로서는 "당신 병원이니까 당신이 책임져야 하지 않느냐"는 감정적 반응을 보이기 때문에, 의료기관 평판에도 치명적인 타격을 입는다.

게다가 포괄 양수를 한 경우, 실제로는 양도 계약서에 선결제 금액이 명시되지 않았는데, 나중에 환자들이 찾아와 남은 결제 내역을 주장하는 예도 있다. 이런 경우, 계약서에 없다는 이유로 거절하면 환자와의 분쟁이 생기고, 치료를 해주자니 재정 손실을 감수해야 한다. 심지어 계약서에 명시된 금액보다 실제 선불 결제 환자가 많았던 것이 드

322

러나면, 이는 고의 누락에 해당하는 사기로도 간주될 수 있다.

따라서 병원을 양도받을 때는 포괄 양수 방식이든, 폐업 후 재개원 이든 다음과 같은 사항을 반드시 사전에 점검해야 한다.

- ✔ 기존 병원의 환자 정보 및 선결제 내역을 서면으로 명확히 제출 받고, 환불 책임의 귀속 여부를 명시할 것
- ✔ 병원의 행정처분 진행 여부, 민원 이력, 과거 진료 관련 소송 여 부를 확인할 것
- ✔ 병원명·간판·홈페이지·전화번호 등을 어떻게 정리할 것인지 계약 서에 명시하고, 환자 혼란을 최소화할 방안을 마련할 것
- ✔ 양도 후 기존 대표원장이 일정 기간 인근 지역에서 개업하지 않 겠다는 조항(경업금지조항)을 넣는 것

병원 인수는 단순한 부동산 계약이 아니다. 환자, 직원, 장비, 세무, 평판, 행정처분까지 모두 따라오는 복합적 사업 인수다. 여기에 의료라 는 특유의 신뢰성과 윤리성이 개입되어 있어, 작은 실수 하나가 의사의 커리어 전체에 그림자를 드리울 수 있다. 계약서를 어떻게 썼느냐보다, 환자와 사회가 어떻게 인식하느냐가 더 큰 영향을 미치는 분야라는 점 을 잊지 말아야 한다.

양도양수는 그 자체로 나쁜 것이 아니다. 하지만 방심한 상태에서 병원을 넘겨받는 순간, 그 병원의 '과거'가 의사의 '미래'를 망칠 수 있 다는 사실을 명심해야 한다.

모 의원의 인수, 그리고 착취의 시작

수도권 대형역 인근에 자리한 모 의원은 피부과 진료를 주로 하는 병·의원으로, 김 씨라는 일반의가 개원해 단기간에 고수익을 올린 것으로 알려져 있었다. 초기엔 김 씨 혼자 진료를 보다가 환자 수가 감당이 안 될 정도로 증가하자, 전문의 정 씨와 손잡고 공동 운영에 나섰다. 병원은 순조롭게 매출을 유지했고, 한때 월 1억 원 이상의 매출을 꾸준히 찍으며 지역 내 인지도를 쌓아갔다.

이런 와중에 공중보건의사로 복무 중이던 박 씨에게 병원 인수 제안이 들어왔다. 박 씨는 메이저과를 전공했지만, 피부과 시장의 수익성에 관심을 갖게 되었고, 인턴 시절 친분이 있었던 김 씨와 정 씨를 믿고 인수 제안을 수락했다. 제안받은 인수금은 5억 원. 매출만 보면 터무니없는 금액은 아니었고, 실제로 3년 치 전표와 차트 확인 결과 매출은 사실이었다. 피부과 진료도 알려주는 조건이었다. 하지만 이때부터 비극은 시작되었다.

박 씨는 병원을 인수하자마자 큰 벽에 부딪혔다. 피부과 술기에 대해 아는 것이 거의 없었기 때문이다. 점 하나 제대로 제거하지 못하는 상태에서 개원을 시작했고, 이 사실은 곧 환자들에게도 퍼지기 시작했다. '초보 원장'이라는 평판은 병원의 신뢰도를 떨어뜨렸고, 매출은 반 토막이 났다. 처음 약속했던 '최소 월 3천만 원 수익'은 허상에 가까웠다.

더욱이 김 씨와 정 씨는 술기를 제대로 가르쳐준 적도 없었고, 환자에게 직접 시술 기회를 준 적도 거의 없었다. 심지어 양도 전 3일 전에도 고액 시술을 예약해놓고선 인수 후 시술은 박 씨가 하도록 넘겨버리는 식이었다. 돈은 챙길 대로 챙긴 뒤였다.

양도 당시 병원의 자산 내역은 형편없었다. 인테리어는 6년이 지나 평가 가치가 사실상 0원에 가까웠고, 주요 장비들도 노후화된 국산 제품들이 대부분이었다. 평가액을 모두 합쳐도 2,400만 원 수준에 불과했다. 감가상각이 끝난 멸균기는 인수 후 두 달 만에 고장이나 폐기처분 되었다.

결국, 박 씨는 차트번호 4만 번이 넘어가는 환자 리스트와 브랜드 네임 하나만 믿고 5억 원이라는 거금을 지급한 셈이었다. 그것도 알고 보니, '모 의원'이라는 병원 이름조차 의미가 없게 돼버렸다.

김 씨와 정 씨는 병원을 박 씨에게 넘긴 후, 인근 도시로 이사하여 새로운 병원을 열었다. 이름도 여전히 '모 의원'. 전자차트도 사실상 그대로 복사해서 가져갔다는 말이 나돌았다. 직선거리로 10km, 차로 15분밖에 안 되는 거리였다.

처음에는 박 씨에게 "환자 유출은 없다"고 말했지만, 환자들에게 듣기로는 실제로 꽤 많은 이들이 그 병원으로 옮겼다고 한다. 단골 환자 중 일부는 차트 복사 의혹을 직접 언급하기도 했다. 하지만 박 씨는 당시 아무 증거도 없었고, 또한 과거 인연에 대한 고마움이 남아 있었기에 입을 다물었다.

사업이 순탄치 않았는지, 시간이 흐른 뒤 정 씨는 다시 인근에 원래 의원과 유사한 이름으로 병원을 열었다. '모 의원'과는 이름이 약간 달랐을 뿐, 위치는 불과 2km 거리였다. 박 씨는 법적 조치를 언급하며 경고했지만, 정 씨는 이를 무시하고 개원해버렸다.

게다가 환자들이 '모 의원'에 전화를 걸고선 정 씨의 의원과 헷갈리는 일이 많아졌다. 브랜드를 유사하게 유지하며 환자를 뺏어오는 전략처럼 보였다. 연락처가 포함된 차트를 가져갔는지 아닌지는 확인할 수 없었다.

이 사건은 병원을 인수할 때 단순히 매출 수치만 보고 판단하는 것이 얼마나 위험한지를 단적으로 보여준다. 겉으로 드러난 수익이 아무리 높아 보여도, 정작 그 수익을 만들어내는 핵심 기술과 시스템이 뒤따르지 않는다면 그것은 껍데기에 불과하다. 특히나 피부과처럼 술기가 중요한 진료과의 경우, 전수받지 못한 기술은 곧바로 환자 신뢰의 상실로 이어진다. 브랜드 네임이 있고 기존 환자 수가 많은 병원이라고 해도, 그 기반이 특정 인물의 역량과 신뢰로 형성된 것이라면, 새로운 인수자가 그 가치를 이어받기는 쉽지 않다.

'모 의원'이라는 상호가 대표적인 예다. 유사한 이름을 계속 사용하는 방식으로 구병원과 신병원의 경계를 흐리는 전략은, 상호 보호에 대한 계약이 미흡해서 충분히 법망을 피할 수 있었다. 이름이 비슷하고 위치도 멀지 않아 기존 환자들은 혼란을 겪을 수밖에 없었다. 이처럼 브랜드는 자산이 될 수도 있지만, 관리되지 않으면 오히려 리스크로 작용한다.

또한, 병원 인수 시 제공받는 자산 내역은 반드시 평가를 거쳐 실제 가치와 일치하는지 확인해야 한다. 인테리어와 장비가 노후화되어 있었음에도,

그것이 인수가에 반영되지 않았다면 이미 계약의 전제가 흔들린 것이다. 무엇보다 인수 직전까지 예약된 고액 시술을 그대로 넘기는 행위는, 고의적인 수익 이전이자 새로운 원장에게 부담을 떠넘기는 방식이라 볼 수 있다.

이러한 일련의 상황은 한 가지 중요한 교훈을 준다. 과거의 인연이나 동문이라는 개인적 신뢰에 기대어 사업 결정을 내리는 것은 매우 위험하다는 것이다. 사업은 계약으로 보호받아야 하며, 모든 약속은 문서로 만들어져야 한다. 주변에 유사한 병원이 재개원하는 것을 막기 위한 조항도 계약서에 반드시 포함해야 된다. 병원 인수는 단순히 매출을 사는 것이 아니라, 기술과 신뢰, 브랜드를 함께 사는 일이다. 그 어느 하나라도 부실하다면, 인수 후에 감당해야 할 비용은 처음 예상했던 것보다 훨씬 클 수 있다.

단물처럼 달콤한 제안 뒤에 숨은 덫
경기도권 유치금 사기 사례

경기도권을 중심으로 일부 성형외과 자리에 대해 의사 커뮤니티에 지속해서 글이 올라오고 있다. 개원 자리는 아니며, 성형수술을 배울 수 있고, 봉직의 형태로 수익도 낼 수 있다는 제안이다. 의사로서 실력이 부족하거나 성형외과 경험이 없는 초년생들에게는 매우 매력적으로 보일 수 있다. 성형을 가르쳐주고 돈까지 벌게 해준다는 조건은, 처음 듣는 이들에게는 마치 단물처럼 느껴질 것이다.

하지만 실상을 들여다보면 전혀 다른 그림이 그려진다. 이 제안의 조건 중에는 '적립금' 혹은 '유치금'이라는 명목으로 일정 금액을 선납해야 하는 조항이 포함되어 있다. 계약 형식은 1~2년 봉직이라는 애매한 형태이며, 구체적인 책임과 권리는 불투명하게 설정되어 있다.

이 구조의 문제는 피해를 보고도 법적으로 돌려받을 수 없다는 데 있다. 지금까지 이 구조에 참여한 의사 중 단 한 명도 유치금을 되돌려받은 사례가 없다. 돈을 돌려달라고 요구하면, 상대는 "배웠으니 됐다"거나 "합의금으로 모두 사용했다"는 식으로 책임을 회피한다.

초보 의사가 성형을 배우는 과정에서 크고 작은 문제는 필연적으로 발생할 수밖에 없다. 그러나 이런 문제를 빌미로 월급을 몇 달씩 미지급하거나, 심지어 명의를 강제로 유지하는 예도 있다. 일부는 사무장이 의사의 약점을 잡아 협박하거나, 명의도용을 통해 불법을 저지르기도 한다. 이러면 차압, 저당 설정은 물론, 금전적 손해뿐 아니라 법적 책임까지 떠안게 되는 일이 비일비재하다.

실제 사례 중에는 이런 구조에 빠졌다가 젊은 나이에 신용불량자가 된 일도 있다. 이 구조의 가장 무서운 점은, 겉보기에 매우 그럴듯해 보인다는 것이다. 사기꾼일수록 처음에는 완벽해 보인다. 계약서도 정식으로 쓰고, 시스템도 체계적이며, 분위기조차 프로페셔널하게 꾸며져 있어 의심 없이 빠지기 쉽다.

결국, 중요한 메시지는 하나다. 돈을 쉽게 벌겠다는 생각은 결국 쪽박으로 이어진다. 강호에는 쉬운 길이 없고, 유혹처럼 보이는 길일수록 더욱 조심해야 한다. 이런 애매한 구조로는 절대 들어가지 말아야 하며, 개설을 빙자한 자리 역시 피해야 한다.

덧붙이자면, 소규모 의료법인 대부분은 사무장이 주도하는 경우가 많다. 의료법인은 건물 소유 요건 등 매우 엄격한 조건을 충족해야 하므로, 개인이 운영하는 작은 법인이 정식 의료법인일 가능성은 작다. 따라서 의료법인을 내세운 자리라 하더라도 경계심을 가져야 한다.

이런 사례는 구조 자체가 상당히 위험하고 악의적으로 설계되어 있다는 점에서 중요한 경고 메시지를 담고 있다. 특히 초보 의사들이 현혹되기 쉬운 구조이므로 각별한 주의가 필요하다.

의사라는 직업이 가진 위상과 전문성보다, 실제 의료 현장에서 부원장으로 고용되어 일하는 현실은 때때로 놀라울 만큼 열악하다. 특히 미용 의원, 프랜차이즈 의원, 소규모 개원의 병원 등에서는 의료행위보다 상업적 계산이 우선시되는 구조 속에서 부원장은 이름뿐인 의사, 사실상의 '노동자'가 되어버리기 일쑤다.

그중에서도 가장 빈번하게 마주치는 문제가 급여의 지급 방식이다. 일부 병원에서는 전체 급여 중 일정 부분만을 공식적으로 이체하고, 나머지는 현금이나 상품권 등의 비정상적인 방식으로 지급하는 관행을 유지하고 있다. 예컨대 계약서에는 월 1,200만 원을 받는 것으로 되어 있지만, 실제로는 800만 원만 계좌로 들어오고, 나머지 400만 원은 현금, 상품권 등으로 주는 식이다. 이런 방식은 언뜻 보면 실수령액이 늘어나는 것 같아 고용 당시에는 유리하게 느껴질 수 있다. 하지만 중장기적으로 부원장에게 상당한 불이익이 돌아온다.

우선, **현금으로 받은 급여는 소득 증빙이 되지 않는다.** 그 결과, 추후 은행 대출, 전세자금 신청, 신용카드 한도 산정, 국민연금·건강보험료 책정 등에서 실제보다 낮은 소득으로 평가받게 된다. 고정소득을 증명하지 못하는 의사는 금융 시장에서 '무소득자'와 다름없다. 부동산을 구매할 때 자금 출처 증빙에서도 손해를 볼 수 있다.

또한, 퇴직 시에도 문제가 된다. 퇴직금은 통상적으로 공식 이체된 금액을 기준으로 산정되기 때문에, 현금으로 받은 금액은 퇴직금 계산에서 제외될 가능성이 크다. 게다가 부당해고나 임금체납 등의 문제가 발생했을 때, 노동청이나 법원에 제출할 수 있는 증거가 부족해 피해를 보고도 법적 보호를 받지 못하는 경우가 많다.

더욱 주의할 점은, 급여 일부가 현금으로 지급된다는 사실 자체가 그 병원이 '숨겨진 수입'을 가지고 있다는 신호라는 것이다. 의료기관이 일부 수입을 장부에 기재하지 않고 운영한다는 것은, 대개 비급여 매출 누락, 리베이트 수입, 불법 현금 진료, 보험 누락 등의 회계상 문제를 내포하고 있다. 이는 단지 병원의 문제가 아니라, 그 병원에서 일하는 의사도 세무조사나 법적 분쟁에 휘말릴 가능성을 의미한다. 병원이 탈세하고 있다는 걸 알면서도 함께 일했다는 정황이 남을 경우, 간접적인 책임을 피하기 어렵다.

결국, 급여 일부라도 현금으로 지급된다는 건 그 병원이 법과 회계의 경계선 밖에서 운영되고 있다는 방증이다. 의사라는 직업의 자존감을 지키고 싶다면, 고용계약서 한 줄, 급여 지급 방식, 병원의 수입 구조까지 철저히 확인해야 한다.

업무 내용 또한 문제다. 특히 미용 의원이나 피부과 프랜차이즈 병원에서는 고용된 부원장에게 의학적 판단이 아닌 단순 노동에 가까운 업무, 소위 '레이저 노가다'를 시키는 경우가 많다. 하루 수십 명의 환자를 반복적으로 시술하며, 황반변성 위험이 있는 기기를 장시간 다루는 환경에 노출되기도 한다. 이런 반복적 시술은 의료적 판단보다 생산성을 중시하기 때문에 발생하는 일이며, 환자 안전과 의사의 건강을 모두 위협한다.

정형외과 진료 현장에서도 상업적 압박이 진료의 방향을 왜곡시키는 사례가 종종 목격된다. 특히 비급여 진료의 비중이 높은 병원일수록, 환자에게 꼭 필요한 수준 이상의 시술이 반복적으로 이뤄지는 일이 흔하다. 대표적인 사례가 주사 치료의 남용과 이로 인한 과도한 방사선 노출 문제다. 주사 처방은 환자의 상태와 의학적 판단에 따라 이뤄져야 하지만, 현실에서는 그렇지 않은 경우가 많다. 주 2~3회씩 주사를 맞도록 하거나, 체외충격파와 도수치료 등을 함께 묶은 '패키지 시술'을 권유하며 반복적으로 시행하도록 유도하는 방식이 일반화되어 있다.

문제는 이러한 시술들이 매출 중심으로 기획되다 보니, 주사 방식도 자연스럽게 고위험 방식으로 흘러간다는 점이다. 일부 병원에서는 원장이 수익을 극대화하기 위해 부원장에게 일정량 이상의 주사 시술을 강요하는 일이 벌어진다. 대표적으로 씨암(C-arm) 유도 하 주사를 선호하는데, 이는 정확도는 높지만 그만큼 방사선 노출도 크다. 시술 부위역시 과도하게 늘어나는 경향이 있다. 실제로는 한두 군데 주사만으로도 증상이 호전될 환자에게 여섯 군데, 많게는 열 군데 이상 시술하는 사례도 심심치 않게 등장한다. 부원장으로서는 원장의 지시에 따르지않으면 고용 불이익을 받을 수 있다는 불안감에, 울며 겨자 먹기로 따를 수밖에 없는 구조다.

이처럼 의료적 필요를 벗어난 과도한 시술은 환자에게도 해가 되지만, 결국에는 의료진 자신의 건강까지 해치는 결과를 낳는다. 환자를 위한 진료가 아니라 매출을 위한 시술로 병원이 운영되는 순간, 그 피해는 모두 현장에서 진료를 담당하는 이들에게 돌아오게 된다.

이러한 환경에서 일하는 부원장은 하루에도 수십 차례 반복되는 방사선 조사에 노출되며, 제대로 된 방어 장비 없이 진료에 투입되는 일이 흔하다. 특히 경추부와 갑상샘 부위를 충분히 보호하지 않은 채 주사 치료를 지속할 경우, 장기적으로 방사선에 의한 갑상샘 기능 이상이나 암 발생 가능성이 커진다.

실제로 한 병원에서는, 부원장이 일정 기간 고용되어 영상유도 주사 시술을 반복적으로 시행하던 중 갑상샘암 진단을 받았고, 그 이후 해당 병원 원장과 업무상 질병 인정 여부를 두고 법적 분쟁에 돌입한 사례도 있다. 부원장은 업무 특성상 방사선 노출이 과도했으며, 이 환경을 개선하지 않은 병원 측에도 책임이 있다고 주장했다. 반면 병원 측은 '개인의 체질적 요인'이라며 책임을 회피하려 했고, 결국 이 사건은 의료 노동 환경의 안전성에 대한 사회적 논란으로 번졌다.

이런 사례는 단순히 한 병원의 문제가 아니라, 병원 수익 구조가 의학적 판단보다 앞서는 의료 시스템의 단면을 보여준다. 주사 하나, 시술 하나가 병원의 고정수익원이 되는 구조 속에서, 환자는 '치료 대상'이 아니라 '수익의 단위'로 전락하고, 부원장은 그 수익을 만들어내는 '소모품'처럼 소비되는 위치에 놓이게 된다.

그러면서도 병원의 핵심 기술이나 진료 노하우는 공유되지 않는다. 오히려 "프랜차이즈에 가입하면 알려주겠다"는 식으로, 기술마저도 '상품'처럼 취급된다. 결국, 본사의 가맹 계약 없이는 배울 수 없다는 구조인데, 이 프랜차이즈 역시 착취적 구조로 되어 있는 경우가 많다. 가맹비, 로열티, 소모품 강매, 광고비 분담 등을 명목으로 수익을 회수하는 구조는, 의사를 또 다른 '노예 계약' 속으로 밀어 넣는다.

물론 모든 병원이 그런 것은 아니다. 진심으로 부원장을 동료로 대우하고, 정당한 급여를 투명하게 지급하며, 실질적인 교육을 제공하는 좋은 병원과 원장들도 존재한다. 하지만 의료계에 이런 부조리한 사례가 끊이지 않는 이유는, "그럴 줄 몰랐다"는 안일한 태도 때문이다. 의사라는 타이틀이 보호해주는 시대는 지났다. 이제는 계약서와 기록, 그리고 구조를 읽는 눈이 진짜 의사를 보호한다.

바. '명의 제조'라는 미끼
동료 의사를 겨냥한 고가 강의의 함정

의사 사회 안에서도 의사를 먹잇감으로 삼는 하이에나들은 존재한다. 그중 하나가 바로 '고가 강의'를 통해 돈을 벌어들이는 구조다. 한때 학회와 연구회는 진정으로 의학의 발전을 위한 장이었고, 임상 현장에서 생기는 의문들을 함께 나누며 검토하는 자리였다. 그러나 요즘은 겉모습만 학회나 세미나의 틀을 갖춘 채, 실제로는 돈벌이를 위한 상품 판매장에 가까운 경우가 많다.

과거에는 학회 참가비가 몇만 원 수준에 불과했다. 도시락 하나, 강당 대여비 정도만 받는 수준이었다. 그러나 최근에는 수십만 원은 기본이고, 하루 혹은 이틀짜리 강의가 수백만 원을 넘기기 일쑤다. 심지어 치료의 비법을 알려준다는 이름으로 수천만 원에 달하는 고액 강의가 성황리에 열리는 일도 있다.

초기에는 그래도 학회라는 명분이라도 있었지만, 이제는 그런 외피조차 벗어던진 '개인 강의'가 난립하고 있다. 그 구조를 들여다보면 한 가지 공통점이 있다. 겉으로는 환자 치료에 도움이 되는 특별한 기술이나 노하우를 알려준다고 말하지만, 실제로는 강사 본인의 경제적 이익을 중심에 둔 구조라는 점이다.

나 역시 그런 강의들을 빠짐없이 다녀봤다. 잘 모르던 시절 강의를 들으면 나의 치료 실력이 늘 것 같은 느낌 때문이었다. 유명하다는 사람들의 세미나는 물론이고, 입소문 난 '비밀 치료법' 강의도 들었다. 강의 내용은 한결같이 이런 식이다. "이 방식만 쓰면 단번에 명의가 될 수 있다." "다른 병원에서 치료 안 되던 환자가 내 방식으로 단번에 좋아졌다." 하지만 그 강의 내용을 임상에 적용해보면, 효과는 그리 확실하지 않았다.

효과를 보이는 예도 있었다. 그러나 그런 환자들은 사실 일반적인 보존적 치료만으로도 좋아질 수 있는 경우가 대부분이었다. 결국, 내가 강의를 듣기 전 하던 치료와 그들이 알려준 치료 방법의 결과는 다르지 않았고, 환자의 자연 치유 가능성이 중요했다. 반년 강의에서 알려주는 특정 치료법이 정말 효과 있는 일도 있었지만, 그 방식을 구현하려면 병원 전체 시스템을 해당 치료 방식으로 맞춰야 했다. 장비부터 인력, 공간 구성까지 말이다. 일반 개원의가 그 구조를 똑같이 갖추기란 사실상 불가능했다. 그러니 그런 환자가 오면 결국 어떻게 되는가? 강의했던 그 '명의'의 병원으로 전원하게 된다. 알고 보니 그 강의 자체가 일종의 홍보 수단이었던 셈이다.

또 다른 형태는, 강의를 듣고 실제로 환자에게 치료를 적용하려면 특정 제품이 필요하다는 식이다. 예컨대 '깔창'을 이용한 치료법을 알려주면서, 해당 깔창은 강사 본인이 직접 판매하거나, 자신이 연결한 업체에서만 맞출 수 있게 해놓는다. 가격은 말할 것도 없다. 맞춤형 제품은 무척 비싸고, 기성품은 부실해서 사용할 수 없는 수준이었다.

수많은 강의를 들은 끝에 비로소 깨달았다. 세상에 진짜 효과 있는 치료법이나 노하우를 아무 대가 없이, 혹은 몇만 원 정도의 참가비로 나눠주는 사람은 없다. 모두 각자의 목적이 있다. 특히 수천만 원짜리 강의는 더 노골적이다. "이 치료법만 익히면 너도 고수가 될 수 있다", "단번에 환자들이 줄을 설 것이다", "우리는 진정 환자를 위하는 의사들이며, 기존 의학의 한계를 극복한 새로운 패러다임을 만들었다"라는 식으로 말하며 수많은 의사가 지갑을 연다. 하지만 치료 효과는 제한적이다. 그런데도 왜 이런 강의에 호평이 많을 수 있었을까?

그 이유 중 하나는 심리적인 방어기제 때문이다. 인간은 큰돈을 쓰고 나면 그 돈이 헛되지 않았다고 스스로 믿고 싶어 한다. 인지 부조화의 전형적인 형태다. 강의 내용을 실전에 적용했을 때 큰 효과가 없더라도, 본인은 자신이 무언가 특별한 기술을 익혔다고 믿는다. 오히려 안 들은 사람을 무시하고, 자신은 남들과 다른 수준에 도달했다는 착각에 빠지기도 한다.

결국, 그렇게 고액 강의를 들은 이들은 자신 있게 개업한다. "이 치료법 하나면 된다"는 믿음으로 병원을 연다. 하지만 현실은 그렇게 호락호락하지 않다. 환자는 다양하고, 문제도 복잡하며, 치료 하나로 해결되지 않는다. 그렇게 진료의 현실과 강의의 허구 사이에서 좌절을 경험하게 된다.

요즘 유튜브에는 성공한 사람들의 이야기가 넘쳐난다. 본인의 개업기가 소개되고, 어떻게 손님이 줄을 설 정도로 많이 왔는지 설명한다. 또 큰 노력 없이도 월에 수천만 원을 벌고 있다고 홍보하는 사람들이 있다. 그런데 끝까지 들어보면 결국은 자신이 운영하는 강의 사이트로 연결된다. 처음엔 성공 신화인 줄 알았지만, 알고 보면 그 역시 또 다른 판매 구조다. 유튜브 강의 홍보와 오프라인 강의 팔이, 그리고 부가 제품 판매까지. 겉보기엔 고수들의 세계지만, 그 이면에는 철저히 계산된 수익모델이 숨어 있다.

이 글을 통해 전하고 싶은 것은 한 가지다. 강의는 무조건 나쁘다는 것이 아니다. 하지만 강의가 진정 동료 의사들을 위하는 자리인지, 아니면 자신의 이익을 위한 장사판인지 분별할 필요가 있다. 하이에나는 멀리 있지 않다. 흰 가운을 입고, 마이크를 잡고, 자기도 한때는 잘 몰랐다고 고백하면서, 천천히 다가온다.

사. 펠로우의 민낯
교수 되려다 소진되는 의사들

펠로우(fellow)라는 제도는 원래 대학교수가 되기 위한 전 단계로, 임상과 연구에서 더욱 깊은 전문성을 쌓는 과정으로 설계되어 있었다. 전공의 수련을 마친 후, 특정 세부 전공에 대해 더 배움이 필요한 사람들을 위한 길이었다. 이론적으로는 전문의가 되기 위한 교육은 전공의 과정에서 모두 마무리돼야 한다. 하지만 현실은 그렇게 단순하지 않다.

최근 들어 전공의 수련 과정이 짧아지고, 실제 임상에서 해볼 수 있는 술기의 기회도 줄어들었다. 내시경 하나만 보더라도, 과거에는 내과 전공의가 3년 차부터 내시경을 시작해 4년 차에는 수많은 위내시경 케이스를 맡을 수 있었다. 하지만 이제는 펠로우 1년 차가 되어야 내시경을 어느 정도 다뤄볼 수 있다. 전공의가 경험해야 할 임상 술기들이 펠로우 과정으로 미뤄지면서, 결국 펠로우를 하지 않고서는 로컬에 나가도 제대로 된 진료를 하기 어렵다는 분위기가 만들어졌다.

이는 단순히 의료 교육 체계의 문제만은 아니다. 대학병원과 교수들의 이해관계가 복잡하게 얽혀 있는 구조 속에서 만들어진 결과다. 펠로우는 대학병원에서 심지어 레지던트보다 낮은 보수를 받고 일하지만(당직비가 적은 것이 그 이유이다.), 기능적으로는 더욱 우수한 인력이다. 술기도 능숙하고, 논문도 쓸 수 있으며, 교수들이 부담스러워하는 야간 당직(소위 '백당직')도 대신 설 수 있다. 병원으로서는 효율적인 노동력이자, 교수들 처지에서는 실무와 학문을 함께 도와주는 조력자인 셈이다.

그런 구조 속에서 펠로우 제도는 점차 변질하였다. 원래는 교수가 되기 위한 발판이었던 펠로우 과정이, 이제는 전공의 수련 부족을 메꾸는 예비 인력 창고로 바뀌어버렸다. 전공의들에게 충분한 교육을 제공하기보다는, "교수가 되려면 펠로우를 해야 한다, 술기를 익히려면 펠로우를 해야 한다"는 분위기를 심어주고, 교육보다는 병원 유지에 필요한 인력으로 펠로우를 소비하고 있는 셈이다.

문제는 이뿐만이 아니다. 실제로 교수 자리를 목표로 오랜 시간 펠로우 과정을 이어가는 이들도 많지만, 그 끝은 허망한 경우가 허다하다. 3년, 4년, 심지어는 5년 이상 펠로우로 근무한 뒤에도 조교수 임용에 실패하는 경우가 비일비재하다. 병원과 교수들은 끝까지 가능성을 암시하며 붙잡아 두지만, 실제로는 이미 교수로 임용할 사람을 정해놓은 경우도 적지 않다. 밀어줄 생각이 전혀 없으면서도, "조금만 더 버티면 된다"는 말을 반복하며 펠로우의 시간을 소모하는 예도 많다.

게다가 교수 임용을 위한 조건으로 대학원 수업 이수를 요구하는 예도 흔하다. 대학원 등록금은 본인이 내야 하며, 병원과 교수는 그 학비로 또 다른 이익을 얻게 된다. 대학원생 신분이 되면 논문 작성에서도 교수에게 큰 도움이 되니, 펠로우가 병원과 교수에게 제공할 수 있는 가치는 더욱 높아진다.

물론 모든 교수가 그런 것은 아니다. 전공의 교육에 열정을 가진 진짜 스승도 있고, 펠로우 과정을 억지로 권하지 않으며, 진심으로 좋은 진로를 함께 고민해주는 선배도 존재한다. 하지만 그런 사람이 있는 만큼, 착취의 연장 선상에서 '페이닥터' 자리를 소개해주는 교수도 존재한다. 그 페이닥터 자리 자체가 일반 직장보다 조건이 나쁜 예도 많다.

오죽하면 의사들 사이에서 '교수가 소개해주는 취직자리는 피하라'라는 속담이 생겼을까.

이 모든 상황을 피하고자, 혹은 그 안에서 손해 보지 않기 위해서는 **스스로에 대한 냉정한 판단이 필요**하다. 진짜 교수가 되고 싶은가? 그렇다면 정말로 그만한 능력과 경쟁력이 있는지를 먼저 생각해야 한다. 나는 교수들이 '밀어줄 만한' 사람인지, 메타인지가 되어 있어야 한다. 그렇지 않다면, 끝없는 희망 고문 끝에 남는 건 소진과 후회일 뿐이다.

펠로우 과정에서 배울 수 있는 술기들이 만약 지역 병·의원에서도 충분히 익힐 수 있다면, 굳이 대학병원에서 박봉을 감수하며 펠로우를 할 이유는 없다. 하지만 전공의 시절에는 그런 판단이 어렵다. 경험도 부족하고, 스스로의 실력을 객관적으로 보기도 힘들어서, 펠로우를 하지 않으면 뭔가 결정적인 것을 놓치게 될 것 같은 막연한 불안감에 시달리게 된다. 바로 그 지점을 교수들이 노리는 것이다. '자네는 펠로우를 안 하면 로컬에서 못 버틴다'는 식의 말로 불안감을 자극하고, 펠로우 과정으로 유도하는 방식이다.

펠로우 과정은 의사의 성장에 필요한 단계일 수도 있다. 하지만 그 본래 목적이 사라지고, 병원과 교수들의 필요에 따라 유도되고 조정되는 현실 속에서, 과연 그 길이 누구를 위한 것인지 되묻게 된다. 교수가 되기 위한 계단이 아니라, 병원 구조를 유지하기 위한 발판으로 전락한 펠로우 제도의 민낯. 이제는 더 외면해서는 안 될 시간이다.

다음은 한 대학병원 내과 교수가 펠로우 수련을 연장하라고 설득하며 건

넨 말이다. 익명 게시판에 올라온 글로, 실제로 많은 병원에서 비슷한 방식으로 벌어지는 대화다.

"자네 같은 똑똑한 사람이 로컬로 나가는 건 너무 아깝네. 지금은 좀 힘들겠지만, 곧 정식발령 자리가 날 테니 조금만 더 남아보게. 내가 2년 뒤에는 꼭 임상조교수 자리까지 열심히 도와주겠네.

지금은 펠로우들이랑 주니어 스텝들이 당직을 서지만, 올해 말이나 내 년쯤엔 호스피탈리스트를 뽑아서 그 부담도 줄일 계획이야. 스텝들보다 월급 200만 원 더 준다는 조건으로 900만 원에 공고를 냈으니 금방 사람 구할 수 있겠지.

그리고 요즘 밖 사정도 안 좋아. 예전만큼 돈 못 번다네. 너무 돈 때문에 병원을 나가려 하지 말게. 자네 같은 사람은 나가면 분명 후회할 걸세.

그럼 내년에도 펠로우 2년 차로 남는 거로 알고 있겠네. 어차피 남을 거니까 대장내시경은 내년부터 시작해도 되겠나? 위내시경도 겉보기엔 쉬워 보여도 제대로 하려면 깊은 내공이 필요하네. 1년 안에 위·대장 다 하겠다고 덤비는 건 정도(正道)가 아니지. 내년에는 대장내시경 익히고, 3년 차 땐 ERCP도 하게 해주겠네. 당직설 때 그런 고급 술기 해보는 것도 발전이잖나.

그리고 임상조교수 되면 자네도 이 병원의 스텝이 되는 거야. 오늘 저녁엔 제약회사 직원이 좋은 삼겹살집 예약해 놨다네. 회식엔 꼭 참석하게. 여기 스텝들 다 자네를 가족처럼 여긴다네. 괜히 집에 가봐야 한다고 빠지지 말고 말이야."

겉으로는 따뜻한 충고처럼 들리지만, 그 이면에는 병원의 인력 수급을 유지하려는 이해관계와 은근한 압박이 교묘히 섞여 있다. "가족처럼 여긴 다"는 말은 회식 참여를 정당화하는 수단으로, "후회할 것"이라는 경고는 경제적 불안감을 자극하는 장치다. 결국, 펠로우 1년 차는 '기회'라는 이름으로 또 한 해를 병원에 바치게 되는 것이다. 현실은 농담보다 더 블랙 코미디에 가깝다.

19

가족이라고 예외는 아니다.

가족이라고 예외는 아니다.

'가족'을 방패 삼는 친인척들의 민낯

의사가 된다는 것은 단순히 전문직의 삶을 사는 것이 아니다. 그 순간부터 주변의 시선은 달라지고, 인간관계의 무게중심도 흔들리기 시작한다. 특히 '가족'이라는 이름으로 접근하는 이들의 요구는 때로 외부의 사기꾼보다 훨씬 교묘하고 파괴적이다. 그들은 자신들이 건네는 말을 '부탁'이라 여기지만, 실은 그 말 한마디가 의료인의 시간과 전문성, 재정과 정신을 좀먹는 또 하나의 거래라는 사실을 모른다. 혹은 알면서도 모르는 척한다.

가. 돈을 뜯어내는 친척들

병원을 개원하고 일정한 수입이 생기기 시작하면, 예상치 못한 방향에서 접근이 시작된다. 평소에는 연락조차 드물던 먼 친척이나 지인들이 갑작스레 안부를 묻고, 한번 보자며 연락을 해온다. 그들은 대체로 "바빴지?", "이제 좀 자리 잡은 것 같네" 같은 말로 운을 떼며 자연스럽게 친근한 분위기를 만든다. 하지만 그런 연락이 순수한 관심이나 축하의 의미인 경우는 드물다. 얼마 지나지 않아, 본심이 드러난다.

"이번에 은행에서 대출이 막혔는데, 담보가 부족해서 그래."

"보증만 서주면 돼. 몇 달만 버티면 돼."

"아이가 이번에 고3인데 학원비가 밀려서…. 조금만 도와주면 나중에 꼭 갚을게."

"아버지 수술이 급한데 보험 처리가 안 되어서 당장 급전이 필요해."

이런 이야기들은 대부분 '가족이니까'라는 전제를 깔고 있다. 돈을 빌려달라는 말보다 더 부담스러운 건 보증을 서달라는 요청이다. 보증은 단순히 돈의 문제가 아니라, 법적 책임까지 떠안게 되는 문제다. 그런데도 그들은 그것을 '간단한 부탁'처럼 말한다. 자신은 신용에 문제가 없고, 잠깐만 도와주면 된다고 강조한다.

더 당혹스러운 건, 그런 요청을 단호히 거절했을 때의 반응이다. "그렇게 잘 나간다더니, 정 하나 없다", "가족끼리 그 정도도 못 해주냐", "돈 좀 벌더니 사람이 변했네"라는 식의 말로 도리어 죄책감을 주고, 때로는 주변 사람들에게 험담을 퍼뜨리기도 한다. 본인의 요구가 거절당한 것이 잘못이라기보다는, '도움을 청하는 가족을 모른 체한 비정한 사람'으로 몰아가는 것이다. 이런 태도는 심리적 압박을 만들어내며, 의사가 마치 도의적인 책임을 져야 하는 위치인 듯한 착각에 빠지게 만든다.

그러나 나는 냉정하게 말하고 싶다. '가족'이라는 단어는 돈을 뜯기 위한 도구가 되어서는 안 된다. 진정한 가족이라면, 오히려 병원을 개원해 이제 막 자리를 잡아가는 의사의 상황을 먼저 헤아리고, 짐을 덜어주려 해야 한다. 개원이란 건 단순히 수입이 생긴다는 뜻이 아니다. 수억 원의 빚을 짊어지고 시작하는 일이며, 수입이 늘어난다는 건 동시에 지출도 기하급수적으로 늘어난다는 뜻이다. 매달 나가는 임대료, 직원 급여, 장비 리스료, 세금, 광고비, 의료소모품 비용 등은 생각보다 훨씬 크다. 이 모든 부담을 짊어진 채 버티고 있는 사람이 바로 그 의사다.

"가족이라서 더 부담을 줘도 된다"는 논리는 결국, 가족이라는 말을 흉기로 쓰는 것이다. 그리고 그런 흉기를 휘두르는 사람은, 진정한 가족이라 부를 수 없다.

나. 무료 봉사를 기대하는 친척들
의료 상담은 공짜가 아니다.

가끔은 "잠깐만 봐줘", "약 하나만 지어줘"라는 말로 시작되는 요구가 있다. 대수롭지 않은 부탁처럼 포장된 이 말들은, 처음에는 사소해 보일지 몰라도 그 안에 깔린 인식은 매우 문제가 있다. 특히 명절이나 제사, 결혼식 같은 가족 모임 자리는 진료실 밖의 무허가 외래진료소로 변하기 십상이다. 아무런 준비도 없이, 아무런 보호 장치도 없이 이루어지는 이 '가족 진료'는 의료의 원칙을 송두리째 무시한다.

"조카가 얼굴에 뭐가 났는데 한번 봐줘 봐."

"이모부가 어깨가 너무 아프다는데 병원 가긴 귀찮다더라. 주사 한번 놔줄 수 있어?"

"지난번에 준 약이 참 잘 들었는데, 그거 하나만 더 안 될까?"

이런 부탁은 단순한 호의나 관심의 표현처럼 보이지만, 실제로는 전문 직역을 사적 공간으로 끌어내려는 강요에 가깝다. 의료행위는 단순히 병을 '봐주는' 일이 아니라, 정확한 문진과 진찰, 필요한 경우 영상 검사나 혈액검사까지 동반되는 구조화된 과정이다. 진단이 확정되기 전까지는 다양한 가능성을 고려하고, 증상의 경과를 추적해야 하며, 그에 따라 치료법을 조정해야 하는 신중한 절차다. 그런데도 이들은 그 모든 과정은 생략한 채, "그냥 네가 좀 봐줘"라며 의료를 '눈대중' 수준의 서비스로 전락시킨다.

더욱이 진료라는 것은 단지 아는 지식으로 한 마디 조언을 던지는 일이 아니다. 환자의 말을 듣고, 상태를 평가하고, 약의 효과를 추적하며, 결과에 대한 책임을 지는 일이다. 그런데도 이런 요청을 하는 이들은 의료를 너무나 가볍게 여긴다.

"이거 그냥 한 번만 봐줘. 몇 분 안 걸려."

"병원까지 갈 일도 아닌데 전화로 말만 해줘."

이런 말은 의사의 시간을 하찮게 여기는 대표적인 태도다. 하지만 병원에서 5분간 환자와 마주하기 위해 의사가 준비한 시간은, 수년간의 공부, 수천 시간의 수련, 그리고 지금도 지속하고 있는 긴장과 집중력의 산물이다. 그 시간은 고도로 훈련된 자원이며, 시장에서 가치가 명확히 매겨지는 '노동'이다.

부자는 돈을 벌어 시간을 사고, 가난한 사람은 시간을 써서 돈을 번다는 말처럼, 의사의 시간을 앗아간다는 것은 결국 돈을 빼앗는 것과 같다. 조언 한 마디, 판단 한 줄도 모두 법적, 윤리적 책임이 따르는 전문 행위이며, '그냥'이라는 말로 포장된 의료상담은 결코 공짜가 아니다. 의사의 시간을 쉽게 요구하는 것은, 남의 월급을 대신 꺼내 가겠다는 것과 다르지 않다.

더 큰 문제는 그런 요청을 한두 번 들어주면, 이후엔 그게 당연한 권리처럼 변한다는 점이다. 처음엔 "고맙다"며 조심스러웠던 부탁이, 어느새 "그 약 또 있어?", "이제 우리 애는 병원 안 가도 되겠네"라는 식으로 굳어진다. 한두 번은 인간적인 정으로 받아들일 수 있다. 하지만 그런 부탁이 반복되고, 점점 더 많은 가족과 지인이 같은 식의 요구를 해오면, 그것은 무료 봉사를 '의무'처럼 강요하는 일이 된다. 게다가 부작용이 생기면 "너무 센 약을 줬다"는 식으로 말을 바꾸고, 효과가 없으면 "정식 진료가 아니니 대충 준 거지?"라며 원망을 쏟는다. 의사의 책임은 전가되지만, 그에 상응하는 보호는 어디에도 없다.

'의사도 사람이고, 병원도 사업'이라는 기본 전제를 무시하면, 그 관계는 결코 대등할 수 없다. 의사의 전문성은 가족이나 친분이 있다고 해서 무료로 소비되어야 할 대상이 아니다. 의료는 서비스이자 책임이며, 그 책임에는 항상 비용과 구조가 따라야 한다. 가족이라는 이름으로 그 책임과 구조를 무시한 채, 일방적인 요구만 반복된다면, 그 관계는 결국 감정의 고갈과 신뢰의 붕괴로 이어질 수밖에 없다.

진짜 가족이라면, 병원까지 정식으로 찾아가 진료를 받고 비용을 내는 성의를 보일 줄 알아야 한다. 그래야 비로소 관계가 건강하게 지속된다.

다. 부모지간이라도 신용대출을 해서 빌려주면 안 된다.

어떤 친척은 한 발 더 나가, 의사의 '신용'을 이용하려 한다. 특히 가족 중에 사업이 망했거나, 갑작스러운 부채 문제가 생기면, 의사 자식에게 신용대출을 받아달라고 요구하는 부모도 있다. "내가 갚을게", "잠깐만 급한 거야"라고 말하지만, 신용은 단기 대출이 아니라 인생의 축적된 자산이다. 한 번 상처 입으면, 그 상처는 수년간의 기회를 박탈하고, 대출이나 금융상품 이용 등 삶의 전반을 제약한다.

신용은 보이지 않는 자산이며, 특히 젊은 의사에게는 가장 중요한 시작 자본이다. 단 한 번의 대출 보증이 그 인생 전체를 뒤틀 수 있다는 것을, 가족은 모르지 않는다. 하지만 알고도 요구한다. 바로 '부모니까' '가족이니까'라는 이유로.

의사는 의료인의 삶을 선택한 것이지, 가족의 호주머니 역할을 하겠다고 선언한 것이 아니다. 진짜 가족이라면, 의료인의 자리를 존중하고, 그 경계를 먼저 지켜줘야 한다. 가족이라고 해서 예외일 수는 없다. 아니, 가족이기에 더 조심스럽고 예의 바르게 다가와야 한다.

가족이라는 말 뒤에 숨어 누군가의 시간을, 신용을, 지갑을 끌어다 쓰는 사람들. 그들은 결국 '하이에나'의 얼굴을 하고 있다. 가까울수록, 더 선을 그어야 한다. 그래야만, 그 선 너머의 가족이라는 이름도 온전히 지켜낼 수 있다.

라. 가족이라는 이름 아래 다가오는 요구들
의사의 적절한 대응법

가족은 보호의 울타리가 될 수도 있지만, 때때로 정당한 경계를 무너뜨리는 통로가 되기도 한다. 특히 의사는 자신의 전문성과 자산을 "가족이니까 괜찮겠지"라는 말 아래 끊임없이 소비 당하는 위치에 놓인다. 이러한 요구를 무작정 거절하면 가족 간 갈등이 깊어지고, 그렇다고 모두 들어주면 스스로가 무너진다. 그렇다면 이 복잡한 상황 속에서 의사는 어떻게 대응해야 할까?

1. 명확한 원칙을 사전에 고지한다.

무엇보다 중요한 것은 '일관된 태도'다. 요청이 들어올 때마다 태도를 바꾸면, 경계는 흐려지고 결국 어느 지점에서든 타협하게 된다. 미리 가족들에게 이렇게 말할 필요가 있다.

"진료나 상담은 병원에서 정식으로 진행하는 걸 원칙으로 해. 내가 가족이라서 무책임하게 판단할 수도 있고, 서로에게 불편한 상황이 될 수도 있기 때문이야."

이렇게 원칙을 미리 알리면, 단순한 거절보다 훨씬 부드럽고 설득력 있게 들린다. 중요한 것은 거절의 감정이 아니라, 구조적인 이유를 설명하는 것이다.

2. '가족 할인'은 없다.

치료비를 깎아달라거나, 약을 공짜로 달라는 요구는 단호하게 선을 그어야 한다. "너무 비싼 거 아냐?", "우리 가족인데 이것도 못 해줘?"라는 말에 흔들릴 필요 없다. 치료비는 감정의 영역이 아니라, 병원의 경영과 시스템 안에서 결정되는 것이다.

"병원 시스템은 모든 환자에게 동일하게 적용되는 기준이 있어. 그걸 무너뜨리면 다른 직원들도 혼란스럽고, 병원 자체가 유지되기 어려워."

'내가 아끼는 가족이니까 오히려 원칙대로 해주는 것'이라는 메시지를 전달해야 한다. 할인이나 무료 진료는 결국 의료인의 가치를 스스로 깎는 행위라는 점을 잊지 말아야 한다.

3. 의료 상담은 시간 예약을 통해 진행한다.

비공식적인 자리에서 "이거 좀 봐줘"라는 말이 나왔을 때는 이렇게 말하면 좋다.

"이건 겉으로 봐서는 알 수 없어. 정확하게 보려면 병원에서 검사해 야 해. 시간을 잡고 와."

의사의 시간은 다른 전문직보다도 철저히 '단위'로 환산된다. 그 시 간에는 집중력, 책임, 의학적 판단이 모두 투입된다. 이를 공짜로 나눠 주는 순간, 상담은 일상이 되어버리고, 전문가로서의 자기 보호선은 무 너진다. 병원이 아닌 자리에서 나누는 대화는 어디까지나 '사담'이며, 진료가 아니다. 그 선을 반드시 지켜야 한다.

4. 금전 요청에는 '정서'가 아니라 '규칙'을 말한다.

돈을 빌려달라는 가족의 요구는 가장 어렵고 민감한 문제다. 특히 부모나 형제의 부탁일 경우, 감정적인 죄책감이 크게 작용한다. 이럴 때는 '정서'가 아니라 '규칙'으로 응답해야 한다.

"나는 가족 간 금전거래를 하지 않기로 마음먹었어. 한번 얽히면 관 계가 틀어지는 걸 너무 많이 봤거든."

"내가 가진 건 내 신용이고, 그건 의료인으로서 일하면서 쌓은 기반 이야. 그걸 대신 쓰는 건 내 삶을 걸고 담보 잡히는 거라서 어렵다."

"정 없다"는 오해를 받을 수도 있지만, 장기적으로는 오히려 관계를 보호하는 길이다. 일단 한 번 돈을 빌려주면, 그다음부터는 더 큰 요구가 따라오기 마련이다. 특히 빌려준 돈을 회수하지 못했을 때의 심리적 타격은 단순한 경제적 손실을 넘어선다.

적절한 거리와 경계는 사랑의 다른 이름이다. 의사는 단지 전문직 종사자가 아니라, 법과 윤리, 시스템 안에서 움직이는 직업인이다. 가족이라 해서 이 모든 구조를 무너뜨릴 수는 없다. 진짜 가족이라면, 나를 '편리한 자원'으로 삼지 않을 것이다. 그리고 진짜 현명한 의사는, 가족을 사랑하는 만큼, 스스로를 지킬 줄 알아야 한다.

가족이기 때문에 예외를 두는 것이 아니라, 가족이기 때문에 원칙을 더 철저히 지키는 것. 그것이 결국 모두를 지키는 가장 현실적이고 따뜻한 방식이다.

마. 의사에 대한 대중의 분노는 어디서 비롯되는가?

최근 몇 년 사이, 의사라는 직업에 대한 대중의 시선이 더욱 싸늘해졌다. 단순히 '고소득 전문직'이라는 이유만으로 시기와 질시가 일어났다고 보기에는, 그보다 더 복합적인 요소들이 작용하고 있다. 특히 최근 젊은 세대에서는 의사라는 직업을 단순한 신분 상승 수단으로 소비하는 일부 콘텐츠들에 대한 반감이 점점 더 커지고 있다.

과거에는 피부미용이나 성형 분야의 일부 유명 의사들이 유튜브나 방송에서 자신의 자동차나 외모를 과시하는 정도였다면, 이제는 그러한 콘텐츠에 '의사'라는 타이틀이 일종의 마케팅 수단처럼 사용되기 시작했다. "의사가 쓴 인테리어 비용 후기", "의사 와이프의 하루", "의사 남편과의 상향혼 후기" 등의 콘텐츠는 의사 개개인의 전문성과 무관하게 대중에게 일종의 자극적인 소비 콘텐츠로 받아들여진다.

문제는 이러한 콘텐츠의 상당수가 의사 본인이 아니라, 그 가족 특히 '의사의 아내'라는 정체성을 내세운 인플루언서들에 의해 생산되고 있다는 점이다. 이들은 브런치, 명품, 고급 호텔, 자녀 교육 등 일상적인 사치를 담은 콘텐츠를 통해 '의사 아내의 삶'을 지나치게 미화하며, 대중의 상대적 박탈감을 자극한다.

이는 단지 한 개인의 선택이나 콘텐츠의 문제가 아니다. 이미 의료계 전반이 대중의 신뢰 위기 속에 놓여 있는 상황에서, 이처럼 무분별한 과시와 소비는 '의사 집단 전체'의 이미지에 해를 끼치게 된다. 특히 공공의료를 기반으로 움직이는 한국의 제도 속에서, 의사는 일정 부분 공적인 책임과 태도를 요구받는 직군이기도 하다. 그런데도 마치 연예인처럼 '자유로운 사생활'만 강조하며 사회적 기대나 책임을 외면할 수는 없다.

의사들은 가족의 행동을 제지함으로써 품위를 지켜야 한다. 단순한 도덕적 잣대를 넘어서, 의료계 전체의 신뢰 회복을 위해서는 내부적으로 자정 작용이 필요하다. 의사 전체의 이미지를 망치고 대중의 분노를 이끄는 의사 배우자는 또 다른 하이에나다.

11

하이에나에게 뜯기지 않는 방법

하이에나에게 뜯기지 않는 방법

여태까지 우리는 하이에나들이 어떤 방식으로 의사를 노리고, 어떻게 교묘하게 접근해 뜯어먹는지를 다양한 사례를 통해 살펴보았다. 병원이라는 생태계 안에서 의사는 단지 의료만을 제공하는 존재가 아니다. 병원을 짓고, 기계를 들이고, 홍보하고, 사람을 쓰고, 법과 행정의 규제를 버텨내는 복합적인 사업자이기도 하다. 이런 구조 속에서 하이에나는 늘 틈을 노린다. 친근함으로, 전문가인 척하며, 때로는 행정의 이름을 빌려, 심지어 환자나 직원으로 위장하여 의사의 리소스를 갉아먹는다.

하지만 중요한 것은 이 책에 등장한 사례들이 결코 '전부'가 아니라는 점이다. 하이에나의 방식은 무궁무진하다. 우리가 어떤 새로운 유형을 조심하라고 경고하는 순간, 이미 그보다 한발 앞선 방식이 어딘가에서 시도되고 있을 것이다. 계약서 속 숨은 조항, 법을 악용하는 직원들, 단골을 빙자한 영업, 허위 부작용을 빌미로 한 협박까지. 하이에나들의 진화는 마치 바이러스처럼 끊임없이 일어나는데, 그때마다 일일이 대처법을 매뉴얼로 정리하는 것은 사실상 불가능하다.

그래서 이 장에서는 개별적인 사례 대응이 아닌, '하이에나를 만났을 때 의사가 가져야 할 기본적인 대처 방법'에 대해 이야기하고자 한다. 즉, 모든 경우에 대응할 수 있는 단 하나의 '정답'은 없지만, 어떤 유형이든 적용 가능한 몇 가지 핵심 원칙은 존재한다는 것이다. 이 원칙들은 단순한 예방 수칙이 아니라, 실제로 수많은 의사가 하이에나에게 당하거나 맞서 싸우는 과정에서 얻은 생존의 기술이다.

이 장에서는 우리가 어떤 태도로, 어떤 구조로, 어떤 판단 기준을 세워야 하이에나에게 속수무책으로 당하지 않을 수 있는지를 차근차근 정리할 것이다. 실제적인 방어 기술을 논할 것이다. 즉, 이 장의 목적은 하이에나를 마주했을 때, 무엇을 기준으로 판단하고 어떻게 대응할지를 알려주는 행동의 뼈대, 그 기본기를 갖추는 데 있다.

가. 하이에나의 먹잇감이 되지 않기 위한 현실적인 기준

하이에나에게 뜯기지 않는 방법을 이야기할 때, 가장 먼저 짚고 넘어가야 할 사실은 '현실적으로 아예 안 당하는 건 불가능하다'는 점이다. 아무리 경계심이 강하고 정보력이 뛰어난 의사라 해도, 병원을 개원하고 진료를 이어가는 과정에서 수많은 서비스 제공자들과 접촉하게된다. 인테리어, 장비업체, 광고대행사, 전산시스템, 각종 행정 대행업자, 심지어 관공서와 연결된 관계기관까지. 이들 중 다수가 필요불가결한 역할을 하며, 의사가 의학적인 본업에 집중하기 위해선 이들의 도움을 어느 정도 받을 수밖에 없다.

자본주의 사회에서 서비스와 재화를 제공 받는다면, 거기에 대해 금전적 보상을 하는 것은 지극히 당연한 일이다. 이건 문제가 되지 않는다. 우리가 말하고자 하는 '하이에나'란, 정당한 보상을 넘어서 과도한 이득을 노리는 자다. 처음에는 정상적인 가격을 제시하거나, 아무런 대가도 받지 않겠다고 접근한다. 그러다 어느 순간, 의사의 재정 상태나 성격, 병원 운영의 허점을 파악한 후 바가지 요금을 씌우거나 불필요한 서비스를 끼워 넣어 터무니없는 금액을 요구하는 방식으로 돈을 빼앗는다.

그래서 이 책이 말하고자 하는 현실적인 목표는 하나다. '피해를 최소화하자'는 것이다. 절대적인 무결점 방어는 불가능하다. 아무리 조심해도 어느 시점에는 의사의 시간, 에너지, 돈을 조금씩 빼앗기는 일이 생긴다. 이때 중요한 것은 '합리적인 선에서의 손실'로 막아내는 것이다. 예를 들어, 병원 인테리어를 하면서 도면 몇 장 더 그려주는 데에 추가 비용을 요구받는 것까지 싸울 필요는 없다. 그러나 시공 도중 자재 가격이 갑자기 올랐다며 몇백만 원을 더 요구하거나, 시공 후 하자에 대한 책임을 회피하면서 또 다른 비용을 청구한다면, 그것은 분명히 '뜯기는 상황'이다.

따라서 우리가 세워야 할 방어선은 명확하다. 서비스 제공자가 정당한 노동과 결과물을 제공했다면 적절한 금액을 지불하되, 그 금액은 시장 평균, 혹은 일반적인 수준에서 벗어나지 않아야 한다. 그것이 하이에나에게 뜯기지 않는 가장 기본적이면서도 강력한 방어다.

또한, 중요한 전제 하나는 이것이다. "내가 뭔가를 받아야만 지불하는 구조"여야 한다. 하이에나들은 대체로 모호한 '약속'이나 '계획'을 내세우며 선지급을 요구하거나, 애초에 결과가 없는 상태에서 계약을 유도한다. 이럴 때는 반드시 결과물이 있어야 비용을 지급하겠다는 원칙을 고수해야 한다.

그리고 마지막으로 기억해야 할 점은, 나에게 어떤 실질적인 이익도 주지 못하는 사람에게는 단 한 푼도 줘서는 안 된다는 것이다. 명함만 주고 가거나, "나중에 큰 도움을 줄 수 있다"며 인간관계를 앞세우는 이들, 개원 축하를 빙자해 불필요한 물건을 들이밀며 돈을 요구하는 이들, 무료로 쉽게 할 수 있는 의무교육을 대신 해주겠다며 수십만 원을 요구하는 이들. 이들은 전형적인 하이에나의 얼굴이다. 그 누구에게도, 나의 돈과 시간을 그냥 가져가도록 해서는 안 된다.

결국, 하이에나에게 완벽히 당하지 않는 방법은 없다. 그러나 그들의 이빨에 살점까지 뜯기지 않으려면, 합리적인 선에서 돈을 쓰고, 불필요한 것에는 철저히 무관심하며, 정당한 계약 구조 안에서 거래하는 자세가 필요하다.

나. 비교만이 살길이다.

표준이 없는 시장에서 살아남는 법

하이에나에게 합리적인 선에서만 비용을 지급하려면, 먼저 그 '합리적인 선'이 어디인지 알아야 한다. 문제는, 그 기준을 잡기가 쉽지 않다는 데 있다.

의사가 개원하거나 병원을 운영하는 과정에서 접하게 되는 수많은 재화와 서비스들—인테리어, 광고, 장비 구입, 세무 대행, 전산시스템 구축, 인력 알선, 행정 대리 등—이런 분야들 대부분에는 공식적인 가격표도, 정가도, 표준화된 요율도 존재하지 않는다. 마치 길거리에서 '말로 흥정'하는 시장처럼, 누가 누구에게 얼마를 불렀는지가 그 순간의 가격이 되는 구조다. 이는 곧, 누군가가 호구처럼 많이 지불해주면 그 가격이 그 업자의 '시세'가 된다는 뜻이다. 그리고 하이에나는 그 구조를 누구보다 잘 이해하고 있다.

그래서 의사의 재정 상태나 병원 규모를 탐색한 후, '이 사람은 좀 뜯어도 되겠다'는 신호를 받으면 같은 서비스를 두 배, 세 배의 가격으로 제시한다. 피해 의사 중 상당수가 나중에 알게 되는 충격적인 사실은, 같은 장비나 서비스가 자신보다 훨씬 저렴한 가격에 다른 병원에 납품되었다는 점이다.

이 문제를 피하려면 결국 '비교'를 해야 한다. 시장에 표준이 없다면, 평균선을 직접 만들어야 한다는 이야기다. 다른 의사들은 동일한 서비스에 대해 얼마를 냈는가? 다른 지역, 다른 진료과, 다른 규모의 병원에서는 어떤 조건으로 계약했는가? 이런 정보들을 모아야만, 내가 지불하려는 가격이 '합리적인 선'인지, 아니면 '하이에나가 잔칫상을 차려놓은 금액'인지를 판단할 수 있다.

자동차나 휴대폰처럼 일반 시장에서는 이미 비교 견적 시스템이 매우 고도화되어 있다. 차량을 구매할 때는 몇 개의 앱만 돌리면 전국 딜러의 실시간 가격을 확인할 수 있고, 스마트폰도 통신사 기기별로 할인 조건을 자동 계산해주는 플랫폼이 즐비하다. 그러나 의사가 이용해야 할 B2B(사업자 간 거래) 시장은 아직 그런 수준에 도달하지 못했다.

이런 현실에서 의사 전용 커뮤니티, 단체 카카오톡 채팅방, 개원의 모임 등이 사실상 유일한 비교 채널이다. 그렇기에 지금, 이 순간에도 많은 의사가 카카오톡 단체방, 특정 진료과 오픈채팅, 네이버 카페, 또는 개인 지인에게 "혹시 어디서 했고, 얼마 들었는지 알려줄 수 있냐"고 묻는 수밖에 없다. 번거롭고 시간이 들며, 때론 민망하기까지 하지만, 그 과정 없이 가격의 기준선을 잡는 건 거의 불가능하다.

다행히 최근 몇 년 사이, 이 불편함을 해소하고자 실질적인 비교 정보를 축적하는 시도가 늘고 있다. 개원 준비 정보만을 전문적으로 공유하는 네이버 카페가 생기고, 특정 장비나 인테리어에 대한 후기 게시판이 활성화되는 등, 의사들 스스로 '비교의 장'을 만들어가는 추세다.

일부 커뮤니티는 공급업체로부터 받은 견적서를 업로드하고, 후기와 계약 조건을 투명하게 공개하며 일종의 집단 방어선을 구축하기 시작했다. 이는 하이에나 업자에게는 분명히 위협적인 흐름이다. "여기저기 견적 받아보고 연락드릴게요"라는 말 한마디만으로도, 바가지요금을 부르던 하이에나의 입을 막을 수 있는 시대가 오고 있는 셈이다.

결론적으로, 의사는 '혼자 판단하지 않는 것'이 가장 안전한 방법이다. 표준이 없는 시장에서는 경험자들의 정보와 비교 견적이 유일한 무기이며, 누가 먼저 얼마에 했는지를 묻는 것만으로도 바가지를 피할 가능성은 크게 높아진다.

비교는 귀찮고 느리며, 때론 체면을 구겨야 할 수도 있지만, 하이에나의 이빨에 살점까지 뜯기지 않으려면 그 정도 수고는 반드시 감수해야 한다.

다. 시간의 중요성, 시간차를 두거나, 시간을 투자하거나

하이에나에게 당하지 않기 위해 비교와 판단의 원칙을 이야기할 때, 그 전제 조건으로 반드시 짚고 넘어가야 할 것이 있다. 바로 '시간'의 문제다. 어떤 결정을 내릴 때 성급하게 행동하면 판단을 흐리는 원인이 되며, 결국 잘못된 선택으로 이어질 수 있다. 특히 하이에나들은 이런 '성급함'을 유도하는 데 매우 능숙하다. 그들은 마치 의료기기나 인테리어, 마케팅 서비스 같은 복잡한 상품들을 당장 사지 않으면 손해 보는 것처럼 포장하고, 결정의 순간을 지금 이 자리로 한정 지으려 한다.

실제로 하이에나들의 언변은 매우 유려하고 세련되어 있다. 업계 통계, 다른 병원의 성공사례, 시급함을 강조하는 말투 등. 이런 말을 듣다 보면 처음엔 조심스럽던 의사도 어느새 그 제안이 제법 괜찮아 보인다는 착각에 빠지게 된다. 그들은 설득의 구조를 잘 알고 있고, 어떻게 이야기하면 상대가 '지금' 결정을 내리게 되는지도 정확히 계산한다. 결국, 중요한 판단의 순간에 비판적 사고를 할 여유조차 주지 않고, 성급하게 계약서에 사인하게 만든다.

이럴 때 **가장 중요한 것은 '시간차'를 두는 것**이다. 어떤 제안을 받았든, 그 자리에서 결정해서는 안 된다. 조금이라도 고민할 시간, 주변 사람과 이야기해볼 시간, 온라인 커뮤니티에서 사례를 찾아볼 시간을 확보해야 한다. 그 시간 안에서 감정은 가라앉고, 다시 이성적인 판단이 가능해진다. 업자의 말에 들떠있던 머리도 다시 차가워진다. 시간이란 그런 역할을 해준다. 그 뒤에도 여전히 제안이 괜찮아 보인다면, 그때 계약해도 늦지 않다. 급하게 하지 않아도 되는 결정이야말로, 좋은 결정일 가능성이 크다.

시간에 관해 생각해야 할 또 다른 중요한 점은 바로 **'직접 시간을 투자해야 한다'**는 것이다. 하이에나들이 자주 사용하는 논리는 "귀찮은 거 다 우리가 알아서 해드릴게요"라는 식이다. 실제로도 의사들은 진료 외의 업무에 시간을 쓰는 것을 부담스러워한다. 하이에나는 바로 그 지점을 파고든다. 행정처리, 견적 비교, 계약 검토 같은 번거로운 절차를 생략하고자 하는 의사의 심리를 이용해 자신들의 제안을 통과시킨다.

물론 그들이 처리해준다는 일이 틀린 말은 아니다. 문제는, 그 편의를 제공받는 대가로 '얼마를 더 지불하게 되는가'이다. 내가 하루를 투자해서 세 군데의 견적을 비교하고 계약 조건을 검토하면 1,000만 원을 아낄 수 있다면, 그 하루는 1,000만 원의 가치가 있는 시간이다. 단순히 진료로 버는 수입과 비교할 문제가 아니다. 병원 경영에서의 시간은 곧 미래의 손실과 직결되기 때문이다. 시간을 아끼려고 하이에나에게 맡기면, 결국은 돈을 더 쓰고, 계약의 책임까지 떠안게 되는 경우가 많다.

결국, 하이에나에게 뜯기지 않으려면 이 두 가지 원칙을 명심해야 한다. 하나, 중요한 결정은 반드시 '시간차'를 두고 내릴 것. 둘, 내 시간을 대신해준다는 말에 속지 말고, 직접 시간을 투자할 것.

시간은 무기다. 단기적으로는 번거롭고, 길게 보면 피곤할 수 있다. 그러나 이 무기를 쓰는 자와 쓰지 않는 자의 운명은, 결국 하이에나의 식탁 위냐, 식탁 아래냐로 갈린다.

라. 공짜 점심 뒤에 숨은 덫
이유 없는 호의에 속지 않으려면

병원을 운영하다 보면 생각보다 자주 "도움을 주고 싶다"는 사람들을 만나게 된다. 처음엔 감사한 마음이 앞선다. 막 개원한 의사를 향해 누군가는 상권 분석 자료를 무료로 제공하고, 누군가는 홈페이지를 만들어주겠다고 제안한다. 마케팅을 도와주겠다며 블로그, SNS 운영까지 공짜로 해보자고 한다. 말투는 항상 따뜻하고, 부담 갖지 말라고 손사래를 친다. 이유도 그럴듯하다. 원장님이 인상이 좋아서, 앞으로 잘됐으면 하는 마음에, 우리 회사가 이번 달에만 특별히 진행 중인 행사라서.

하지만 이 모든 '좋은 의도' 뒤에는 언제나 착취의 구조가 있다. 대가 없이 무언가를 주는 사람은 없다. 특히 병원을 대상으로 하는 경우엔 더욱 그렇다. 의료라는 업은 특성상 외부 자원이 많이 필요하고, 전문가가 아닌 이상 각 분야에 대해 잘 알기 어렵다. 이 틈을 노리는 사람들이 존재한다. 그들은 호의로 접근해 마음을 열게 만들고, 관계를 형성한 뒤, 유료 전환이나 장기계약으로 연결한다. 그리고 그 과정은 대개 매우 자연스럽고 교묘하게 진행된다.

이런 상황에서 중요한 건, '왜 이 사람이 나에게 이걸 제안하는가?' 라는 질문을 항상 품는 것이다. 호의처럼 보이는 제안의 이면에는 대부분 이득이 숨겨져 있다. 상업적 이득이든, 관계의 종속이든, 목적이 없는 행위는 드물다.

무료 제안은 대체로 계약의 예고편이다. 홈페이지를 공짜로 만들어준다면서 서버 유지비로 매달 수십만 원을 청구하거나, 블로그 마케팅을 한 달 해준 뒤부터는 유료로 자동 전환되는 경우가 대부분이다. 한두 달 지나면 "이제 효과도 보셨고 시스템도 자리를 잡았으니, 계속 이어가시죠"라는 말이 나온다. 이쯤 되면 이미 심리적으로는 거절하기가 쉽지 않다. 그동안 받은 것들이 마음에 남아 있기 때문이다.

더욱 조심해야 할 것은 계약서 없이 시작되는 거래다. "일단 해보고 마음에 안 들면 그만두셔도 됩니다"라는 말은 의외로 위험한 시그널이다. 공식적인 절차 없이 구두로 진행되는 계약일수록, 나중에 문제가 생겨도 증명할 수 있는 근거가 없다. 반대로 계약서가 있다고 해서 안심해서도 안 된다. 실제로는 계약서 조항 하나에 장기 자동 연장이나 위약금 조항이 숨겨져 있는 경우가 많다. 병원 운영 초기에 바쁘다는 이유로 계약서를 대충 넘긴 의사 중 상당수가, 나중에 큰 비용과 스트레스를 떠안게 된다.

하이에나의 언어는 정직하지 않다. "좋은 마음으로 드리는 거예요", "그냥 원장님 생각이 나서요", "부담 갖지 마세요"라는 말은 언제나 경계해야 한다. 특히 '마음의 빚'을 지게 만드는 방식이야말로 가장 강력한 덫이다. 계약이든 금전이든, 마음의 빚은 훨씬 강하게 사람을 묶는다. "예전에 도와드렸잖아요"라는 말은 거절을 어렵게 만들고, 결국 원하지 않는 구조에 스스로 끌려 들어가게 한다.

진짜 자문은 전문가에게서 받아야 한다. 마케팅, 법률, 세무, 부동산 등 각 분야의 자문은 해당 분야 자격을 가진 사람에게 직접 구하는 것이 가장 안전하다. 반면 스스로 전문가라 말하며 성공사례 몇 개를 보여주는 사람 중 상당수는, 세일즈를 목적으로 접근하는 경우가 많다. 전문가의 외피를 쓴 하이에나는 더 치명적이다.

결국, 이 모든 이야기를 관통하는 진실은 하나다. 공짜 점심은 없다. 누군가 이유 없이 나에게 좋은 것을 권한다면, 그것은 호의가 아니라 거래의 제안이다. 다만 그 거래의 청구서가 조금 늦게 도착할 뿐이다. 하이에나는 바로 그 청구서를 준비해두고 있다. 그리고 나는, 그 늦은 청구서의 존재를 미리 알고 있어야 한다. 그래야 덫을 피할 수 있다.

마. 견물생심, 그래서 아예 보지 않는 것이 답이다.

'견물생심(見物生心)'이라는 말이 있다. 물건을 보면 마음이 생긴다는 뜻이다. 보지 않으면 아무 감정도 생기지 않지만, 한 번 보고 나면 괜히 갖고 싶고, 써보고 싶고, 나한테도 필요할 것 같다는 생각이 든다는 이야기다. 본능적인 심리다. 그런데 이 단순한 사자성어는 하이에나의 접근 방식에도 정확히 들어맞는다. 그들은 이 '견물생심'의 원리를 너무도 잘 알고 있다. 그래서 말한다. "잠깐만 보여드릴게요", "설명만 듣고 판단하셔도 됩니다.", "한 번 보시면 생각이 달라지실 거예요"

실제로 병원을 운영하다 보면 다양한 업자들이 찾아온다. 제약회사 영업사원부터 시작해, 의료기기 업체, 보조기구 유통업자, 네트워크/CCTV 회사, 심지어 마케팅 업체까지. 그들은 대부분 정중하고, 친근하게 접근하며, 자신들이 제공하는 물건이나 서비스가 얼마나 효과적이고, 경쟁력 있으며, 다른 병원에서는 얼마나 인기가 많은지를 늘어놓는다. 말투는 부드럽고 자료는 그럴듯하다. 슬라이드에 정리된 숫자들은 근거 있는 것처럼 보이고, 실물 제품은 반짝거린다. 문제는, 보다 보면 점점 갖고 싶어진다는 것이다.

처음엔 필요 없다고 생각했던 것도 설명을 듣고 나면 달라진다. "이런 게 있었나?", "이거 내가 없어서 손해 본 건 아닐까?", "다른 병원은 이걸로 매출을 늘렸다고?" 이런 식으로 생각이 바뀌고, 결국 계약서에 서명하는 단계까지 도달한다.

물론 처음엔 '정보만 듣는 것'이 목적이었지만, 하이에나는 그 접점 하나면 충분하다는 걸 잘 알고 있다. 진료실에 들어가기만 하면 설득할 수 있고, 설득되기만 하면 돈을 뜯어낼 수 있기 때문이다.

그래서 여기서 필요한 건 '보지 않는 전략, 더 나아가 '애초에 만나지 않는 전략'이다. 정말 놀랍게도, 하이에나에게 가장 효과적인 방어 전략은 바로 이것이다. 아예 문을 열어주지 않는 것. 바쁘다고 하면 된다. 미팅 일정을 잡지 않는다고 하면 된다. 접수대에서 돌려보내도 된다. 그 어떤 미안함도 가질 필요 없다.

왜냐하면, 그들은 내 시간과 내 돈을 써야 수익이 생기는 구조의 사람들이기 때문이다. 그들이 나에게 시간을 요청하는 건, 그 시간을 자신들의 영업 기회로 만들기 위해서다. 내가 그들에게 시간을 허락하는 순간, 나는 이미 절반쯤은 설득된 셈이다.

간혹 "그냥 정보만 전달하려고 왔다"는 사람들도 있다. 이럴 때는 간단하게 이렇게 말하면 된다. "자료가 있으면 접수대에 두고 가세요."

그게 전부다.

그리고 실제로 좋은 정보라면 문서만 받아도 충분하다. 자료만 보고도 매력적으로 느껴지는 제안이라면, 그땐 내가 연락하면 된다. 정말 뛰어난 상품이나 서비스라면, 그쪽에서 충분히 정리된 자료를 준비해 왔을 것이고, 서류만으로도 강하게 어필될 것이다. 설명이 필요하다는 건, 그만큼 구멍이 있다는 의미다.

의사들은 종종 '거절'을 어려워한다. 상대가 정중하게 인사를 했고, 심지어 선물을 하나 들고 왔다면 더더욱 그렇다. 하지만 곰곰이 생각해 보자. 그들이 들고 온 건 선물이 아니라 미끼이고, 그들의 목적은 인사나 정보가 아니라 '매출'이다. 그리고 그 매출은 결국 내 돈에서 나가는 것이다. 그걸 위해 내 시간까지 내어줄 이유는 전혀 없다.

정보 전달이라는 명분으로 시작된 방문이, 결국 내 지갑을 여는 결과로 이어지는 경우는 셀 수 없이 많다. 그리고 그 모든 시작은 단 한 번의 허락이다.

"원장님께 잠깐만 인사드려도 될까요"라는 말에 문을 열어준 순간, 견물생심은 작동을 시작한다. 그래서 하이에나를 멀리하고 싶다면, 가장 먼저 해야 할 일은 간단하다. 그들을 '보지 않는 것'이다. 그들과 '말하지 않는 것'이다. 보고 나면, 듣고 나면, 설명을 들으면 결국, 마음이 흔들릴 수밖에 없다면, 애초에 그 기회를 주지 않는 것이 가장 합리적이다.

하이에나는 뛰어난 설득가이자 심리전의 고수다. 내가 어떤 말을 하면 흔들리는지, 어떤 제안을 하면 지갑을 열게 되는지 이미 알고 있다. 그렇다면, 그런 상대에게 유일하게 통하는 전략은 단 하나. '무대 자체를 열어주지 않는 것'이다. 그게 바로, 함정에서 벗어나는 가장 현실적이고 강력한 방법이다.

바. 하이에나에게 당하지 않는 가장 확실한 방법
질문하라. 질문하라. 또 질문하라.

하이에나들에게 당하지 않는 가장 기본적이고도 강력한 무기는 '질문하는 습관'이다. 의사라는 직업은 진료 외에도 행정, 재무, 법률 등 다양한 분야와 맞닿아 있다. 개원을 준비하거나 운영 중인 상황이라면 더욱 그렇다. 신용보증기금, 은행, 구청 보건소, 건강보험심사평가원, 국민건강보험공단, 세무서, 노동청 등 이름만 들어도 복잡해 보이는 기관들과 수시로 연결된다.

이처럼 많은 분야의 업무를 담당해야 하는 상황에서, 누군가가 나타나 "그거 제가 대신해드릴게요"라며 접근하면 귀가 솔깃해지는 것이 인지상정이다. 낯설고 복잡해 보이는 업무를 누가 대신 해결해준다면 그만큼 수월할 것 같다는 기대도 생긴다. 하지만 바로 이 지점이 하이에나들이 파고드는 틈이다. 본질적으로 단순하거나 공공기관에서 명확히 안내받을 수 있는 내용임에도, 이를 어렵게 포장한 뒤, 불필요한 수수료나 대행비 명목으로 비용을 뜯어가는 것이다.

예를 들어, 건강보험심사평가원에 요양기관번호를 신청하거나, 보건소에 개설신고를 하는 절차는 의외로 간단하며, 해당 기관의 담당자들은 대체로 친절하게 설명해준다. 심지어 모르는 것이 있을 때는, 공식 민원을 제기하거나 전화로 직접 문의하면 정식 가이드라인과 해석을 제공받을 수 있다. 세무 관련 문제도 마찬가지다. 세무서 민원실에 가면 기본적인 신고 방법부터 관련 서식 작성법까지 상세히 설명해준다. 신용보증기금의 보증서 발급 절차, 은행 대출의 요건 등도 모든 정보가 인터넷이나 대표전화 안내를 통해 투명하게 공개되어 있다.

하지만 일부 의사들은 "공공기관은 복잡하다", "전화해도 안 받는다", "괜히 물어보다가 찍히면 어떡하나", "불친절할 것 같다"와 같은 막연한 두려움이나 귀찮음 때문에 질문을 꺼린다. 이 공백을 업자들이 채운다. "우리 쪽에서 다 해드릴 수 있다"는 달콤한 제안을 통해 접근하고, '복잡하고 까다로운 행정절차'를 자신들만 아는 비밀스러운 방식으로 해결해줄 것처럼 포장한다. 실제로는 서류 몇 장 출력해서 제출하는 간단한 과정인데, 그 대가로 수십에서 수백만 원이 빠져나간다.

더 큰 문제는, 이렇게 해서 얻은 결과물조차 부실하거나 잘못된 경우가 있다는 점이다. 예를 들어, 세무 대행업자가 부적절한 비용 처리를 했거나, 대출 브로커가 엉뚱한 조건으로 은행에 신청해 신용등급에 영향을 준 사례도 존재한다. 모든 문제의 출발점은 하나다. 직접 묻지 않은 것.

의사는 전문가지만, 동시에 소비자이기도 하다. 하이에나를 막는 가장 확실한 방법은, 궁금한 것이 생겼을 때 업자가 아니라 정확한 출처에 직접 질문하는 것이다. 전화 한 통이면 해결되는 일, 민원24나 정부24 같은 공식 홈페이지에 접속하면 바로 나오는 정보, 또는 보건소에 거는 10분의 전화통화로 해결되는 일을 내버려 둔 채, 괜히 비싼 대가를 치르며 시간을 빼앗기고 돈까지 지불하는 실수를 반복하지 않아야 한다.

질문은 돈을 아낀다. 질문은 실패를 예방한다. 그리고 질문은 하이에나와 나 사이에 단단한 방어막이 되어준다. '귀찮아서', '몰라서', '복잡할 것 같아서'라는 생각을 멈추고, 질문하는 습관을 들인다면, 하이에나 대부분은 그 순간부터 무력해진다.

사. 변호사를 곁에 두는 것

병원 운영 중에 마주하게 되는 수많은 법적, 행정적 문제는 단순한 지식이나 상식만으로는 해결되지 않는 경우가 많다. 특히 문제가 커졌을 때, 그 해결의 열쇠를 쥐고 있는 사람은 결국 '변호사'다. 병원 계약, 분쟁, 세무조사 대응, 명예훼손, 악성 리뷰, 직원과의 노무 문제, 프랜차이즈 관련 분쟁, 심지어는 협박성 민원까지… 다양한 형태로 문제는 찾아오고, 이 모든 상황을 개인의 힘만으로 해결하려는 것은 무모한 일에 가깝다.

의사들이 흔히 저지르는 실수는 "아직 그런 문제는 없으니 괜찮다"는 생각이다. 하지만 분쟁이라는 것은 예고 없이, 무방비 상태일 때 발생한다. 특히 하이에나들은 문제를 미리 만들어놓고, 이를 해결해주겠다며 접근하는 예도 많다. 이럴 때 의사가 믿고 맡길 수 있는 법률 전문가가 없다면, 하이에나의 농간에 쉽게 휘둘릴 수밖에 없다.

한 개원의는 그랬다. 개원을 앞두고 건물주와 맺은 임대차 계약서의 내용 중 몇 가지 문구가 마음에 걸렸지만, 대형 로펌이나 법률사무소에

가는 게 부담스러워 그냥 서명해버렸다. 이후 인테리어 공사를 진행하며 건물 측과 갈등이 생겼고, 마침내 법적 분쟁 직전까지 갔다. 다행히 그때 지인의 소개로 한 변호사를 소개받아 일단락되었지만, 그 일을 계기로 절실히 깨달았다. 법적 지식은 구글링으로 해결되는 것이 아니며, 변호사는 평소에 준비해둬야 한다는 사실을.

물론 지인이나 친인척 중에 변호사가 있다면 큰 도움이 된다. 서로 신뢰가 쌓인 상태이기 때문에 민감한 이야기도 편하게 나눌 수 있고, 사건이 터졌을 때 즉시 도움을 받을 수 있다. 그러나 현실은 그렇지 않다. 많은 의사가 법조인과 전혀 연결되어 있지 않은 채 병원을 운영한다. 이런 상태에서는 문제가 터졌을 때 변호사를 찾는 일부터가 고역이다. 소개받으려 해도 마땅한 사람이 없고, 모르는 사람을 찾자니 전문 분야도 알 수 없고 신뢰도 가지 않는다.

이럴 때 유용한 것이 바로 '변호사 플랫폼'이다. 최근에는 '로톡', '나의 변호사' 등과 같은 다양한 법률상담 플랫폼이 운영되고 있다. 이들 플랫폼은 단순한 광고 사이트가 아니라, 변호사의 전문 분야, 상담 후기, 수임 경험, 성공사례 등을 투명하게 제공한다. 의사가 자신에게 필요한 문제—예를 들어 상가 임대차, 프랜차이즈 불공정 계약, 의료법 위반 소송, 손해배상 청구, 형사 고소 등—에 특화된 변호사를 직접 선택할 수 있다는 점이 큰 장점이다.

플랫폼을 이용해보면 알겠지만, 단순 상담은 절차도 간단하고 비용도 부담이 적다. 30분~1시간 정도의 전화나 화상상담만으로도, 지금 내가 어떤 상황에 있는지, 어떤 대응이 필요한지, 어느 수준에서 문제가 심각한지를 빠르게 파악할 수 있다. 이 과정에서 신뢰가 생긴다면, 정식 위임을 통해 본격적인 문제 해결로 나아가면 된다.

또 하나 중요한 점은, 이 과정 자체가 '문제에 휘둘리지 않는 주도권'을 만드는 행동이라는 것이다. 하이에나들은 의사가 법적 대응에 미숙하다는 사실을 알고 있다. 그래서 "변호사 써봤자 소용없다", "그쪽이 불리하다", "이건 판례도 다 나와 있는 거다"라는 말로 위축시키려 한다. 하지만 내가 이미 변호사와 상담 중이며, 필요한 경우 바로 법적 조처를 할 수 있다는 확신이 있다면, 상황은 완전히 달라진다.

예를 들어, 프랜차이즈 본사와의 수익 배분 문제로 갈등이 생겼던 한 의사는, 미리 확보해둔 계약서와 증빙자료를 정리해놓고 '로톡'을 통해 공정거래 전문 변호사와 상담했다. 변호사의 조언을 받은 이후 본사에 보낸 공문 한 장만으로, 본사는 갑작스레 태도를 바꾸고 대화를 요청했다. 법적 검토가 된 문서 하나의 힘이 그만큼 컸던 것이다. 결국, 그는 기존보다 훨씬 유리한 조건으로 계약을 재조정했고, 이후 그 변호사와는 지속해서 병원 운영 전반에 대한 법적 조언을 받고 있다고 한다.

물론 변호사와의 관계를 맺는 데는 시간과 돈이 들 수 있다. 단발성 사건의 경우 수임료가 수백만 원에 달할 수도 있다. 하지만 그 비용은, 문제를 해결하지 못해 더 큰 손해를 보는 것에 비하면 절대 비싸지 않다. 특히 일정 규모 이상의 병원을 몇 년 이상 안정적으로 운영하고 싶다면, '고정비로서의 법률비용'을 고려하는 것이 바람직하다. 매달 일정 금액을 지불하며, 다양한 문제에 대해 사전 검토와 조언을 받는 구조를 갖추는 것만으로도, 병원의 리스크는 눈에 띄게 줄어든다.

이와 더불어 중요한 건, 법적 문제를 감정이 아닌 구조로 이해하는 것이다. 우리는 종종 억울함이나 분노로 사건을 바라보지만, 변호사는 증거와 법률, 절차로 상황을 정리한다. 그 시선으로 바라보는 것 자체가, 하이에나에게 당하지 않는 힘이다. 어떤 상황이든 객관적으로 판단하고, 대응을 준비할 수 있기 때문이다.

결론적으로 말하자면, 의사에게 있어서 변호사는 선택이 아니라 필수다. 진료실에는 환자를 위해 의사가 필요하듯, 행정과 법률의 세계에는 의사를 대신해 싸워줄 변호사가 필요하다. 단지 문제가 생겼을 때 급히 찾는 것이 아니라, 문제가 생기기 전에 함께할 사람으로 준비하는 것, 그것이 하이에나에게 당하지 않기 위한 가장 현명한 전략이다. 인간관계든, 돈으로 맺어진 계약이든, 나를 보호해줄 수 있는 변호사를 곁에 두자. 하이에나는 그 순간부터 더는 가까이 오지 못한다.

아. 마지막으로

책 내용을 읽고 궁금한 점이 생기거나, 저자에게 직접 질문하고 싶은 독자들은 네이버 카페에 방문해 글을 남기면 됩니다. 제가 직접 확인하고 성실히 답변하겠습니다.

❏ 네이버 카페 『마창석의 상담실』

https://cafe.naver.com/machangs

질문이 아니더라도 자유로운 내용의 글이나 제안 사항도 환영합니다.

책에서 미처 다루지 못한 뒷이야기나, 현실적인 조언이 궁금한 이들에게 열린 창구가 될 것입니다.

나가는 글

이 책은 의사들을 노리는 수많은 하이에나의 얼굴을 하나하나 조명하며 시작되었다. 그들의 전략은 교묘하고 집요하다. 도움을 주겠다는 말로 다가오고, 경험을 나누겠다는 태도로 접근하며, 필요한 모든 것을 해결해주겠다고 장담한다. 그러나 그 말들 뒤에는 대가 없는 친절이란 없다는 냉정한 진실이 숨어 있다.

의사들은 긴 수련 과정을 거쳐 의학적 전문성을 갖췄지만, 동시에 사회적 관계와 자본의 세계에 대해서는 무방비 상태로 던져진다. 우리가 본 것은 바로 그 틈을 파고드는 자들이다. 그들은 의사의 시간과 신뢰, 돈과 명성을 먹고 자란다. 심지어는 환자라는 이름으로, 동료라는 이름으로, 행정기관이나 제도라는 외피를 쓰고 나타나기도 한다.

그러나 기억하자. 하이에나는 강자를 노리지 않는다. 방심한 자, 질문하지 않는 자, 외로운 자를 노린다. 그들은 허점을 찾고, 그 틈으로 파고든다. 이 책이 전하는 메시지는 단순하다.

"눈을 떠라. 질문하라. 그리고 네 편이라 생각하지 말라."

누구에게 서류를 넘기려 할 때, 누구의 조언에 따라 거액을 쓰려 할 때, 누구와 계약을 맺으려 할 때, 꼭 한 번 더 물어보자. 정말 이게 최선인지, 정말 믿을 만한 사람인지. 행정기관에도 질문하자. 변호사에게 도 질문하자. 회계사에게도, 동료에게도, 플랫폼에도 질문하자. 그리고 무엇보다, 스스로에게도 질문하자. "나는 지금 누군가의 먹잇감이 되고 있는가?"

이 책에 담긴 이야기들은 단지 누군가의 실패담이 아니다. "이런 일 이 있었대" 하고 끝낼 교훈도 아니다. 지금 이 순간, 병원 현장에서 벌 어지고 있는 현실이며, 앞으로도 계속 반복될 수 있는 구조다. 하지만, 그 구조를 인식하고, 그 기생의 메커니즘을 파악하는 순간, 우리는 절 대 먹잇감이 아니다.

물론 독자는 이 책의 내용이 세상을 너무 부정적으로만 보는 것이 아니냐고 생각할 수도 있다. 그렇다. 실제로 세상에는 좋은 업자들도 많다. 정직하게 일하고, 적절한 이득만을 취하며, 오히려 의사들에게 꼭 필요한 도움을 주는 사람들도 존재한다. 심지어 같은 의사 사이에도 진심으로 후배를 돕는 선배가 있고, 사심 없이 방향을 잡아주는 교수들 도 있다. 그런 이들은 이 책에 등장하지 않는다. 그들의 도움은 고마운 기억으로 남고, 배울 만한 경험으로 정리된다. 하지만, 그 기억들은 나 를 위험에서 지켜주진 않는다.

이 책은 '좋았던 이야기'가 아니라, '뜯기지 않기 위한 이야기'를 모 았다. 어쩔 수 없이 어두운 내용이 중심이 될 수밖에 없었다. 하지만 언젠가 기회가 된다면, 진정한 도움을 준 이들의 이야기도 따뜻한 책으 로 담아낼 날이 올 것이다. 이번 책이 그 반대편의 이야기를 위한 이정 표가 되길 바란다.

마지막으로, 한 문장을 남긴다.

"선의는 약점이 되고, 신뢰는 덫이 된다."

이 말은 경고임과 동시에 무기가 될 수 있다. 경계하는 법을 배우고, 단단해지는 법을 익히며, 그럼에도 여전히 사람과 협력하는 길을 찾아가는 것. 그것이 이 시대 의사의 생존 방식이며, 궁극적으로는 진짜 '존중받는 전문직'으로서 살아남는 길이다.

이제, 고개를 들고 걸어가자.
어디선가 또 하이에나가 노리고 있더라도, 이번엔 다를 것이다.
지금 우리는, 하이에나에게 뜯기지 않는 법을 안다.

의사를 노리는 하이에나들

발 행 | 2025년 07월 17일
저 자 | 마창석
펴낸이 | 한건희
펴낸곳 | 주식회사 부크크
출판사등록 | 2014.07.15.(제2014-16호)
주 소 | 서울특별시 금천구 가산디지털1로 119 SK트윈타워 A동 305호
전 화 | 1670-8316
이메일 | info@bookk.co.kr

ISBN | 979-11-12-02559-3